本丛书为中国海洋大学传统文化研究中心、青岛大学国学研究院规划项目;本丛书六部著作分别获得山东省及青岛市社会科学规划办立项支持,丛书的出版得到青岛市崂山风景区管理局崂山旅游集团有限公司的部分资助。

本书为2016年度青岛市社会科学规划项目(批准号:QD-SKL1601089)结项成果。

崂山文化研究丛书
第二辑

即墨蓝氏家族文化研究

潘文竹 著

中国社会科学出版社

图书在版编目(CIP)数据

即墨蓝氏家族文化研究／潘文竹著．—北京：中国社会科学出版社，2020.9

(崂山文化研究丛书·第二辑)

ISBN 978-7-5203-7052-3

Ⅰ.①即⋯　Ⅱ.①潘⋯　Ⅲ.①家族—文化研究—即墨　Ⅳ.①K820.9

中国版本图书馆CIP数据核字(2020)第158722号

出 版 人	赵剑英
责任编辑	宫京蕾
责任校对	秦　婵
责任印制	郝美娜

出　　版	中国社会科学出版社
社　　址	北京鼓楼西大街甲158号
邮　　编	100720
网　　址	http://www.csspw.cn
发 行 部	010-84083685
门 市 部	010-84029450
经　　销	新华书店及其他书店
印刷装订	北京君升印刷有限公司
版　　次	2020年9月第1版
印　　次	2020年9月第1次印刷
开　　本	710×1000　1/16
印　　张	17.5
插　　页	2
字　　数	288千字
定　　价	108.00元

凡购买中国社会科学出版社图书，如有质量问题请与本社营销中心联系调换
电话：010-84083683
版权所有　侵权必究

崂山文化研究丛书（第二辑）编委会

主编：刘怀荣　宫泉久

编委会成员

（按姓氏笔画排列）

孙立涛　汪　泽　苑秀丽
赵　伟　潘文竹

总　序

崂山位于齐地之东部，僻处海滨，砥柱洪流，在很长的历史时期里，都属于人迹罕至之地。然崂山之名，不仅在历史上很早就广为人知，而且在当代国际社会，也堪称东方名城青岛的特殊标志。在国外，如果有人知道崂山而不知道青岛，也许并不是一件不可理解的事。

崂山美誉的广泛传播，固然与其"三围大海、背负平川、巨石巍峨、群峰峭拔"①，深幽而罕见的自然风光不无关系，而就实际的情形来看，道教及与之相关的一系列神秘文化，也许是引起古今中外人士关注崂山更重要的因素。崂山道教的真正起源虽然要晚得多，但是早在道教正式诞生之前，齐地即已因方仙道、黄老之学以及黄老道而闻名遐迩。这不仅构成了崂山道教特有的显赫"家世"，也成为其后来植根深厚、叶茂枝繁的地域文化沃壤。因此，从唐末五代的李哲玄，到北宋的华盖真人刘若拙，再到金元之际的全真诸位高道，都不约而同地选择崂山作为修道之所，可谓英雄所见略同。崂山道教后来能发展为"道教全真天下第二丛林"，出现"九宫八观七十二庵"的盛况，虽离不开全真教历代高道的大力弘扬，但神秘独特的自然环境与悠久深厚的文化传统，更是缺一不可的。

崂山道教的发展，进一步提升了崂山的知名度。从明代万历年间起，佛教中人也开始把目光投向这里，但道教在这里有深厚的根基，晚来的佛教注定无法占据上风。憨山、自华、慈霑，虽然都是僧人中的佼佼者，但憨山所建海印寺在万历佛道之争中被毁，黄氏、周氏两大家族为明朝僧人自华大师所建的洪门寺（又名西莲台），到了清代乾隆末年就已倾圮，只有慈霑任第一代住持的华严庵，经数次重建，后更名为华

---

① 《道藏》第 25 册，文物出版社、山海书店、天津古籍出版社 1988 年版，第 819 页。

严寺，至今仍存，这也是崂山目前唯一的佛寺。虽然崂山佛教远不如道教兴盛，但同样不可忽视。

山海胜境、神仙传统，吸引了道、佛二教，而这三大资源的汇合，进而引发了世人无穷的好奇之心。虽然道路崎岖难行，历代仍不乏名人雅士前来探胜观光。直到德国占领青岛期间（1897—1914），开辟了十六条登山通道。此后，沈鸿烈主政青岛时期（1932—1937），进山道路得到进一步的修缮，游人更是接踵而至。而古今文人墨客来游者，往往将人生之悟、身世之慨与山水之美融为一体，即兴为文。岁月沉积既久，不仅道佛文化自成体系，自有历史，名人也为崂山日益增色，他们留下的那些脍炙人口、传之后世的诗词文赋，更成为崂山人文的重要组成部分，使这座清奇幽深的名山，增添了更加丰富深沉的人文意味。因而，梳理、总结崂山之人文，也就显得更加重要了。在这方面，古人已经做了很多，从明末黄宗昌撰写第一部《崂山志》、近代太清宫道士周宗颐撰写《太清宫志》起，修撰各类《崂山志》及探究崂山道教历史者，实在不乏其人。因而，崂山宗教文化与历史、来游崂山的名人及其诗文著述，已在无形中构成了人文崂山的重要组成部分。尤其在每年前来崂山的游人动辄过千万[①]人次的今日，把崂山文化以通俗易懂的方式，准确地介绍给海内外游客，就显得更为重要。

这样的一种认识，对我们来说并非一时的心血来潮。早在笔者初到青岛工作的1992年，就发现在有关崂山道教史及文化史的相关介绍中，存在着不少似是而非的问题。1993年9月15—18日，中国旅游协会旅游文学专业委员会（中国旅游文学研究会）第六届年会暨1993青岛国际旅游

---

① 据崂山区统计局《2012年崂山区国民经济和社会发展统计公报》《2013年崂山区国民经济和社会发展统计公报》，2012年崂山区接待海内外游客995万人次，其中，国内游客863.5万人次，入境游客131.5万人次；2013年接待海内外游客1147万人次，其中，国内游客1119万人次，入境游客28万人次。分别见崂山区委区政府门户网站"崂山统计局"，http://tjj.laoshan.gov.cn/n206250/n500254/index.html，2013年2月5日、2014年2月21日。到了2017年，崂山区全年旅游接待人数达到1680万人次，见《2017年崂山区国民经济和社会发展统计公报》，崂统〔2018〕6号，http://www.laoshan.gov.cn/n206250/upload/180224090240818770/180224090240795134.pdf，2018年2月24日。又据2018年5月29日公布的《青岛市全域旅游规划纲要（2018—2021年）》统计，2017年，青岛市全年接待游客总人数8808万人次，而2021年的目标则是接待海内外游客1.2亿人次。这说明来青岛的游客在逐年增加，每年至少有上千万人到崂山观光旅游。

文化研讨会在青岛市召开，会议由青岛大学文学院具体承办。笔者当时提交的论文是《崂山道教及其在中国道教史上的地位》（后刊于《东方论坛》1995年第3期），这是我探讨崂山道教文化最早的一篇文章。自此之后的20多年来，我本人断断续续写了一些有关崂山道教、崂山志或崂山文化的文章，也尽可能收集了与崂山文化有关的典籍。其间，还在青岛市崂山文化研究会负责过宗教文化专业委员会的工作。研究会出版的《崂山研究》第一辑（中国海洋大学出版社2006年版）、第二辑（中国海洋大学出版社2008年版）所收的部分论文，也是在上述认识的指导下，组织部分师友所做的一点工作。

《崂山道教与〈崂山志〉研究》（中国社会科学出版社2011年版），是我们出版的第一部专著。在完成此书的同时，我们逐渐形成了选择典型的专题和典籍对崂山文化进行系统整理、研究的思路，拟定了《崂山文化研究丛书》（以下简称《丛书》，包括40余部著作）的研究书目，计划分四到五辑陆续出版。《丛书》第一辑由人民出版社于2015年6月出版，包括《崂山道教佛教研究》《崂山文化名人考略》《崂山志校注》《劳山集校注》《周至元诗集校注》《崂山游记精选评注》《崂山诗词精选评注》七部著作近200万字。这七部著作出版后，产生了良好的社会反响。《文汇读书周报》《山东社会科学》《东方论坛》《青岛早报》《青岛财经日报》、"大众网·理论之光"、推荐书网等报刊和媒体都刊发了书评，对《丛书》第一辑给予了很高的评价。《丛书》获得了2016年山东省社科普及一等奖，2016年全国社科普及优秀作品奖。青岛市风景管理局则将《丛书》第一辑定为礼品书和下一步崂山文化旅游规划与发展的重要参考丛书。

本书为《丛书》第二辑，在《丛书》第一辑的基础上，选择了六个专题，对崂山文化做了进一步的深入研究，现将六部著作简要介绍如下。

《沈鸿烈研究》，是第一部沈鸿烈研究的专著。全书以沈鸿烈驻守及主政青岛时期的崂山开发和市政建设为重点，在尽可能参考沈鸿烈及他当年同事们的回忆，并在参阅《青岛市实施都市计划方案（初稿）》《青岛市政府行政纪要》等第一手档案材料的基础上，系统探讨了沈鸿烈在青岛十年多的崂山规划与开发、主政期间的施政纲领及在市政规划建设、乡村建设、民生、教育、抗战等方面的贡献，意在还原一座城市与一个人的关系史。同时，对沈鸿烈一生其他阶段的生平事迹，也做了初步系统的梳理,力求比较全面地反映其生平行事和仕宦交游。

《游崂名士研究》,是第一部研究游崂山名士的专著。名士的游赏活动是山水文化的重要组成部分,对于提升自然山水的知名度具有无可替代的作用,游历崂山的名士也不例外。本书选取郑玄、法显、李白、丘处机、高弘图、憨山、黄宗昌、顾炎武、王士禛、高凤翰、蒲松龄、胡峄阳、匡源、康有为、周志元从汉代至20世纪60年代的15位游崂名士,对他们的活动踪迹及与崂山的关系做了深入的考察,通过历史事实的生动还原,揭示了作为海上名山的崂山,如何在名士的游赏活动和生花妙笔中,展现出更令人神往的人文魅力,获得了"山因人而重,文因山而传",名士、名文与名山相得益彰的传播效应,对崂山文化的升华起到了非常重要的作用。

《即墨黄氏家族文化研究》,是第一部系统研究黄氏家族文化的专著。在即墨"周黄蓝郭杨"五大家族中,黄氏家族持续时间较长、代表性人物较多、影响力也最为深远。因地域关系,黄家几代人的命运和生活都与崂山发生了密切的联系。本书在对黄氏家族的家族历史、家族名人、家风家教、家族文学等进行系统梳理的基础上,重点对黄氏族人,尤其是黄宗昌父子和黄肇颚与崂山的关系作了深入探讨。不仅有助于更好地了解明清时期山东文化家族的发展文化,对传承崂山文化及发掘崂山旅游文化资源,也有重要的现实意义。

《即墨蓝氏家族文化研究》,是第一部系统研究蓝氏家族文化的专著。即墨蓝氏家族自蒙元时期以军功起家,至明清时期,人才辈出,逐渐成为山东知名的文化世家。本书从家族概说、仕宦佳绩、艺文著述、孝行义举、家族教育、崂山情结等方面,探讨蓝氏家族重农兴商的治家原则、"为官一任,造福一方"的从政理念、"诗书继世,孝义传家"的家风;并对蓝氏建于崂山的祖坟和华阳书院、蓝氏族人的崂山之游和崂山之咏做了详细的考证和分析,揭示了蓝章、蓝田、蓝润、蓝启肃等蓝氏名人与崂山的诸多因缘及其对崂山人文美锦上添花的历史事实。

《崂山道教题刻研究》,是第一部系统研究崂山道教题刻的专著,以崂山道教人物事迹题刻、诗词题刻、碑记与庙记题刻为研究对象,从历史、文学、文献、训诂等多学科入手,对崂山道教题刻的产生背景、题刻作者及生平、题刻内容及相关的道教术语、诗词典故、疑难字句、史事、掌故及题刻的艺术特征和文化意义等,做了详细考证和解说,对其中的疑难文字及前人成果中的错谬，加以辨识与正误。有助于读者深入了解崂山历史文化的底蕴，对崂山题刻的挖掘、保存和传承具有重要的价值。

《崂山民间故事研究》，是第一部系统研究崂山民间故事的专著。崂山民间流传的人物故事和风物故事集中体现了当地民众对神话、历史、自然地理乃至社会生活诸多方面的原生态理解，其集体性、口头性、变异性、传承性等特点鲜明。"异类婚恋""兄弟分家""问神仙"等世界民间故事主题在崂山地区的流传，反映出中外文化的交流及异同。某些众所周知的朴野乡谈，实际上植根于中国古代相关典籍之中，既昭示了传统典籍的魅力，也是崂山地区文化底蕴深厚的明证。本书在立足民间故事、反映崂山特色的同时，力图以故事文本为枢纽，建立起沟通古今、中西、雅俗的桥梁。

上述六部著作，《沈鸿烈研究》《游崂名士研究》立足政治文化名人，《即墨黄氏家族文化研究》《即墨蓝氏家族文化研究》以家族文化为中心，《崂山道教题刻研究》和《崂山民间故事研究》分别从道教和民间故事入手，在《丛书》第一辑研究的基础上，对崂山文化进行了系统、深入的专题研究，所使用的地方志、档案及家族文献资料，多为以往论著重视不够或未曾系统关注，因而也是各自论题系统性专门研究的首部专著，都具有鲜明的开拓性和创新性。是为《崂山文化研究丛书》第二辑。

我们的研究工作，获得了山东省和青岛市社科规划办的立项支持。中国海洋大学中国传统文化研究中心和青岛大学国学研究院，将本辑六部著作列为规划项目，第二辑的部分出版费来自我个人的校拨科研启动费。青岛市崂山风景名胜区管理局和青岛崂山旅游集团有限公司，也为本辑的出版提供了部分资助。我谨代表课题组全体成员，在此对上述单位和机构的扶持表示衷心的感谢！

中国社会科学出版社的宫京蕾老师，是一位优秀的编辑。我们曾有过多次合作，我个人的多部著作，都是宫老师任责任编辑。本辑的出版，再次得到宫老师的支持。她严谨高效的工作，为本辑的质量提供了重要的保证。我们在此表达崇高的敬意，愿学术的友谊长存！

丛书的研究工作将在中国海洋大学传统文化研究中心和青岛古典文学研究会的共同努力下继续推进，争取在以后几年里陆续完成预定计划中的其他工作。这些工作也许不在各高校的考评范围之内，但能够发掘崂山的人文魅力，为青岛这个年轻城市的文化建设尽一点绵薄之力，我们仍会深感欣慰。

刘怀荣

2019 年 2 月 22 日

于中国海洋大学

目　录

绪言 …………………………………………………………………（1）
第一章　即墨蓝氏概说 ……………………………………………（4）
　第一节　蒙元时期的迁居创业 …………………………………（5）
　　一　避居海隅 ……………………………………………………（5）
　　二　迁向城市 ……………………………………………………（9）
　第二节　明清时期的务农经商 …………………………………（14）
　　一　兴于农商 ……………………………………………………（15）
　　二　立于耕读 ……………………………………………………（19）
　第三节　明清时期的科举兴族 …………………………………（25）
　　一　十试而不第的蓝田 …………………………………………（26）
　　二　蓝田之后的蓝氏科第 ………………………………………（36）
第二章　即墨蓝氏的仕宦情怀 ……………………………………（44）
　第一节　蒙元蓝氏的以武显族 …………………………………（44）
　　一　蒙军南下时期的蓝氏 ………………………………………（45）
　　二　元朝中前期的蓝氏 …………………………………………（50）
　第二节　首创蓝氏官声的蓝章 …………………………………（55）
　　一　初登仕途壮家声 ……………………………………………（55）
　　二　久经历练成直臣 ……………………………………………（57）
　　三　临危受命抚一方 ……………………………………………（64）
　第三节　继扬官声族望的蓝氏后人 ……………………………（73）
　　一　耿介亢直的蓝田 ……………………………………………（74）
　　二　"爱民如子"的蓝再茂 ……………………………………（81）
　　三　居官"可法"的蓝润 ………………………………………（83）

第三章　即墨蓝氏的著述渊源 …………………………………（91）
第一节　蓝氏的读书著述理念 …………………………………（91）
　　一　万般皆辛苦，唯有读书高 …………………………………（91）
　　二　传世文章在，诗书旧业承 …………………………………（95）
第二节　蓝章、蓝田父子的著述 ………………………………（101）
　　一　虎父无犬子 …………………………………………………（101）
　　二　八阵有《图说》………………………………………………（107）
　　三　异曲而同工 …………………………………………………（111）
第三节　蓝氏子弟其他著述 ……………………………………（116）
　　一　明代蓝氏著述 ………………………………………………（116）
　　二　清以来的蓝氏著述 …………………………………………（118）

第四章　即墨蓝氏的孝义理念 …………………………………（130）
第一节　即墨蓝氏的孝行 ………………………………………（130）
　　一　亲在致其乐 …………………………………………………（131）
　　二　亲亡扬其名 …………………………………………………（136）
第二节　即墨蓝氏的义举 ………………………………………（149）
　　一　救灾赈荒，护卫家园 ………………………………………（149）
　　二　恤贫倡学，安乡惠民 ………………………………………（153）
　　三　兄友弟爱，振家兴族 ………………………………………（157）
　　四　助友知友，弘扬友道 ………………………………………（161）
　　五　爱民惜生，为官之义 ………………………………………（166）

第五章　即墨蓝氏的教育传统 …………………………………（174）
第一节　家有教　塾有师 ………………………………………（175）
　　一　蓝氏的家庭教育 ……………………………………………（175）
　　二　蓝氏的私塾教育 ……………………………………………（183）
第二节　祠祭祖　谱传后 ………………………………………（197）
　　一　阖族同祭之本 ………………………………………………（198）
　　二　千年传承之根 ………………………………………………（207）

第六章　即墨蓝氏的崂山情结 …………………………………（218）
第一节　蓝氏与崂山传说 ………………………………………（219）
　　一　华楼山下风水地 ……………………………………………（219）
　　二　太清宫里牡丹香 ……………………………………………（224）

三　九水九曲九御史 …………………………………………（230）
　第二节　蓝氏的咏崂诗文 ……………………………………（239）
　　一　蓝氏咏崂诗作 ……………………………………………（240）
　　二　蓝氏游崂散记 ……………………………………………（251）
结语 …………………………………………………………………（260）
参考文献 ……………………………………………………………（263）
后记 …………………………………………………………………（267）

绪　言

　　自古至今,中华大地上涌现出众多传承久远、影响深广的知名家族。在中华优秀传统文化的传承和发展进程中,这些作为传统美德、伦理、教育等载体之一的知名家族,一直扮演着重要角色。发掘整理、研究阐发这些知名家族的文化故事,不仅是对中华优秀家族文化故事宝库的充实,也是宣传阐释中华优秀家族文化的基础内容和必要任务。因此,近年来,随着传统文化研究热潮的兴起,家族文化逐渐成为学界关注热点之一。而从长江文艺出版社2000年推出的以名人系族的"家族文化史"研究3种(钱锺书家族、俞平伯家族、翁同龢家族),到郑州大学出版社2013年、2015年分别推出的以现代文化世家为重心的"中国现代文化世家丛书"两辑14种,中华书局2013年推出的专以山东古代知名家族为重心的"山东文化世家研究书系"28种等,相关成果层见叠出。这不仅显示了家族文化研究的繁荣兴盛,也对家族文化的当代传承起到了良好的刺激作用。

　　相比而言,当前已有成果仅揭开了家族文化研究的冰山一角,中华文明进程中还有数不胜数、各具特色的知名家族。如据统计,素有"孔孟之乡"美誉的齐鲁大地上,仅明清时期就出现了63个称得上"世家"的知名家族。[①] 而前述中华书局推出的"山东文化世家研究书系",仅及其中新城王氏、安丘曹氏、诸城王氏、莱阳宋氏、博山赵氏、聊城傅氏、德州田氏、诸城刘氏、栖霞牟氏、聊城杨氏、海丰吴氏、济宁孙氏等12家。其余50余家,以及其他时期出现的更多知名家族,也都有自己的传家故事、文化特色。如笔者较为熟悉的蓝、黄、郭、杨、周五个青岛即墨地区较有影响的文化世家中,蓝氏家族至今以文而名,传承不衰。而且即墨蓝

[①] 朱亚非等:《明清山东仕宦家族与家族文化》,山东人民出版社2009年版,第11—12页。

氏虽在明清时期才以文而见诸载籍，实则早在蒙元政权南下之初，即已迁居即墨，可谓即墨地区罕见的没有"山西洪洞大槐树"记忆的本土家族之一。另据清同治《即墨县志·选举志》，元代即墨"将材"12人中，蓝氏即有11人[①]；可知蒙元时期的蓝氏，已以家族成员的从军入伍、立功升职而显赫一时。但随着蒙元政权走向覆亡，追随蒙元政权而以武显族的即墨蓝氏，不得不趋于销声匿迹。

至明永乐年间（1403—1424），一度衰亡的蓝氏才在蓝福盛等族人的率领下，以务农经商崛起为闻名墨邑的富家大户。明中叶以来，随着蓝章考中进士、步入仕途，即墨蓝氏又在务农经商之外，走上科举、仕宦之途。至清末，即墨蓝氏考中进士者，计有蓝章、蓝田、蓝涺、蓝润、蓝启延等5人；中举人者，则在此5人外，另有蓝启肃、蓝昌后、蓝用和、蓝志苰、蓝志蕴、蓝人玠等11人；此外，还有蓝困、蓝史孙、蓝启晃、蓝中珪等50余位贡士及数百位廪生、庠生。其仕宦者中，明代的蓝章、蓝田父子，先后为官陕西，以廉政为民而闻名，以至于当地流传有"一按一抚，一子一父；虏不犯边，民得安堵"的民谣。清代蓝氏的首位进士蓝润，不仅被顺治皇帝称赞为"可法"之居官者，还是有清一代首批"词臣外转"者中的最杰出者。尤值称扬的是，即墨蓝氏的出仕者，无论官位高低，都秉承既不阿附权贵也不曲承上旨、唯以保民安民为己任的为官原则，不仅为个人赢得直声美名，也使其家族成为"海岱望族"中知名的"阅阀世家"。而且其家族成员始终秉持务农为本、诗书继世、孝义传家等传统理念，既重视读书为文、伦理制度、宗族亲情等方面的教育，也重视热爱家乡、建设家乡等观念的培养，从而又以传承不衰的著述成果、孝义行为、教育理念、家乡情结等，使蓝氏跻身于明清以来山东知名的文化世家之列。

关于即墨蓝氏的研究，当前已有不少成果。这些成果，可按创作者及成果特色而大致划分为两类。一类由蓝氏后人、即墨当地文史专家及即墨史志办等整理出版，多为蓝氏文献整理或纂集，前者如蓝水、蓝信宁等蓝氏后人整理印刷的蓝氏诗乘、家乘、族谱、蓝氏先人诗文集及其编辑撰写的蓝氏先人年谱、传记等，以及由肖冰、孙鹏、江志礼等即墨文史专家整理出版的《蓝田诗选》（青岛出版社1992年版）。后者如即墨市史志办公

---

① 林溥修、周翕鐄等纂：同治《即墨县志》，（台北）成文出版社1976年版，第509页。

室主持编纂的"即墨古城望族文化丛书"之《即墨蓝氏》[1],"从家族起源、支派源流、家族经济、家族教育、家族文化、社会关系、家族人物、文物·遗迹、逸事传说等方面",系统纂集了蓝氏家族的相关文献,可谓即墨蓝氏文献的集大成之作。另一类则是对蓝氏家族感兴趣的学者进行专门性学术研究,如韩梅博士以蓝田为代表,重点探析明清时期该家族的文学成就[2];张华清博士则在简述家族史的基础上,侧重于从社会学视角,多方探究该家族在明清时期兴衰成败的内部因素和社会原因,及其文化成就和代表人物[3]。可见,当前成果中,尚缺乏关于该家族文化的综合性、深入性研究。因此,本书拟从文化传承视角入手,在梳理蒙元以来蓝氏家族发展简史的基础上,精选其精英成员在科举仕宦、著述艺文、孝行义举、家族教育、乡土情结五方面的典型事例,挖掘并阐释其中蕴藏的该家族世代相承的为官理政原则、读书著述理念、传家治家方法、立世处乡经验等,以期充实中华家族文化故事宝库,刺激中华优秀家族文化的"创造性转化、创新性发展"。

---

[1] 即墨市史志办公室编:《即墨蓝氏》,内部资料,2018年。
[2] 韩梅:《明清山左即墨地区望族文化与诗歌研究》,博士学位论文,山东大学,2013年。
[3] 张华清:《明清即墨蓝氏家族文化研究》,博士学位论文,山东师范大学,2016年。

第一章

即墨蓝氏概说

问我祖先在何处？山西洪洞大槐树。祖先故居叫什么？大槐树下老鹳窝。①

这是一首自明永乐年间以来广泛流传于山东、河北、河南民间的民歌。据传说，今之即墨人多为明洪武、永乐年间从外地迁入的，如即墨周黄蓝杨郭五大显姓中，周氏是明洪武年间（1368—1398）自河南汝南迁居即墨的，黄氏、郭氏则是明永乐年间（1403—1424）自山东青州迁居即墨。因此，"山西洪洞大槐树"的传说，也深深烙刻在一代又一代即墨人的记忆中。而据即墨《蓝氏族谱》，蓝氏家族早在南宋时期就从昌阳峁山（今山东莱阳境内）迁来，主要居住于即墨东北的黄埠（今即墨市田横镇的泊子村、房家村、黄龙庄一带）。至蒙元政权统治山东初期，即因从军入武起家而迁至即墨城郊，并迁其祖坟于城东的盟旺山②一带。入明以来，蓝氏逐渐散居于今即墨城里的庄头村、即墨市东关街道办事处的东障村和石门村、即墨东北的黄埠和百里村以及崂山区北宅街道办事处的书院村与兰（也作蓝）家庄、城阳区流亭街道办事处的女姑村等地。可见，蓝氏可谓即墨少有的自南宋始即定居于此、没有"山西洪洞大槐树"惨痛记忆的本土大族之一。

但对蓝氏这个极为罕见的自南宋始即定居于此、未曾传承"山西洪洞大槐树"惨痛记忆的即墨本土显姓大族，我们至今不了解其早期的迁

---

① 此歌谣详见高胜恩、楚刃《洪洞大槐树寻根》（山西古籍出版社1999年版）第1页；另有版本其词如下："问我祖先何处来？晋南洪洞大槐树。槐树荫泽极广覃，北平山右及河南。"详见黄有泉等《洪洞大槐树移民》（山西古籍出版社1993年版）第1页。

② 盟旺山：是一座海拔119米的小山，今属于即墨市龙泉镇、留村镇。

移与发展史。这对蓝氏家族文化研究来说，不能不说是一件憾事。因此，本章将首先简要考察宋元时期尤其是有元一代该家族的迁移与发展史，然后再简述其明清时期的发展基础。

第一节 蒙元时期的迁居创业

关于即墨蓝氏的最早资料，应是以蓝春、蓝就为首的蓝氏族人刻立于元"泰定元年岁次甲子大吕月中旬八日"（即公元1324年农历十二月十八日）的盟旺山祖林碑。此碑今已佚失。幸运的是，其正面所刻、由时任胶州学正的邢世英①撰写的《盟旺山祖林碑记》及碑阴所刻蓝氏先祖姓名等，已由蓝氏后人、清代蓝启延抄录整理，并保存于《蓝氏家乘》中，从而成为今存关于明代以前即墨蓝氏唯一的直接依据。

一 避居海隅

蓝氏先祖，今已无考。明代蓝氏后人的杰出者蓝田，曾作《蓝氏三仙小传》②，专记蓝采和、蓝方、蓝乔三位蓝姓仙人之事。蓝采和，祖籍河南，随父迁居江南省江宁府上元县，"唐玄宗开元元年（713）癸丑科进士"，因"与权奸杨国忠不合，即退隐终南山"，"白日飞升，即今所谓大罗仙翁是也"，事见《蓝氏续修族谱》。③蓝方，字元道，北宋亳州（今安徽亳州）人，著名道士，曾进宫见帝，宋仁宗赐号"养素先生"，后于南岳修道，闻雷而飞升，事迹散见于宋人笔记和道书中。蓝乔，字子升，循州龙川（今广东龙川）人，自幼愿修神仙术，后游洛阳，自称"罗浮仙人"，白日而飞升，事见《夷坚志》甲志卷十五"罗浮仙人"条。④则此三人与即墨蓝氏，并无任何瓜葛。蓝田虽有追溯家族始祖意图，却也不便将此三人与即墨蓝氏联系起来。

---

① 邢世英：生平不详，今存《胶州志》亦无关于其任学正的任何记录。另据碑记，蓝春时"受尚书省札"、官"胶河漕运总把"，则其所撰碑记，应是出于与蓝春的同僚之谊。

② 详见蓝田《蓝侍御集》，《四库全书存目丛书》集部第83册，齐鲁书社1997年版，第233—235页。

③ 蓝星续修：《蓝氏续修族谱》，国家图书馆古籍部藏清光绪七年（1881）汝南堂木活字本。

④ （宋）洪迈：《夷坚志》，中华书局1981年版，第133—134页。

对于即墨蓝氏的来源，元邢世英撰《盟旺山祖林碑记》中明确记载："裔出昌阳舁山祖宅，自先公徙居黄埠，以至于此（即盟旺山）。"① 可见，蓝氏先从"昌阳舁山"迁至位于今即墨市田横镇泊子村、房家村、黄龙庄一带的黄埠，后又由黄埠迁至即墨城东郊的盟旺山一带。黄埠、盟旺山二地名，在今天的即墨版图中仍可寻见；"昌阳舁山"则在有明一代，就已成为一个连蓝氏族人也不知具体所在之处。

昌阳是两汉时即设置的行政县名。据《莱阳县志》，其治所，最初大致在今山东威海、莱阳一带，至唐高宗永徽元年，因避水患而迁至今山东莱阳城旧址一带；其名称，则至五代后唐时，因避庄宗李存勖祖讳而改为莱阳②，并沿承至今。莱阳南控黄海，西南毗邻即墨，北部有铎山、旌旗山、霁月山等山脉，与即墨之大小崂山、胶州之艾山脉脉相连。不过，今存《莱阳县志》及现传地名中，均无"舁山"之名。而据"明及清初疆域区划全图"（图1-1）及其他内容，知莱阳旧有"望石乡榆山社（一作于山）"。③ "社"是明中叶至清雍正期间的初级区制单位，类似于今天的村、庄等。因疑宋元时的昌阳"舁山"与明清时望石乡的榆山（或"于山"）社具有一定关系。

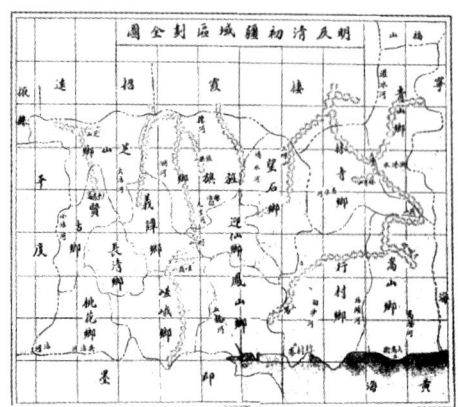

图1-1 《莱阳县志》中的明及清初莱阳疆域区划全图

---

① 邢世英撰，蓝启延抄录整理：《盟旺山祖林碑记》，详见《蓝氏家乘》，即墨蓝氏家印本。
② 王丕煦等纂、梁秉锟等修：《莱阳县志》，（台北）成文出版社1968年版，第139页。
③ 《莱阳县志》，第63、173页。

此外，明代文学家李开先撰写于嘉靖三十四年（1555）的《文林郎河南道监察御史北泉蓝公（田）墓志铭》①、蓝氏后人蓝再茂撰写于万历四十二年（1614）的《蓝氏族谱序》等中也记载，蓝氏祖上为"昇山人"。但值得注意的是，国图藏清顺治十六年（1659）刻《余泽录》收录的明王鸿儒撰《先赠通议大夫、南京刑部右侍郎公神道碑铭》②、清雍正年（1723—1735）刻明蓝章撰《先大父赠侍御公家传》③ 二文中，均说"先世故昌阳之羿山人"。因疑"羿""昇"二字因形近而误，然今存《莱阳县志》及现传地名中，亦无"羿山"之名。

蓝氏自"昌阳昇山"迁居即墨黄埠的大致时间，《盟旺山祖林碑记》虽未明确记载，但据此碑所立时间及碑阴文字，可间接推知。《碑记》明确记载，碑刻立于元泰定元年（1324）；其时，迁居即墨者已有七代人，详见图1-2。

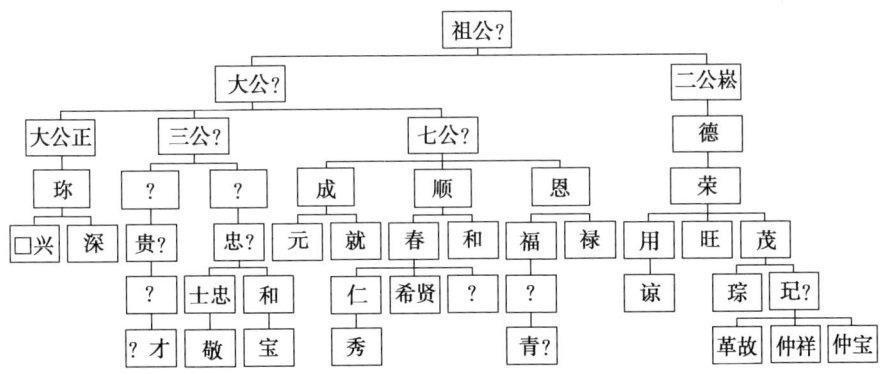

图1-2　蒙元时期即墨蓝氏世系④

《碑记》还记载，立碑时，蓝氏盟旺山祖茔已"立茔五十余年"，则知此祖茔应在1274年之前树立；蓝氏第七代蓝秀、蓝仲宝二人，已为

---

① 详见蓝润辑《余泽录》，国家图书馆藏清顺治十六年（1659）即墨蓝氏刻本（善本书号：02433）第3册，第74—82页；又见李开先《闲居集》卷七，但其中误将"昌阳"作"昌邑"。

② 《余泽录》，第1册第47页。

③ 蓝章：《蓝司寇公劳山遗稿》，《四库未收书辑刊》第五辑第18册，北京出版社2000年版，第11页。

④ 图1-2中的"?"，有二义：一为名字不详，一为世系有疑。"□"，表示原文漫漶。"□兴"，下文据同治《即墨县志》作"福兴"。均不再出注。

"本县人吏"，即已成年。如按 20 年为一代人的大致标准推算，则蓝秀、蓝仲宝应为元大德八年（1304）前后生人；主持立碑事宜的第五代蓝春、蓝就等人，应是元世祖忽必烈至元元年（1264）前后生人，立碑时已为 60 岁左右的老年人。而第五代的最长者，即"至元十六年（1279）受枢密院札，管军百户"的蓝福兴，当为 1259 年前后生人，立碑时疑已去世。依次类推，则蓝福兴之父、四世长子蓝珎，应为 1239 年前后生人；蓝珎之父、三世长子蓝正，应为 1219 年前后生人；蓝正之父、二世长子即"大公"，应为 1199 年前后生人；一世即"祖公"，应为 1179 年前后生人。另据碑阴文字"昇山高祖、黄埠曾祖今迁于本茔祖后下穴"，则知"昇山高祖"当即碑记中的"祖公"，其从"昌阳昇山"迁至即墨黄埠的大致时间，当在成年（即 1199 年前后）之后。

而明代蓝氏后人蓝再茂撰《（即墨）蓝氏族谱序》、清代即墨人周铭旗修《即墨乡土志》，均记为"南宋间"。另据《宋史》《金史》等史籍，及《莱阳县志》《即墨县地》等方志，莱阳、即墨均为莱州属县，自南宋建炎年间（1127—1130）起，与山东诸州郡一起沦为金人统治区。南宋绍兴三十一年（1161），在水、旱、蝗等天灾和金人沉重赋税重压下，山东人民本已难以为生；金主完颜亮发动的南下侵宋战争所带来的额外徭役，更直接刺激了以耿京（1130？—1162？）为代表的济南周边农民起义。金人统治末期发动的多次侵宋战争均告失败，而日渐强盛的蒙古大军的不断南下，逼使金人对中原民众的逼迫和掠夺更趋严重。于是，在杨安儿、李全、彭义斌等人的领导下，深陷于水深火热之中的山东民众再度掀起了波及范围更广的农民起义，包括莱阳在内的莱州各地更趋动荡不安。如据《莱阳县志》，南宋嘉定十二年，即金兴定三年（1219），在已经归附南宋的起义军首领李全的劝说下，金朝益都府吏"张林以登、莱等十二州归宋"。[①]但对这些主动回归的起义军及山东诸州郡，南宋政府实是鞭长莫及。而金人和蒙古大军的双重夹击，回归众人的各自为政、自相猜忌和残杀，又逼使山东诸州郡在"宋京东路总管"李全的带领下，于南宋宝庆二年（1226）彻底并入蒙古政权的版图。据此可推测，蓝氏由"昌阳昇山"迁至僻在海隅的即墨黄埠的主要原因，应是躲避宋金蒙时期频繁发生的社会大动乱；而其迁移的大致时间，疑非金人攻陷登、莱诸州

---

① 《莱阳县志》，第 92 页。

的南宋建炎年间（1127—1130），而是金人统治后期，尤其是张林归附南宋（1219年）前后至李全投降蒙古（1226年）前后这段最为动荡不安的时期内。这一推论，正与前述关于蓝氏祖公成年（1199年前后）之后乃迁居即墨黄埠的推断相一致。

至"张林以登、莱等十二州归宋"的南宋嘉定十二年（1219），"昇山高祖"即即墨蓝氏一世祖已年逾四旬，他的两个儿子即"黄埠曾祖"也已成年。因可推知，"昇山高祖"虽大半生生活于"昌阳昇山"，却为躲避战乱而随已成年的二子迁居并终老于即墨黄埠。另据"昇山高祖、黄埠曾祖今迁于本茔祖后下穴"之语，知"昇山高祖""黄埠曾祖"均卒于黄埠，后来才迁葬至蓝氏盟旺山祖茔。则蓝氏迁居黄埠的时间并不长，应仅有"昇山高祖"和"黄埠曾祖"两代人约40年的时间。也就是说，在1259年前后，其三世蓝正、蓝德等人约40岁时，蓝氏又从即墨黄埠迁到即墨近郊的盟旺山一带。

二 迁向城市

如前所述，大约1259年，蓝氏从僻在即墨一隅的滨海小村黄埠，又迁至即墨近郊的盟旺山。其时，三世蓝正、蓝德等人已经事业有成，四世蓝珎、蓝成、蓝荣等也已成年，并开始建立军功。则此次迁居，应非躲避战乱，而是谋求家族的发展壮大。迁居盟旺山后，即墨蓝氏也确实发展壮大起来，尤其是在武功方面。这从《盟旺山祖林碑记》的简单记载中可略窥端倪。

据碑记，前列蒙元时期蓝氏谱系图的第三代8名男性后人中，已有2人在官府为吏：长房长子蓝正，"充里正"；二房独子蓝德，为"防御军官"。

里正，也称里君、里尹、里宰、里长等，本是自春秋时设置的乡村初级官吏，主要负责本里户口统计、赋役催纳等基层事务，一般由当地比较有名望者担任。元人则一袭金人制度，在乡村和城镇分别实行乡都制和隅坊制，将辖区划分为若干坊，坊下又划分为若干里或社，设里正、社长分别管理。如《金史》卷四十六《食货志》载："京府州县郭下则置坊正，村社则随户众寡为乡置里正，以按比户口，催督赋役，劝课农桑。……凡坊正、里正，以其户十分内取三分，富民均出顾钱，募强干有抵保者充，人不得过百贯,役不得过一年。"①但蒙古人对里正或社长的选拔,是以个人田产或缴纳赋税的多少来确定。如明《永乐大典》卷二二七七所引《吴兴续志》说:"役法:元各都里正、主首……以田及顷者充。"②《元典章》卷二十六"编排里正、主首例"条则载:元大德七年(1303)颁发的里正等选拔办法规定,"每乡设诸色户若干,内税高、富实户若干,税少而有蓄积人户若干,并以一石之上为则,一体当役。……每一乡拟设里正一名。"③可见,当时乡村和城镇中里正、社长等初级官职的选拔,或者需要被选者拥有一定数量(如一顷)的土地,或者需要被选者所缴纳税粮达到一定数量(如一石)。因此,由蓝正出任里正可以推知,蓝氏家族当时应已是具有一定经济实力的富家大户。

"防御军官"蓝德的从军生涯,应主要在元太宗即成吉思汗第三子窝阔台统治时期(1229—1241)。其时,蒙古政权彻底打败金人,开始了对中原的全面统治,并在汉民族聚居的中原地区征召"汉人"④士兵,形成了最初的"汉军"。这些由被占领区汉人组成的"汉军",在蒙古统治者的指挥下,或西征,或南伐,在元朝建立尤其是攻灭南宋的进程中立下了战功。如《元史》卷一四九载:"岁己丑(1229),太宗即位,始立三万户,以刘黑马为首,重喜、史天泽次之,授金虎符,充管把平阳、宣德等路管军万户,仍金太傅府事,总管汉军,从征回回、河西诸国,及破凤翔、西(河)、洮州诸城堡。"但《元史·百官志》所录"武散官三十四阶"中,并无"防御军官"一职,仅人物列传中偶尔提及。如《元史》卷一六六《石抹狗狗列传》载:元太宗元年(1229),"制三万户、三十六千户以总天下兵,遂以高奴为千户,遥授青州防御使,配金符"。这里,被授予"青州防御使"、官至"千户"的高奴虽是契丹人,但也直接证明了蒙元建立过程中曾设"防御使"这一官职。另据《元史》,元朝正式建立后,曾在山东专设"防御使"一职,只是其设置时间较晚、权责

---

① 脱脱等:《金史》,中华书局1975年版,第1031页。
② 《永乐大典》,中华书局1986年版,第886页。
③ 陈高华等点校:《元典章》,中华书局、天津古籍出版社2011年版,第1055—1056页。
④ 蒙古人统一中原、建立元朝的进程中,习惯于分人民为四等:第一等是地地道道的蒙古人,第二等是包括钦察、回回等北方少数民族在内的"色目人",第三等是包括契丹、高丽等族以及原金人统治下的中原汉族人在内的"汉人",第四等则是以南宋统治下的江浙湖广赣等地汉族人为主的"南人"。

更大。如《百官志八》"防御使"条载:"至正十七年（1357）正月,准山东分省咨,团结义兵,每州添设州判一员,每县添设主簿一员,诏有司正官俱兼防御使事,听宣慰使司节制。"① 因疑"防御军官"应是元人南侵进程中因袭金、宋官制而授予归降"汉人"的一种级别较高的武职,并非蓝德实授官名。

由蓝氏三世蓝正的出任里正和蓝德的授予"防御军官",可以推知,此时的蓝氏家族已具有相当的经济实力和政治资本,其由黄埠迁居即墨近郊盟旺山当是水到渠成之事。也就是说,蓝氏迁居盟旺山的大致时间,应在蓝正、蓝德等人成年且各有所成,尤其是蓝德从军征战并获取武职之后。至蓝氏立茔于盟旺山麓的1274年前后,其三世或四世之中的杰出者,应有新近辞世者,疑即开启了蓝氏以武立族新篇章的蓝德;而其辞世多年、曾经暂葬于黄埠的"昇山高祖""黄埠曾祖",也于此时由后人（疑即《盟旺山祖林碑记》中提及的"医学教谕蓝茂"）迁至盟旺山祖茔。

另据碑记,至立碑时（1324年）,蓝氏获授武职者另有13人。四世5人,即蓝珎"中书省武义将军",蓝成"益都路委差",蓝顺"管丁壮军百户",蓝恩、蓝荣均充"委差"。五世4人,即蓝福兴官"管军百户",蓝就官"运粮百户",蓝春官"尚书省胶河漕运总把",蓝旺官"潍州秃鲁花千户"。世系不明者中,亦有4人,蓝贵官"百户",蓝青"受千户所札,管军弹压",蓝革故"受左卫都镇抚",蓝士②忠"受千户所札,管军百户"。因知蓝氏四世、五世中可确知的获授武职者,即有9人,且已有人获授级别较高的"武义将军""秃鲁花千户"等职。这在大致遵循"其长则蒙古人为之,而汉人、南人贰焉"③任官用吏原则的有元一代,还是比较少见的,由此可见蒙元统治者对蓝氏族人的认可。此外,同治《即墨县志·选举志》"将材"条中,共录元代即墨12人④,蓝成、蓝恩、蓝荣之外的11名蓝氏族人列名其中,可见即墨一邑对蒙元时期蓝氏武功的高度认同。

即墨蓝氏在蒙元时期的兴盛,还体现在其族人的积极从事其他职务方

---

① （明）宋濂等:《元史》,中华书局1976年版,第3515、3906、2341页。
② 士:同治《即墨县志》作"仕"。
③ 《元史》,第2120页。
④ 《即墨县志》,第509页。

面。据邢世英所撰碑记，蓝氏五世中另有7人在官府任职，蓝福为里正，蓝元、蓝禄为社长，蓝深为本县"劝课官"，蓝和为"□学谕使"，蓝茂为"医学教谕"，蓝用为"办课局官"。六世有3人，蓝仁也为"办课局官"，蓝希贤及一佚名兄弟均为"典书"。七世有5人，蓝秀、蓝宝均为即墨"本县人吏"，蓝仲祥为"蒙古生员"，蓝和为社长，蓝□才"受脱脱辽王圣旨行干"。由此可见蒙元时期蓝氏五至七世人才之兴旺。

不过，蓝氏五至七世的从事其他职务者，多为元代社会的低级官吏或非正式官吏。除前述协助官府统计人口、征收赋税等却并不从官府领取薪酬的里正一职，另如"劝课官"，应是民间笼统说法，而非官方正式称谓。元世祖忽必烈在位期间（1260—1294），为发展农业生产，曾设置专门的劝农司，并选派通晓农事的姚燧、陈邃、崔斌等充任大司农、劝农使等职，巡视各地，劝课农桑。对元政府正式任命的劝农官吏，《元史》多有明确记载，其中并无蓝姓者。而忽必烈至元七年（1270）颁行的《农桑之制》中规定："县邑所属村疃，凡五十家立一社，择年高晓农事者一人为之长；增至百家者，另设长一员；不及五十家者，与近村合设一社；地远人稀、不能相合、各自为社者，听。其合为社者，仍择数村之中立社长、官司长，以教督农桑为事。"①因此，疑"劝课官"是民间对这些"以教督农桑为事"却未被授予"社长"之职者的笼统称谓。他如"办课局官""本县人吏""□学谕使"等，应也是民间一些低级官职的笼统说法。

另需说明的是"典书"一职和"蒙古生员"称谓。据碑记，蓝希贤兄弟二人均官"典书"，却一受"部札"，一受"中书省札"。也就是说，一人供职于"中书省"下辖的吏、户、礼、兵、刑、工六部之一，一人供职于中央核心机构"中书省"。而据今存史料，元朝设有"典书"之职的官方机构，主要是蒙古国子学和秘书监，二者均隶属于"中书省"。元人王士点、商企翁编次的《秘书监志》还明确记载，秘书监始设立于至元九年（1272）十一月，其"吏属六员"中有"典书二人"，职级低于"正五品"的"少监"。但其中著录的至元十年（1273）至至顺四年（1333）间的历任"典书"中，并无蓝姓者。② 另据《元史·百官志三》，元朝"蒙古国子学"和"翰林兼国史院"二机构均曾设"典书"一职，

---

① 《元史》，第2354—2355页。
② 详见高荣盛点校《秘书监志》，浙江古籍出版社1992年版，第19—20、221—224页。

但时间较晚：

> （至元）三十一年（1294），（蒙古国子学）增助教一员、典给一人。后定置博士二员，正七品；助教二员，教授二员，并正八品；学正、学录各二员，典书一人，典给一人。
>
> （延祐）五年（1318），（翰林兼国史院）置承旨八员。后定置承旨六员，从一品；……掾史四人，译史、通事、知印各二人，蒙古书写五人，书写十人，接手书写十人，典吏三人，典书二人。①

因疑蓝希贤及其佚名兄弟或曾就职于蒙古国子学，但无其他佐证。不过，此推断或可与蓝仲祥的为"蒙古生员"互为参证。"蒙古生员"并非官职名称，而是元人对"蒙古国子学"学生的称呼。"蒙古国子学"始于元太宗窝阔台五年（1233）颁发的在燕京兴办国子学诏令。该诏令规定，国子学学生（即"生员"）来源有二，一是蒙古官员的子弟，二是汉人官员的子弟。入学的蒙古官员子弟按日供给食物、白酒等物，汉人官员子弟则无。尽管窝阔台在诏令中冠冕堂皇地强调，这样做意在使"这孩儿每学得汉儿每言语文书会也，你每那孩儿亦学底蒙古言语弓箭也会也"②，但并不能掩盖"汉人"官员子弟的"陪读"本质。不过，对当时渴求建功立业的众多"汉人"子弟来说，成为陪读"生员"，是从军之外的又一种有效途径！此后，正式建立蒙元政权的忽必烈为巩固蒙人政权的统治，下令创制了"蒙古字"。为普及和推广这种新文字，又于至元八年（1271）正月颁发了兴学诏令，要求以"蒙古字"作为京师"蒙古国子学"的主要教授内容，"蒙古国子学""生员"仍"于随朝百官、怯薛歹、蒙古、汉儿官员选择子孙、弟侄俊秀者"。并规定："有愿充生徒者，与免一身差役"；"二、三年后，习学生员选择俊秀，出策题试问，观其所对，精通者为中选，约量授以官职"。③ 可见，成为"蒙古生员"的汉人官员子弟，已不仅具有"陪读"荣耀，而且可进而步入仕途、获得官职。这应是蓝氏家族将蓝仲祥"蒙古生员"身份写进碑记的主要原因。

---

① 《元史》，第2191页。
② 详见（元）熊梦祥《析津志辑佚》，北京古籍出版社1983年版，第197—198页。
③ 详见《元典章》卷三十一《礼部四·学校一·蒙古学》，第1081—1082页。

此外，还需一提的是蓝贵之孙蓝□才的"受脱脱辽王圣旨行干"。这里的"脱脱"，并非以主持修撰《宋史》《辽史》《金史》而闻名的元末政治家脱脱（1314—1356），而是延祐三年（1316）受封为辽王的蒙古王室成员勃儿只斤·脱脱（？—1328），他在元泰定帝在位期间（1324—1328）可谓权倾朝野。而蓝□才应只是受到脱脱辽王指派去做某件或某些事，并没有被正式授予任何职位。但在当时，能接近煊赫一时的脱脱并直接受其差遣的"汉人"并不多见，受到青睐的蓝□才的获授官职，应指日可待。可惜的是，在泰定帝死后的皇位争斗中，脱脱不幸兵败而被杀，曾经寄希望于脱脱的蓝氏家族想来也会受到一定冲击。

综上可知，蓝氏迁至僻居海隅的即墨黄埠后，经过一世、二世的艰苦创业，已凭借农耕成为当地的殷实之家，夯实了家族继续发展的基础。三世蓝德的从征入伍和获取武职，不仅直接开启了四世、五世的以武兴族之路，也开启了蓝氏家族迁居即墨近郊盟旺山、成为墨邑显族的新历程。五世成员则不仅男丁兴旺，而且在以武立族之外兼治他业，既有官至"百户""千户"的从武者，也有或劝农桑、或事教谕的从事其他职务者。他们虽级别不高，却都为蓝氏家族的兴旺乃至即墨当地经济、文化事业的发展做出一定贡献。至碑文撰定的元泰定元年（1324）十二月中旬，在蓝春、蓝就、蓝茂等五世长辈①的率领下，蓝氏六世、七世的功成名就者和崭露头角者，济济于盟旺山之麓，共襄家族墓地立碑盛事，齐显蓝氏一族在即墨的兴盛与显赫！至此，从"昌阳昇山"迁至即墨的蓝氏家族，不仅凭借全体成员的辛勤劳作在即墨城东郊盟旺山一带创立了自己的家族产业，而且通过三至五世男性成员的从军征战获得武职、积累战功，为家族的兴盛发展奠定了坚实的经济和政治基础。

第二节　明清时期的务农经商

经过元末"毛贵之乱"、明初"靖难之役""唐赛儿之变"等所导致的社会大动乱以及旱灾、蝗灾等自然因素的屡屡侵扰之后，曾经"户口雄于他邑"的即墨一度成为一个"户日逃、口日减"的"东省疲邑"。而

---

① 碑文首尾均未提及五世中武阶较高的蓝福兴、蓝旺二人，因疑立碑之时，二人已与世长辞。

蒙元时期曾经以赫赫武功而显于一邑的即墨蓝氏，也在元末明初那不可抗拒的朝代更替和社会变迁重压之下，再度沦为普通的农耕家族，在很长一段时期内寂寂无闻。直至明永乐（1403—1424）后期，蓝氏才在蓝福盛的率领下，以务农致富，并从即墨城东郊的盟旺山聚居地搬至即墨城里，开启了城居生活新篇章。稍后，蓝福盛次子蓝铜又以经商获利，并在即墨城周边广购田产，为后人留下了回归传统务农生活的资本。蓝铜与次子蓝竟还分别于明成化二十二年（1486）、二十年（1484）因向官府捐纳粮食而获赠七品散官，为蓝氏开辟了凭借务农经商而获赠官的新路。经过明初数代人的务农经商，至成化末年，蓝氏再度崛起为名甲墨邑的富家大户，并从此逐渐转变为以务农为本，集科举仕宦、著述艺文、孝行义举为一体的文化世家。

一 兴于农商

为便于了解入明后即墨蓝氏的发展壮大，特据今存相关文献，将其前七世谱系简列如图1-3。

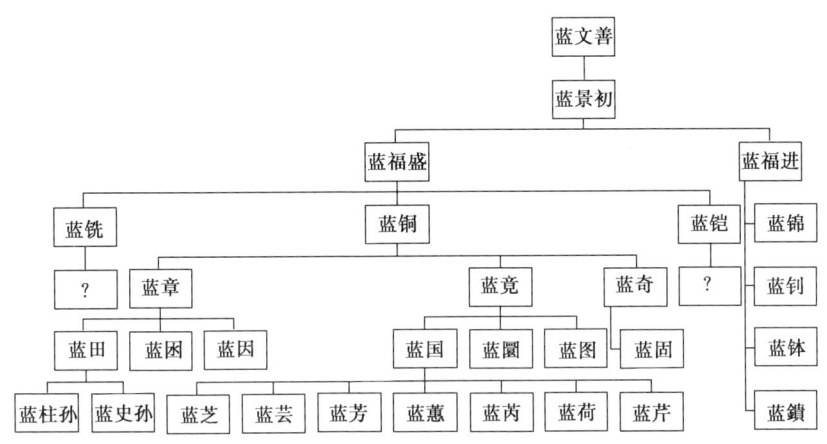

图1-3 明代即墨蓝氏前七世谱系

说明：（1）由于各支系发展不一、文献欠缺、个人能力有限等因素，本书未能一一论及即墨蓝氏所有支系的发展概况，故对未论及者，如此图中四世蓝铣、蓝铠、蓝锦、蓝钊、蓝钵、蓝镄等的后人，均不列出；（2）七世蓝芝等7人，并非蓝国一人所出，因未详其具体所出、且非本书所论重点，乃概系于蓝国之下；（3）七世蓝柱孙，乃蓝国第六子，原名蓝葵，因过继给蓝田而改名。

需先申明的是，关于入明以来即墨蓝氏一世祖蓝文善，其第11世后人蓝启延以为："为元顺帝时人明矣。考顺帝元统元年（1333）癸酉，上溯泰定甲子（1324），才十年，一世祖世次或与秀祖同行，或即在七世之下，其间纵远，不过一世耳。"① 然而，此推论有明显的疏漏之处。作为蒙元政权的最后一位皇帝，元顺帝统治全国的时间，始自至顺四年（1333）六月的继位，终于蒙元政治、经济中心大都被明军攻破的"至正二十八年"（1368）闰七月。若从元顺帝初年前溯至蓝氏盟旺山祖茔碑树立时已成年的蓝秀等人出生的大德八年（1304）前后，仅 30 余年，则蓝文善生活时间确实与元代蓝氏七世"纵远，不过一世耳"；但若从元顺帝末年前溯，则达 64 年之久，恐非"一世"之差距矣。另由今存关于三世蓝福盛的零星记载，也可推知明代蓝氏一世祖的生活时代，与元代七世蓝秀等人远非"一世"之差。

蓝福盛字世荣，曾于"唐赛儿之变，来攻即墨，邑人皆溃，城遂陷"之时，"驰马荷戈，追贼于泊石桥，率兵士直犯其营，大战破之"。② 考之史籍，唐赛儿之变发生于明永乐十八年（1420）农历二月至四月间。当时，刚刚经历过战乱的大明王朝原本就经济萧条，民生凋敝；山东一带更是连年灾荒，饿殍遍野，民不聊生。而明太祖朱元璋死后，明成祖朱棣为夺皇位而发动"靖难之役"，主战场就是山东。朱棣继位后，将都城从南京迁至北京；为便于南粮北调，供养京师人口，又下令开凿从山东临清会通镇直达徐州茶城的会通河，使大运河南北贯通起来，因此，先后从山东征调数十万役夫。此举更使山东农民的生活雪上加霜，难以为继。因此，当已经被逼得家破人亡的唐赛儿假借白莲教圣母名义，于农历二月十一日正式在益都（今山东青州）卸石棚寨揭竿起义，并杀掉前来镇压的青州卫指挥使高风之后，山东青州、莱州、莒州、胶州、安丘、寿光、诸城、即墨等 9 个州县的农民群起响应，掀起了轰轰烈烈的毁官府、烧仓库、惩治贪官污吏、打击土豪劣绅活动。不幸的是，在官府正规军队和地主势力的镇压下，山东农民的这次起义抗争在短短 60 多天后便被打败，起义军惨遭屠戮，唐赛儿则不知所终。但这次起义，也使新兴的明王朝猛然警醒，促使其不久即采取了赈济灾民、减免徭役赋税等惠民措施。

在山东农民起义风起云涌之际，身为平民的明代蓝氏三世长子蓝福

---

① 蓝启延：《盟旺山祖林碑记录识》，载《蓝氏家乘》，即墨蓝氏家印本。
② 蓝章：《先大父赠侍郎公家传》，载《蓝司寇公劳山遗稿》，第 11 页。

盛，却挺身而出，主动率领官兵追击起义军。可见其时他已成年，而其身份应已非难以为生的普通农民。这一点从蓝章《先大父赠侍郎公家传》及其业师刘健①撰《故义官蓝君（铜）墓志铭》②、《即墨县志》等中，均可得到印证。如刘健载，蓝福盛次子蓝铜"生永乐辛丑（1421）九月四日，卒弘治二年（1489）十月四日"。也就是说，"唐赛儿之变"次年，蓝铜即出生；则其长兄蓝铣，至晚应出生于"唐赛儿之变"当年。因可确知，"唐赛儿之变"时，蓝福盛已经成年，并已生儿育女。此外，蓝章文称蓝福盛"寿五十有四"，《即墨县志·孝义传》载蓝铜"幼孤"。如按古代男子20岁始行"加冠之礼"、不再称"幼"的标准，则蓝福盛卒年至迟不应晚于1440年，其生年至晚当在1387年。仍按20年为一代人的大致标准推测，则蓝福盛之父、二世蓝景初当生于1367年前后，其祖、一世蓝文善约生于1347年，正值农民起义风起云涌的元顺帝后期。由此亦可印证，蓝文善与约公元1300年出生的蒙元时期蓝氏七世蓝秀等人，当非如前述蓝启延所推测的为同代或至晚"不过一世"之人，而是晚40余年即两代人左右。

此外，唐赛儿之变发生时，蓝福盛不仅已经成家、生育儿女，且已壮大蓝氏产业，使蓝氏重新闻名即墨一邑。如刘健所撰蓝铜墓志载，蓝铜之"父福盛，以力穑致富为大家"。蓝章为撰蓝福盛《家传》也提及：

> （公）率子弟力田治生，以资雄于一邑。……后兄弟求异居，公以先业让之，而自徙居城中，起高楼……娶于氏，继娶王氏，皆赠淑人，合葬于盟望山之西原。

由此可以推知，元明鼎革以来，蓝氏后人仍有居住、安葬于即墨城东郊盟旺山麓者。这支仍居住于盟旺山的蓝氏后裔，后在蓝福盛带领下，齐心协力地以农业生产为根本，共谋家人生计和家族兴盛之业，重新崛起为即墨当地的富家大户。因此，当唐赛儿之变的战火燃烧至即墨时，作为富有阶层代表的蓝福盛才会挺身而出，主动与农民起义军对抗。

---

① 刘健（1433—1526）：字希贤，明天顺四年（1460）进士，授编修，后参与修撰《明英宗实录》，累官至尚书兼文渊阁大学士。刘健曾担任蓝章考中进士的成化二十年（1484）甲辰科主考官，因此，蓝章尊称其为"业师"。

② 《余泽录》第1册，第57页。

随着家族人口日益增多，蓝福盛乃与兄弟们分家析居，将祖传田地房产全部留给兄弟们，自己则搬到即墨城里，成为城里蓝氏的创始者；后携蓝铣、蓝铜、蓝铠三子，为即墨蓝氏开辟出一条经商逐利新路。蓝福盛次子蓝铜（1421—1489），字宗济，号东村，尤长于经商，可谓即墨当时极为优秀的经商致富者。如今存资料载：

> 少游江湖，善经营，未尝不获厚利。素善筑室，不惜资，城郭间第宅肖然相望，莫出其右。广购膏腴良田，阡陌相连。为裕后计，于郭之东三里许，拓一别墅，园林蓊郁，花草参差，而秀山明水，襟带左右。①

> 娶同邑于氏，又得贤内助，由是家日益裕。间携货走江湖，屡获厚利。归，以其资营居第，完美右一邑。又益市近膏腴田为裕后计，视其父祖时加数倍焉。②

> 尤善治生。其配于氏，又克勤俭以相之。由是得以兴贩江湖，懋迁有无，而产道日益饶裕。田园膏腴，屋宇华润，甲于一邑。③

综此可知，蓝铜从小便显示出极高的经商天赋，成年后，更凭"善经营"天赋及妻于氏的勤俭持家和鼎力相助，"兴贩江湖""屡获厚利"，最终成为田园屋宇"甲于一邑"的知名商人。但在传统以农为本观念的影响下，蓝铜经商成功后，并没有将所获利润应用于商业贸易，扩大经营规模，发展成为知名于时的大商人；而是大力拓建宅园，购置田产，成为坐拥美宅佳园、良地沃田的大地主。在他的努力下，迁居即墨城里的蓝氏族人不仅开拓了生存发展的新途径，还拓展了在乡村的空间，为后人的重回乡村、务农为业奠定了基础。经商积累的大量财富，使蓝铜有足够财力供长子蓝章专事读书科举之途，从而将蓝章培养成为蓝氏的首位科举得第者。经商积累的财富，也使他有足够能力在饥馑之年"辇粟若干石"，捐赠官府以赈济贫弱者，从而获得官方奖励和民间盛誉，成为一名经正式备

---

① 官贤：《明故义授七品散官、累赠通议大夫、南京刑部右侍郎蓝公（铜）行状》，蓝润辑：《余泽录》第1册，第53页。
② 刘健：《故义官蓝君（铜）墓志铭》，载蓝润辑《余泽录》第1册，第57页。
③ 周经：《明赠文林郎、贵州道监察御史蓝君（铜）墓表》，载蓝润辑《余泽录》第1册，第60页。

案的虽无实权、却可穿戴七品官服的"义官"。

蓝铜经商发家后，还大力督导次子蓝竟，使其重返中华传统的务农之路，妥善经营、管理自己置办下的大量田产。而蓝竟也不负期望，不仅"于树艺尤力"，且善于谋划、经营，成长为一名兼具管理才能的成功务农者。他接手管理家族田产后，一面大力发展谷物、果树等传统种植业，一面努力兴办家禽、牲畜等家畜养殖业，以至于城里蓝氏"别业之在东郭及周村者，以谷则丰，以果则硕，以畜牧蕃息"。其家族拥有的土地日益增多，雇佣的人工队伍越来越庞大，居住的宅第也天天处于拓新或创建之中。①当成化甲辰（1484）"岁大祲"之时，蓝竟"输粟于官，以佐赈济"，成为即墨蓝氏首位因捐纳粮食而被授予七品散官者。

综上可知，至成化末年，以四世蓝铜、五世蓝竟为代表的这支蓝氏族人，已凭务农、经商之功，在即墨城里寻找到更为广阔的发展和生存空间，并在周边乡村置办下更多的田地，奠定了后人重回乡村、务家为生的基础。蓝铜长子蓝章的考中进士和次子蓝竟及其本人的相继"输粟于官"、获授七品散官之职，充分显示了城里蓝氏的从政愿望和全面崛起，也为仍居住于黄埠、盟旺山等地的其他族人起到了很好的示范作用。此后，即墨蓝氏虽屡屡以科举仕宦、著述艺文、孝行义举等名扬山左，却从未出现轻视务农经商的现象，充分显示了该家族传承不衰的发展理念。

二 立于耕读

自明成化二十年（1484）蓝铜长子蓝章考中进士以来，即墨蓝氏逐渐走上以科举仕宦振兴家族的新路。至嘉靖二年（1523），蓝章长子蓝田也考中进士，即墨蓝氏更以科举仕宦而名显一邑。但其历代出仕者在仕宦生涯结束之后，大都回归故里，一面从事力所能及的田间劳作，一面以诗文歌咏和倡导这种简单淳朴又独具中华特色的田园耕读生活。为更好说明这一点，特简列蓝田及其后人谱系如图1-4所示。

其中，尤值一提的是历经11次科举会试始得考中进士的蓝田。蓝田16岁即考中举人，却在30年后、47岁时才考中进士，其漫长的科考之路不能不令人闻而生叹。然而，终于考中进士的蓝田却在步入仕途不久，即因上疏获罪而两遭下狱，最终罢归故里。心灰意冷的蓝田回到家乡后，即

---

① 蓝田：《先叔父宣义郎蓝公（竟）墓志铭》，载《蓝侍御集》，第243—244页。

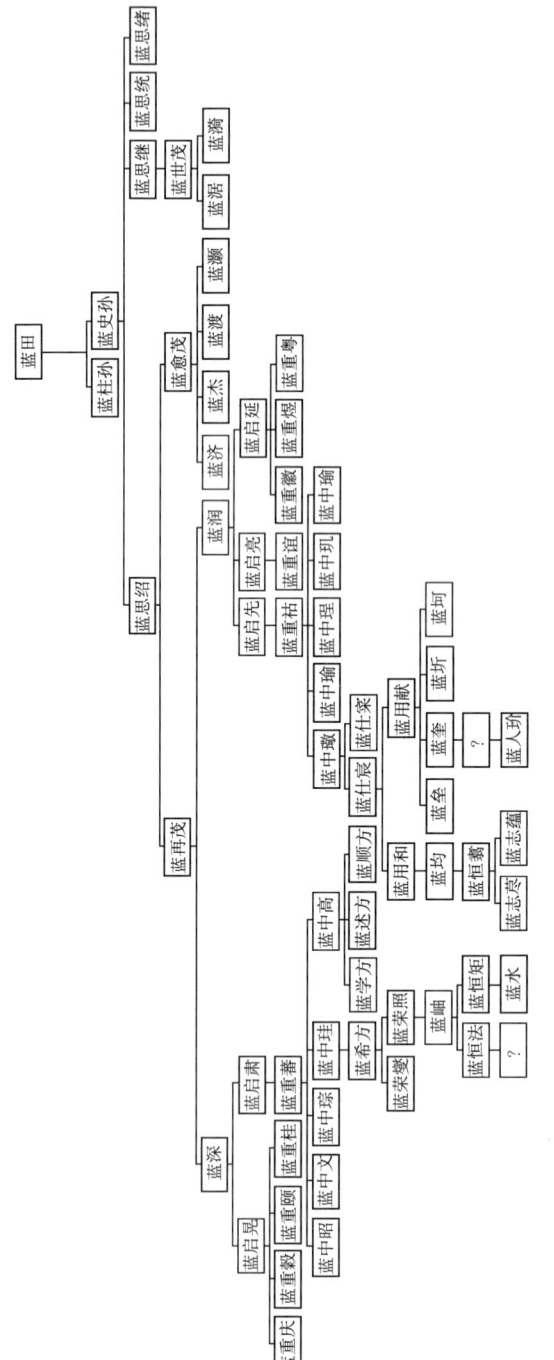

图1-4 蓝田后人谱系

注：（1）此图一如前图1-3，未列蓝田外的其他支系；（2）蓝启晃（1635?—1689?）乃蓝润次子，出为蓝深嗣子；（3）蓝重祜（1654—1704?）乃蓝启亮（1635—1681）长子，出为蓝启先（?—1654）嗣子。

在城郊蓝氏庄园里营建草屋以自居,并时常参加耕种、浇灌等农事活动。其《写怀·次胶西栾简斋①侍御韵》一诗,即生动描述了这种自得其乐的田间耕作生活:

> 少劳山人拙且痴,有园三亩郭之西。朝朝抱瓮灌白菜,喜见一尺青玻璃。人生一饱亦云足,况有床头盈缶斋。试看方丈万钱者,何如箪瓢颜氏居?菜根嚼出真滋味,拍手楚狂歌凤兮。②

诗中,蓝田自称"少劳山人",描述了在即墨城西三亩田园之上"朝朝抱瓮灌白菜"的劳作生活。其中不仅有辛苦浇灌之后见到白菜长得青葱郁茂、如同片片"青玻璃"的丰收在望之喜,更有对穷居陋巷却能嚼出菜根"真滋味"、唱出人间真性情的田园之乐。这种对自耕自食、贫穷平淡的田家生活的自得与自乐,是蓝田历经科举坎坷和官场险恶之后对人生的彻悟。

蓝田之后,即墨蓝氏读书弄文者更多,但大都坚守了务农为本的家族传统。如明万历年间会稽人陶允嘉记载:

> 将抵县……路旁为蓝氏园,蓝友暨兄迓以入。园三区:一莳花,一植果,一种蔬。以次而进,有堂承之。古树樛结,苔色翳石,种种皆百年前物。问之,云相传七世矣。乔木世臣,展矣不虚。蓝友以孝闻,且好施,人多德之,宜有以世其家也。③

陶允嘉字幼美,号兰风,其子陶崇道于万历四十年(1612)前后官即墨县令,因至即墨,并游崂山。据此文可知,陶氏途经蓝氏庄园时,曾

---

① 栾简斋:今存蓝氏后人整理《蓝田诗集》中注作"明永乐丁酉举人"栾风,然永乐丁酉年为公元1417年,距蓝田罢官乡居已达百年以上;且《即墨县志》中明确记载,栾风为即墨人;另据杨盐撰《八世赠按察公(思绍)、孝行公(思继)、指挥公(思绪)合传》及《胶州志》《胶州文史资料》等可知,此处当指嘉靖二十九年(1550)进士、官山西道监察御史的胶州人栾尚约,其妹即蓝田之子蓝史孙妻。
② 蓝田:《蓝侍御集》,第198页。
③ 陶允嘉:《游崂山记》,苑秀丽、刘怀荣校注:《崂山志校注》,人民出版社2015年版,第144页。

在蓝田之孙蓝思绍、蓝思继的陪同下浏览观瞻。当时的蓝氏庄园虽已专种蔬果花卉，但从其可远溯"七世"而至蓝福盛父辈的久远历史中，足见该家族对田园和农业生产的重视。

其时，明清蓝氏九世蓝再茂、蓝愈茂等人，正读书于位于崂山华楼的家族书院——华阳书院。稍后，蓝再茂以选贡获授南皮知县之职，步入仕途。解职归里后，他也"修农政"于自蒙元时期即世代相传的蓝氏"东庄"。素与"南董（董其昌）"并称的河南书画家王铎，曾在祝寿文中这样描写蓝再茂的归乡生活："日惟坐故园，芸植松菊，婆娑自适，以文艺课子孙。或隐迹田农间，问杏榆桑麻事，若与世忘。"① "隐迹田农间，问杏榆桑麻事"的闲适之中，充分彰显了传统文人对务农为本理念的坚守。

也许正是蓝再茂的"隐迹田农间"以及对农事的重视，才激发了其官至湖广布政使的次子蓝润对淳朴务农生活方式的倾心向往。蓝润字海重，号凫渚，"方十余龄"时，"即奉先太史公（蓝再茂）命，往埠头庄清查租粮"，"因见农夫之业，起羡心焉"。成年以后，"每遇麦秋收获"之时，他便奉蓝再茂之命，"巡行原野，并视场内，如茨如梁，予所忻慕也"。然而在蓝再茂的督促下，他自崇祯甲戌年（1634）即读书于省克轩，至顺治丙戌年（1646），考中进士，从此步入仕途，难以得到亲自参加农事活动的机会。不过，在外为官期间，他仍关注农事活动，多次写信叮嘱家中子侄，要在读书之余重视农业生产，务能力田治生。清顺治辛丑年（1661）冬，混迹官场十余年的蓝润因故罢职，终于得遂十余岁时即萌藏心中的"老农之愿"。初回家乡，他便督促子侄在蓝氏"东庄"兴建厢房三十厦；次年八月，又亲自参与了田庄的"筑场圃"工作。其间，他"相形度势，觅工匠经营，从事于版筑之间，如草昧之初辟"；即使"风雨晦明无可庇身"，也毫无怨言。庄园建成后，在"招佃倩租"之外，他又"躬耕数亩，甘苦同之"。第三年（1663）仲春至初夏，蓝润又在庄园内兴建农舍、碾屋等收贮材木、工具之处以及作为个人"藏息之地"的茅屋，并题其茅屋曰"知稼穑"，"以示后人之知艰难也"。② 蓝润对农业生产的重视，由此可略见一斑。

不过，茅屋初建之际，适逢大旱，因而在《督工》诗中，蓝润流露

---

① 王铎：《贺蓝老年翁（再茂）初度序》，载蓝润辑《余泽录》第4册，第20页。
② 蓝润：《新建农舍记》，《肀修堂集》，《四库全书存目丛书》集部第213册，齐鲁书社1997年版，第66页。

出对工程进度的忧虑之情："耕稼方忧旱，茅茨辟土工。程材多庳陋，佣役半疲癃。"好在工期并未延误，上梁之际，他又作《上梁喜饮》《东庄草堂上梁偶赋二首》等诗，抒写"茅屋迎天瑞，耕耘毕此生"的喜悦之情。茅屋落成后，他又作《草堂落成二首》，再度抒写理想中的农家生活：

> 新辟茅堂桑柘村，二劳山色落柴门。莓苔满径封尘迹，萝薜缘墙补漏痕。花底营巢来燕子，竹根解箨长龙孙。三间屋外饶余地，自织青蓑学种园。
>
> 家园荒径日畇畇，何事萍踪寄海滨？旧业已传三正朔，新庐肇造百余旬。劳心绚索经营拙，举趾桑麻稼穑亲。莫笑结茅多庳陋，白云望处好安贫。①

简陋的三间茅屋，矗立于家家户户种满桑树、柘树的小村之外。简陋的柴门外，近处是大片宜于耕种的土地，远处则是四时之景不同、永远使人赏心悦目的大崂山和小崂山！在这远离城市喧嚣和仕途烦恼的地方，既可以无忧无虑地闲看长满小路的苔痕、爬上墙壁的薜萝、筑巢花底的燕子、繁衍不息的翠竹，又可以亲自参与织蓑、种菜、绚索、稼穑等农事。历经多年天天政务缠身、日日疲于奔劳的官场生活之后，能够在这种"耕耘收获，尽力南亩，日偕二三野老话桑麻、问阴晴、草木同朽"的田园闲适生活中悠游卒岁，蓝润该是何等的满足与欣喜！

当然，务农生活不单有自给自足、闲适自主的快乐，更有劳作的辛苦、靠天吃饭的无奈！这在今存蓝润诗作中也有所体现。如其《康熙乙巳由春徂夏亢旱百有余日至四月廿二申刻风雷大作小雨淋漓稍救一时焦枯因赋》一诗写道：

> 阡陌无青草，忧虞遍道衢。三农空播种，万户缓须臾。此日云雷动，及时风雨苏。苍生终有望，薄敛供追呼。

此诗作于康熙乙巳年（1665）夏四月二十二日。其时，蓝润已屡为

---

① 蓝润：《聿修堂集》，第19页。

疾病困扰。如其《甲辰、乙巳年病无虚日》诗中写道：

> 予命何荼苦？焦劳竟此生。云山游已倦，瘴疠入难清。魇病呻吟久（原注：面目浮肿，时感腿患），衰形痛痒并（原注：连年疮血淋漓）。今朝犹昨日，憔悴意怦怦。①

然而，就是在这样的病痛折磨之中，他仍时刻关注天气与灾情、关注农民的疾苦。持续一百多天的大旱，使田间禾苗、荒草濒临枯死境地，忧虑、焦灼之情遍及村村落落；而一场适时而至的小雨，不仅缓解了田间旱情，也一时缓解了萦绕在农人和诗人心头的忧虑、焦灼之情。蓝润诗中，怕久旱不雨而致"三农空播种"的焦虑、因淋漓小雨救得一时焦枯的欢欣鼓舞等，都真实反映了以农为本的传统情怀及与农人"甘苦同之"的珍贵初心。

在亲自从事农业生产劳动之余，蓝润还常常叮嘱、教导后人时刻不忘以农为本的家族理念。如在《农舍》诗中，他说："建舍平荆棘，明农念本源。昀昀阡陌上，力穑好倾尊。"在蓝润看来，务农不仅是蓝氏家族乃至整个中华民族的发源之本，还是实现个人"倾尊"而饮之好的最有效途径，何乐而不为？同时，他还时常以身作则，并在春祈秋社等活动中，率领一族乃至一乡之民祭祀农神。如其《正月廿日试犁》诗说：

> 方届传柑节，夹钟律早逢。扶犁耕垄陌，酌酒奠先农。凤驾忱勤意，腾怀雨露中。有秋丰享祀，赋税借斯供。②

在豪贵之家赠送柑橘、相互庆祝的上元佳节来临之际，蓝润却率族人恭恭敬敬地举行扶犁试耕、酌酒祭祀神农氏等仪式，因为他要告诫族人：秋季祭祀社神的用度、上缴国家的赋税以及全家老小一年的吃穿费用，全要依靠从春至秋的农事活动！

在为整个家族所立的《房社约》中，蓝润更是突出强调"力穑经商""非末务"的理念："若夫人文蔚起，振家声而昭祖烈，在奋勉有为者接

---

① 蓝润：《聿修堂集》，第20页。
② 蓝润：《聿修堂集》，第16、17页。

踵而兴耳。不则力穑经商，亦我赠侍郎公（蓝铜）发祥之基，非末务也。"①在历来重农抑商的古代社会，"力穑""非末务"是人尽皆知的道理，但"经商"亦"非末务"的观点，则恐怕难以为大多数人尤其是那些读书仕宦之人接受。而在蓝润这个经由科举成功步入仕途且官至湖广布政使的高官看来，务农、经商虽不能与科举仕宦一样"振家声而昭祖烈"，却都是即墨蓝氏的起家和生存之本，均"非末务"！

这一理念的生成，与由元入明以来即墨蓝氏的自力更生、农商兼治有很大关系。这一理念也受到了蓝氏族人的一致赞成与世代相承。如康熙辛酉年（1681），蓝润堂弟蓝溥在《重建家庙记事》中说："自今以往，凡我后人，果能磨礲砥砺，相须有成，仰体祖宗之志事而善继善述之，祖宗之灵也，家门之庆也。即不然，而孝弟力穑，谨饬奉公，亦不失为名臣苗裔。"在蓝氏族人看来，那些能够继承先人遗志、建立鸿勋功业、光大家族声望者，自是蓝氏之精英、之翘楚；那些虽不能为国建功立业、名垂青史，但能坚守孝悌友爱之道、勤于农桑耕种之劳者，也是蓝氏家族不可或缺的中流砥柱。

因此，蓝润之侄蓝启肃在康熙丙寅年（1686）仲春自作年谱中记载：32岁时入京参加科举考试时，"与液水吕子渭东同行，相与语曰：'老大矣！一战而胜，方洗从前丑态。否则，或隐于农，或隐于商，安能复事笔砚，与童子辈争于青灯黄卷、红尘中，误我千秋耶？'"这种不执念于科举仕宦、以农事生产和经商营利为谋生重途的家族理念，也许正是即墨蓝氏由元入明、历清至今而传承不已的秘诀之一。

至今，已散居于即墨各地和聚居于青岛市崂山区北宅街道办事处兰家庄村、城阳区流亭街道办事处的蓝家庄村和李家女姑村等地的蓝氏后人，仍大都以务农经商为安身立命之重要途径。

第三节　明清时期的科举兴族

在明代即墨蓝氏的崛起进程中，蓝福盛、蓝铜等数代人的务农经商、不断积累，起到了筚路蓝缕的开拓作用；而真正使蓝氏一族闻名于世、跻

---

① 蓝润：《聿修堂集》，第68页。

身于山左阀阅世家之列的，还是蓝章、蓝田等精英人物的科举仕宦。其中，最能壮大蓝氏科举之名的，莫过于首开其家族先声的蓝章。

蓝章的科举得第，受益于其父蓝铜的全力栽培和寄予厚望。据说，蓝章八岁时即失去母亲，蓝铜对他倍加疼爱，早晚带在身边，亲自教他识字读书，并屡为讲解古代忠君孝亲之道。蓝章成年后，蓝铜又令拜即墨当时最有名气的卢继宗①为师。另据蓝启肃、蓝水等蓝氏后人编写的年谱，蓝章的科举之路虽称不上坦途，却也比较顺利。明成化十三年（1477）八月、年已25岁时，蓝章参加山东乡试，考中举人；稍后，接连参加了成化十四年（1478）、成化十七年（1481）的会试，均铩羽而归。成化二十年（1484），蓝章第三次赴京参加会试，考取了三甲第98名，从而成为即墨蓝氏首位进士，也是明代开科以来即墨地区的第三位进士！

据同治《即墨县志》，即墨之前仅有侯庸、吕让两位进士，均为洪武十八年（1385）所取之士②。而从洪武十八年（1385）至成化二十年（1484）的百年间，即墨地区虽有20余位举人，并有不少人步入仕途、登上高位，却始终未有考中进士者。蓝章的中第，不仅对蓝氏一族有着重要的开创意义，对即墨全邑的读书人，也有极其明显的刺激和示范作用。因此，当捷报传来之后，蓝铜喜极而泣，焚香烧纸祭拜于其父蓝福盛之坟垄，盼蓝氏先祖地下有知。即墨官方更是兴师动众地在县城府治之西，为蓝章连立"登科坊""进士坊"两座牌坊。

此后，蓝氏族人开始前赴后继、代不乏人地在这条通向功名利禄、振兴家族的路径上奋力拼搏。其中既有像蓝田一样不屈不挠、11次赴试而终得一第者，也有像蓝启肃一样"六试礼闱"却只能在"功名到此心方歇，慷慨犹存志未休"的哀叹中悄然逝去的抱憾终生者。

一 十试而不第的蓝田

蓝章会试中第之后，即步入仕途，其子侄等则逐渐走上读书科举之途。

---

① 卢继宗：字绍先，即墨人，专攻《易》学，后以选贡官伊阳（今河南省汝阳县）县令；自蓝铜始，即墨蓝氏、卢氏世结姻好，如其季子蓝奇娶卢继宗女为妻，清初蓝润为卢氏作《卢氏祀仪序》。

② 同治《即墨县志》，第389页。今有学者以为，侯庸是青岛平度人，吕让是洪武二十四年辛未科进士，此不深考。

至嘉靖二年（1523），蓝章长子蓝田又考取进士，成为蓝氏第二位、明代即墨第五位进士，与蓝章一起成为即墨历史上首对父子进士！其父子二人所获荣誉及对当地的影响，由官方为其修建于即墨县衙之西的"父子进士坊"可略知一二。但与蓝章相比，蓝田的科举之路要艰难坎坷得多。

蓝田出生于蓝章专事科举之业、考取举人之年的二月；8岁时，又值蓝章考中进士、步入仕途，因从此开始了随父仕宦四方的生涯。蓝田从小就得到蓝章悉心培养及其同僚友人的不时点拨，很早便展现出非凡的文才。如明代著名文学家李开先为撰墓志中记载，蓝田八九岁时，已能准确对上其父友人、翰林学士孙珪所出长对；10岁时，受教于后来考中进士的吴江（今属江苏省苏州市）名儒陈元吉，能援笔而成《梅花赋》；12岁时，进入蓝章任县令的婺源（今属江西省上饶市）县学读书，年虽少却以才学而受南直隶督学、御史司马亮赏识，受命陪诸生考试，并屡在一等。① 16岁时，蓝田首次参加山东乡试，并一举而高中，成为令负责阅卷工作的山东督学沈钟大为怀疑、"三复试之，始信而大喜"并"批其卷曰：'不期即墨之乡，而产蓝田之玉'"的最年轻举人！②

但不幸的是，年仅16岁即考中举人的蓝田，却在从弘治六年（1493）至正德十五年（1520）的27年时间里，十赴春闱而不第！直至嘉靖二年（1523）春，才终得榜上有名。此简列其11次科举会试经历如下。

弘治六年（1493）春，因山东督学沈钟赏识而"名重齐鲁"的少年蓝田，首次参加会试，却不幸名落孙山。好在是初次与试，且年纪较小，更兼守制期满的父亲蓝章已被起复为潜山（今属安徽省安庆市）县令，落第后的蓝田高高兴兴地带着京城友人赠送的鹦鹉③，奔向江南，奔向在蓝章潜山官邸的崭新生活。

---

① 按明代学校管理制度，受命巡视各处的监察御史有督察辖区内州学、府学、县学等官办学校的工作，而婺源县隶属于南直隶州下辖的徽州府，因而巡视南直隶的御史司马亮可直接插手婺源县学的教学、考核等事宜。同时，按明制，各地"诸生"需按户口所在地进入相应官学读书，且要参加每年至少一次的糊名考核，因知作为"借读生"的蓝田是因受到司马亮赏识才获"陪考"资格的。

② 李开先：《文林郎河南道监察御史北泉蓝公墓志铭》，载蓝润辑《余泽录》第3册，第74—82页。

③ 蓝田：《埋鹦鹉铭》，《北泉文集》，《四库全书存目丛书》集部第83册，齐鲁书社1997年版，第391页。

弘治九年（1496）春，已在父亲身边磨砺三年的蓝田再赴京师，参加会试，不幸再度榜上无名。在京期间，他结识了此科考中并选授山阴知县的山东掖县人郭东山①，离别时作五言古诗《送郭鲁瞻年丈尹山阴》。其时，年轻的蓝田虽两遭落第，但心情还是比较愉悦的，因而诗中充满了对选授县令的友人的劝勉和惜别之情："吾子佩墨绶，种花理丝桐。政清讼自息，陶然还古风。……远兴得佳句，寄以慰吾衷。"②

弘治十二年（1499）春，蓝田第三次参加会试。此科主考官是文渊阁大学士李东阳和蓝章友人、翰林院学士程敏政，并发生了前所未有的因"风闻"主考官程敏政鬻题于苏州举人唐寅而在未揭榜之前即将主考官和考生下狱的科场冤案。③而在延期至三月初二的会榜上，即墨蓝田再度名落孙山！时已23岁的蓝田，不再那么淡定、那么自信。其《下第寄弟》二诗中，已随处可见失望、落寞之情：

布衣红点帝城埃，三上南宫又放回。雨露汪洋春变化，江山应喜我归来。诗脾都许蛛营网，竹径宁教鸟啄苔。韦曲秋高香稻美，北堂先洗紫霞杯。

杨花乱滚软红埃，闭户无车与往回。燕地几年添旅梦，劳山何日赋归来？春风无藉欺吟骨，夜月多情上砌苔。漫检遗编师老杜，呼儿且覆掌中杯。④

其中，"三上南宫又放回""江山应喜我归来"等句中，充满无奈和惆怅；"闭户无车与往回""漫检遗编师老杜"等句中，则是对落第后生涯的消极打算。此外，李开先为撰墓志中也载，蓝田"每一下第，辄改一经，久而五经俱遍矣"；今存《北泉文集》中，则有《书有宋道学六君子遗像后》《题〈类说〉目录后》等文。因疑此次落第后，蓝田一度以抄

---

① 郭东山（1470—1530）：字鲁瞻，号石崖，山东掖县人，弘治九年（1496）进士，历山阴知县、监察御史等职，正德二年因忤刘瑾之母归，后起为四川按察金事，官至四川布政司右参政。详见蓝田为其妻、大学士毛纪之姐毛氏撰《郭孺人毛氏七十寿序》。

② 蓝田：《北泉草堂诗集》，《四库全书存目丛书》集部83册，齐鲁书社1997年版，第299页。

③ 详可参阅郭培贵《明代科举史事编年考证》，科学出版社2008年版，第125页。

④ 详见《蓝氏诗乘》，即墨蓝氏家印本。

校古籍来消解其挫败、失落之情。而曾经少年得志、意气风发的他,也从此真切体会到时光的蹉跎和科举的不易,开始陷入满怀希望备考与失望至极落第的不断循环之中。

弘治十五年(1502),蓝田第四次与试。试前,他结识了马理、康海这两个陕西举人,并得到后来以文学创作而闻名于世的康海的大力称许。康海曾说,此科会试状元,"非即墨之蓝田,即三原之马理,否则海也"。而张榜之后,康海果中状元,蓝田与马理却双双落榜。蓝田东归前,恰逢弘治十年(1497)即与他结为"莫逆"之交的陕西友人张凤翔。在赠别序文中,张凤翔盛赞蓝田的渊博学识,对他"自癸丑(1493)至壬戌(1502),凡四举进士第不遇"的遭遇深表同情,并极其真诚地给以规诫劝勉:

> 近世文人学士类多剽窃装缀,排比成篇,号之于人,曰"此举业也,可以取进士第矣"。上求下应,用是取高第、阶通显者不少,以故举世沿习为通规,未有能轻议易如欧阳子者。予自少时已知厌其非矣,已而于玉甫氏合,亦尝占其不利。而玉甫氏日工古作益力,未能低昂瓢斛间,以迎合时人绳尺,其屡失也固宜。或者曰:求鱼者以筌,求兔者以蹄。今之举业,其仕晋之筌蹄也。夫蓝子苟不欲近,则己必不已焉;释是,无可为计者。固宜姑自贬损,勉就近规。则韩子所谓"小惭以为小好,大惭以为大好"者,谅不我诬也。如此则一鸣而出,天下事或可次第以就吾绪。至是而求充所欲,未晚也。①

时人皆习"举业",汲汲于当时科举考试规定的八股为文之法;蓝田却"日工古作","未能低昂瓢斛间,以迎合时人绳尺"。因此,友人张凤翔早就预测他难以考中,并力劝他"姑自贬损,勉就近规"。然而,对恃才傲物、不满于科场时文陋规恶习的蓝田来说,俯首现实,改变为文初衷,实在太难!

此次与试期间,蓝田少时好友、其父蓝章同僚友杨廷和之子杨慎、刘钫之子刘澄甫都随父在京。蓝田东归前,杨、刘二人饯行于佛寺,并为诗

---

① 张凤翔:《送即墨乡进士蓝玉甫氏下第东归序》,详见《蓝氏家乘》,即墨蓝氏家印本。

唱和，一夜而成百首，成为一时佳话。① 其中，杨慎《送东厓先生玉父东归》诗中写道：

> 千里相思袂欲分，定知别后赋《停云》。孔林归去春初暮，萧寺相过日未曛。灵凤昔曾占快睹，人龙今又惜离群。遥知渺杳孤舟路，南浦微波起縠纹。

《停云》是东晋诗人陶渊明的一组诗，诗前小序说是"思亲友也"，实则既有对友人的思念之情，也有对现实的忧虑之情。杨慎此诗先引陶氏《停云》以明赠别之意，又借"灵凤""人龙"等寄寓对蓝田的赞许，最后以南浦波纹抒写送别时的难舍心态。对此，蓝田赋《次韵留别杨用修太史、刘子静侍御二首》答之，其一曰：

> 树转城东歧路分，官河春草碧连云。孤舟帆上潮初落，祖席歌残日欲曛。十载梦醒羞蚁战，一轮丝卷狎鸥群。莫嫌酒伴频相劝，别后何因散缊纹！

其中，"十载梦醒羞蚁战"一语充满了对四次与试却四次铩羽而归的惭愧。这种羞愧之情，在其《东归夜步用修韵三十首兼呈子静》其一中也清晰可见：

> 燕台话别醉郫筒，东望齐山路几弓。来往十年惊足倦，图书万卷叹心忡。荼䕷故里舒微绿，桃蕊荒村绚晚红。回首不禁情思恶，清宵坐月泛吟篷。

另据此诗题和其他相关文献，此次东归后，百无聊赖的蓝田将此次唱酬之作整理后寄与刘澄甫、杨慎，并经后人整理刊印而成《东归倡和》一集。

---

① 蓝水、蓝信宁撰蓝田年谱，均将三人东归倡和一事归于杨慎首次参加会考、刘澄甫得第的正德三年（1508）；然据蓝田诗中"十载梦醒""来往十年"等语可知，二诗当作于弘治十五（1502）年春蓝田第4次与试时。今《蓝氏家乘》所收蓝田诗题目中的"太史""侍御"等官职，或为后世编订者所加。

弘治十八年（1505）春，蓝田第五次参加会试。此次会试之前，蓝田随父居于京城，因得与同样在京随侍其父张志淳的友人张含[①]一起，参与了杨慎及其同乡冯驯、石天柱等人组织的丽泽诗会，通过相互间的诗文唱和而学习、砥砺，以期在会试中取得佳绩。然而，结果仍是榜上无名。

正德三年（1508）春，蓝田与刘澄甫、张含以及上一年刚考中举人的杨慎等友人，一起参加会试。刘澄甫得第，余三人均不幸落第。

正德六年（1511）春，蓝田第七次与试。是科，友人杨慎喜中状元，蓝田却屡战屡败，再一次失望而归。

正德八年（1513），蓝田远赴长安，探望时已"为都宪，抚镇长安"的父亲蓝章，并协助父亲处理政务。但为参加次年春天的会试，此年十月即从陕西启程，奔赴京城。时已赋闲家居的陕西人杨武，为作《送东厓蓝玉夫北上序》，其中充满赞美之词和期望之情。然而，天不遂人愿，正德九年（1514）、十二年（1517）、十五年（1520）的三次会试中，屡屡与试的蓝田仍是满怀希望而来、万分沮丧而归。

在此期间，久经仕途凶险的蓝章已厌倦官场生涯，内心充满对子孙继其业的渴望，但其三子始终未有能得一第者，且一直未能得一孙男[②]。因此，早在正德七年（1512），他就命蓝田在家乡督建世鹰堂、世庆楼。至正德十二年（1517），以南京刑部右侍郎身份督理两淮盐政的蓝章年已65岁，但距当时官场通行的致仕之年尚有5年余。他却屡屡上疏，请求致仕；获允后，便立即携其聘请为塾师的余姚名士闻人贤一起回到家乡。次年，他在崂山华楼一带兴建华阳书院，作为子侄们的读书之所。蓝章对家族后人的殷殷期盼之情，由此可约略猜知。而此时，早有"蓝氏三凤"之称的蓝田兄弟中，蓝困仅为"选贡"，连举人尚未考中；蓝因已受父荫，步入仕途。蓝田所承受的会试压力，由此也可猜知一二。

因此，嘉靖二年（1523），已经47岁的蓝田第11次赴京参试。考试结束之际，蓝田曾对相邻号舍的考生说："此愁障，吾坐其中总三十三日矣！倘仍不见录，从此废书不读，亦不由他途出仕。"明代的科举会试为

[①] 张含（1479—1565）：字愈光（一作俞光），早号月坞，晚号禺山，云南保山人，曾六赴京城参加会试而不第，第七次赴试途中即改变主意，弃考而归，以诗文自娱而终；晚年与谪居云南的杨慎交游甚密，杨慎曾评点其《张禺山戊巳吟》诗集。

[②] 蓝田长子蓝柱孙，乃过继其堂弟蓝国的第六子蓝葵；次子蓝史孙（1527—1560）出生时，蓝章已去世近二年。

期三天，地点在京城"贡院"，内设长五尺、宽四尺、高八尺的号房（或称号舍）若干。考试期间，考生们每人一房，吃、住、答题等均在其中，不得外出。号房狭小逼仄，酷似囚笼，因而被屡试不第的蓝田视为"愁障"。而30年间11次独坐其中、共计33天的苦楚，想来唯有亲身经历者才可备知。

万分庆幸的是，揭榜后，备尝30年艰辛的蓝田终于榜上有名！其喜悦之情，从稍后参加琼林宴所作的《琼林宴口占志喜》诗中，可大致揣知：

敕使传宣赴御宴，宫花簪映杏花鲜。笙簧吹得群仙醉，拜赋吾皇天保篇。

这种历经30年岁月磨砺和独坐"愁障"33日而得来的喜悦，即使在多年之后，仍令蓝田念念不忘。如在晚年所作的《题琼林赐宴图》诗中，他写道：

记得琼林赐宴时，宫花压帽试罗衣。中官宣劝金波液，倚醉挥毫和御诗。

然而，终于金榜题名之时，蓝田已从那个年仅17岁、踌躇满志的翩翩少年，成长为一个历尽世间沧桑、将知天命的发白老者。从弘治六年（1493）到嘉靖二年（1523），漫长30年里屡战屡败、屡败屡战的科考经历给予他的，不仅有年龄、体貌的巨大变化，更有他对科举、时文、人生、功名等的许多无奈和无限惆怅。

因而，在此次会试后送别落第友人的诗文中，他或者抒写自己屡试屡败后终得一第的复杂心情，或者反复申述遇、不遇乃天命而非人意的无奈态度。前者如送其姐夫、同邑名士杨良臣之子杨羹的《送杨中斋东归》一诗：

潦倒科场三十春，奏名聊慰白头亲。倚闾终日思游子，我岂看花得意人。

其中,"奏名聊慰白头亲"一语,说尽来自堂上白发老父的无穷压力;"我岂看花得意人"一语,则充满30年科考之路的辛酸与苦楚!后者如其《送永昌张氏伯仲下第南归序》中说:

> 夫不闻徂徕之松、新浦之柏与夫豫章之木乎?萌芽而烨,……二张子养之厚而得之深,其必远到无疑矣。其举于礼部不利焉者,天也,非人也。不然,捕风系辞、补缀陈言、不识篇目、臆说杜撰者,间亦窃高第、取靓名于时,而老成文雅之士若我愈光、愈孚者顾不利焉,非人也,天也![1]

"张氏伯仲"指早有文名的永昌(今云南保山)人张含及其同父异母兄弟张合。此时,已经43岁的张含是第六次与试,年仅21岁的张合则是首次赴试。在双双落第的兄弟二人即将南归之际,历经10次打击始得一第的蓝田却无言以慰,只好借用"非人也,天也"这一苍白无力的理由!其文还充满了对"捕风系辞、补缀陈言、不识篇目、臆说杜撰者"却"窃高第、取靓名"不公现象的愤恨、不满和无奈之情。

而这种不满、愤恨、无奈之情,在其今存文集中随处可见。如《送杜汝钦之丰润教谕序》中,也皆是对当时科举制度影响下所谓"明经"现象的批判之语:

> 夏侯胜每讲授,谓诸生曰:"士病不明经术。经术苟明,其取贵紫如俯拾地芥耳。"余尝读《汉书》,至此,掩卷长叹。尼父删述六经为百王之大典,学者明之,隐居以求其志,行义以达其道,所贵乎明经者,盖如是也。长公以利诱学者,学而仕,仕而显,不过容悦、患失之人,亦何足于用?陋哉,胜之言也!呜呼!三代乡举里选之制不可复见,自唐至于今日,科举法行而士习益陋矣。群居执经曰:"若是冠冕,可以命题;若是时忌,不可命题。"拟榫而后读之,耳目皮肤以求媚于主司。虽号曰明经应举,而经实未尝明也。视汉时专门训诂之习,未能窥其藩篱。夏侯太傅九原可作,又将陋今之学者矣。盖有司以是求,士以是应;师以是教,弟子以是学。明经之弊,

---

[1] 蓝田:《北泉文集》,第355页。

司教者不得而辞也。胡安定先生教授湖州,及门者数百人,言行而身化,明经术,治时务,诚明者达,迁愚者励,顽傲者革。是以湖学多彦秀,其出则取高第,其为政多通于世务。故至今称教者必曰安定先生云。以是观之,则司教之责居可知矣。①

夏侯胜字长公,是西汉经学大师,曾设馆讲学,从学者甚众。此处所引夏侯胜之语,出自《汉书·夏侯胜传》。西汉官方重经学,曾特设经学"博士"之职,并设"明经"一科以选拔人才,因而夏侯胜提出了"明经术"即可取富贵、获高官的实用主义观点。自唐以来,官方沿用西汉时设"明经"科以选拔人才的做法,因而夏侯胜的实用主义明经观大受民间欢迎,并逐渐形成了极具实用价值的教学观和为学观。对此,蓝田大加反对。他认为:"明经"的途径,重在"言行而身化",而非两汉学子的"专门训诂"和明时读书人的"拟榉而后读之";"明经"的目的,在于"治时务"、达"诚明",而非"应举""取高第"以求荣华富贵!蓝田还举北宋理学家、教育家胡瑗成功改变湖州学风一事为例,提出了"司教者"要首先持有正确教育理念的观点。

但在日趋严谨和僵化的科举制度的影响下,明代"场屋之文"日益程式化,逐渐形成了"八股文"这一蓝田等古代有识之士大力否定、今人也极为批判的文体。民间对以取科第和富贵为目的的"明经"方法、治学态度、为文样式等,也逐渐相尚成习。但今存蓝田之文,或朴实叙事,或畅抒胸臆,一无"场屋之文"的陋风劣习!尽管在友人们的劝说和社会舆论的压力下,蓝田最终稍改文风而考得一第,但他对"场屋之文"的批评态度始终未曾改变。直至临终前的第四年(1551年),他还在愤怒地批评这种更趋僵化的文体,如其为同邑名士王邦直之父王镐所作墓志中写道:

《诗》曰:"绵绵之葛,在于旷野。良工得之,以为絺绤。良工不得,枯死于野。"其京夫之谓与!始余放逐海滨,京夫合其同志者十数人来从余游,欲相率推余为师。余谢不可。京夫则余之畏友也,问难评论,上溯九经,傍涉三史,诸子微旨与义,条分缕析,往返略

---

① 蓝田:《北泉文集》,第 353 页。

不苟同。时场屋之文大变于往昔,后辈丛出,排斥相尚,浮肆险肤,抄掠剽剥,更相授受,举世熏染之,以取名第。视晚宋之文妖经贼,又过甚矣。京夫之著述,温厚尔雅,完补大朴,君子以为难能。然竟不合于有司,其命也夫。①

不过,尽管对当时的科场制艺之文心怀不满,甚至明确指斥其流毒甚于"晚宋之文妖经贼",蓝田内心里却也像其父蓝章一样,充满了对蓝氏族人能以科举得第、壮大家声族望的期盼。如其送季弟蓝因参加乡试的《送弟深甫秋试》诗中写道:

> 传桂堂开东海阿,天香两世影婆娑。秋风又报新枝茂,看尔凌云意若何!

洋溢于"看尔凌云意若何"一语中的,是兄长万千的鼓励、不尽的祝福和殷殷的期盼!这种期盼之情,在其晚年又转移到家族下一代男丁身上。如其《题扇送子侄应试》二首说道:

> 桂花三色影婆娑,天上清香属素娥。分得种来今两世,吾儿努力继高科。
> 回首蟾宫五十秋,桂花三色映琼楼。阿咸一日能千里,为我凌云访昔游。②

"吾儿努力继高科""为我凌云访昔游"等语,都直白质朴地表达了对子侄们科场得第的深厚期盼。

纵观蓝田的科考经历,当年富力强、风华正茂之时,他屡试不第,始终难以获得报效国家、实现梦想的机会;而当终于会试得第、进入仕途、得到施展才能机会之时,他已年近五旬,垂垂将老矣!因此,对当时的科举考试,他始终抱有一种看似极其矛盾的态度:既大加批判,又热衷鼓励。仔细探究后可以发现:他反对和批评的,不是当时日渐成熟的允许天

---

① 蓝田:《故临县教谕王京夫墓志铭》,载《北泉文集》,第408页。
② 《蓝氏诗乘》,即墨蓝氏家印本。

下学子通过考试进入仕途的科举制度和"学而优则仕"的传统观念,而是科举考试所采取的那种渐呈僵化之态的"场屋之文"(即后世所谓"八股文")以及所谓"明经"可以致富贵观念影响下逐渐形成的"读书只为稻粱谋"为学态度和"排斥相尚,浮肆险肤"的畸形录取现象。内心里,他并不抵触甚至热衷于"学而优则仕"这一积极出仕的传统观念,渴望借读书、科举、出仕之路施展个人才能,实现齐家治国平天下的家国梦想。比较可知,蓝章的科举得第给即墨学子和蓝氏后人带来了极为积极的刺激作用,但与试30年始得一第的蓝田给予时人和后人的,应是对旧时读书求仕之路的深深叹息和无穷反思!

二 蓝田之后的蓝氏科第

据同治《即墨县志·选举志》,自蓝田得第至明亡的百余年间(1523—1644),即墨一邑又有11人考中进士。如此前一直寂然无声的黄氏,有黄作孚、黄嘉善、黄宗昌、黄宗庠4人相继得第;同样默默无闻的周氏,亦有周如纶、周如砥、周士皋3人相继得第。而早以科举闻名的蓝氏,虽基本延续了自蓝章以来的读书科举之路,却一直未有再以会试得第振其族声者。蓝氏科举之途的日渐萧条,或与其后人男丁不旺和大多早卒有一定关系。据其家乘和族谱,明清蓝氏五世中,蓝章、蓝竟各有3子,蓝奇无子;六世中,蓝国三兄弟计有8子,蓝田初嗣堂弟蓝国第六子为长子(原名葵,后更为柱孙),后生次子蓝史孙,蓝困、蓝因无子;七世中,蓝柱孙无子并早卒,蓝史孙刚过而立之年亦谢世,留下弱妻与四孤儿!

蓝氏这种科举上的趋衰局面,至明末清初才有所改观。先是蓝氏八世中,蓝再茂于崇祯戊辰年(1628)被举荐为"选贡",崇祯四年(1631)选授南皮(今属河北省沧州市)县令。继而,蓝氏九世中,蓝再茂之侄蓝涊[1]于崇祯十四年(1641)考中武进士,成为自明初开科以来即墨一邑的第二个武进士,也是明代蓝氏首位以武功留名于世者;蓝再茂次子蓝润于清顺治二年(1645)考中举人,次年考中进士,成为满清入关后的首

---

[1] 蓝涊(1614?—1644后?):字澄海,蓝世茂次子,明时官至南京神威营都司;明亡后回到即墨,在蓝氏位于崂山华楼山南天门西麓的"南茔"墓地筑茅屋三间,隐居而终。另,即墨首位武进士是周鸿谟,字子明,万历三十八年(1610)庚戌科武进士,历京营副总兵、后军都督府金事等职。详见同治《即墨县志》第465页。

科进士之一,也是清代即墨蓝氏的首位进士;蓝再茂长子蓝深于顺治八年(1651)年获授"恩贡",成为候选知县之一。显然,最能振起清初蓝氏族声的,当属蓝润的科举得第。

蓝润参加的顺治丙戌(1646)科会试,是满清政权入关后在全国范围内开设的第一次科举会试。有清一代首次开科取士的最大特色,应是山东士人的踊跃参试和显赫成果。如清人福格记载:

> 三年丙戌会试,中试四百人,不分南北中卷,山东一省中至九十九人。所取之士,大拜者四人,聊城傅以渐、高阳李霨、柏乡魏裔介、临朐冯溥;尚书八人,侍郎十五人;胶州法若真、法若贞兄弟同登,总裁汉军范文程、满洲刚林、汉军宁完我、涿州冯铨,皆阁臣。①

此科所取400余进士中,山东一省即有99人,且新科状元傅以渐也是山东人,可谓开科取士制度施行以来的山东之最。而此科所录的即墨进士,即有蓝润、韩充美、刁升3人;一科中第者之多,也为墨邑历年之最。

不过,清初的首科会试,并未滥取人才。此科考中进士的蓝润,此前已付出了长达12年的读书之功,如其《省克轩》诗前小序说:

> 此平地也。余于崇祯癸酉(1633)之秋筑台造屋,名曰"省克轩"。甲戌(1634)就此肄业,至乙酉(1645)科,计十二年,寒窗之苦,不必言矣。先后同社,则王提封、孙介庵、王鸣元、王仲玉、杨升之、杨葵卿、吕秋卿、胡二西、宋惟恭、尹潜初、卢树之、赵云子、袁雪航、姜玉璿诸公也。若严训督责,业师裁成,朴作教刑,更何忍忘。赋以纪之,并示我后。②

据此可知,从明崇祯甲戌年(1634)、24岁时始,蓝润即在自筑书屋——省克轩中致力于读书之事。至清顺治乙酉年(1645)秋参加乡试、

---

① 福格:《听雨丛谈》卷九,汪北平点校,中华书局1984年版,第186页。
② 蓝润:《聿修堂集》,第15—16页。

考中举人时，他已与同社友人在此刻苦攻读12年。漫长12年间，老父之"严训"、业师之"裁成"，已令他精神上备感压力；而难以计数的"寒窗之苦"、各种各样的肉体惩罚（"朴作教刑"），更令他不忍回忆和陈说。可见，无论考中与否，科举之途历来都是平坦如意者少，而坎坷艰难者多！

清代蓝氏步入读书科举之途者中，亦有屡试不遇以致抱恨而逝者，或屡屡受挫而终弃此途者。其中最为典型、最令人同情的，应是蓝润之侄、六入礼闱而不第的蓝启肃。

蓝启肃（1653—1700），字恭元，初名蓝启冕，字符恭，小名竹林，早号惕庵，晚号竹庵，是曾官临淮县令的蓝深（1606—1674）次子。蓝深"少善属文"，然而"九试有司，不得志"；乃于顺治十六年（1659），以恩贡出为临淮（今属安徽省凤阳县）知县。次年（1660），即因弟蓝润新任为"江南按察司使"而避嫌辞官①，此后再未得出仕机会。蓝启冕出生时，蓝深年已48岁，并已过继了蓝润次子蓝启晃为嗣子。因而可以推知：蓝启冕的出生，给一直没有儿子的蓝深带来莫大的慰藉和希望！康熙元年（1662），官至湖广布政使的蓝润获得了"推恩任子"（即荫子）的机会，便将年仅9岁的侄儿蓝启冕的名字报了上去，从而使他成为一名"荫监"生，获得了进入国子监读书的机会和直接参加会试的资格②。然而，蓝深一直以自己未能考中进士而以恩贡出仕为终身憾事，晚年得子后，他更将此耿耿于怀之事屡屡讲给蓝启冕听，期望他长大后能金榜题名，一释己憾。因此，对蓝启冕因蓝润之功获得的"荫监"身份，蓝深一直并不认可，而是屡以"有志者终当以科名振家声，蒙业而安，非夫也"③等语教育儿子。在蓝启冕15岁时，蓝深又为改名启升，令以普通读书人身份参加"童子试"，希望他能凭借真才实学博得一第。尽管在郡、县两级考试中，蓝启升均名列前茅，但蓝氏族人对蓝启冕改名与试之事提出了反对意见：

---

① 清初的江南按察司，即明代的南直隶地区，管辖范围相当大，包括今江苏、上海、安徽及江西婺源、湖北英山等地。因此，蓝润官江南按察司最高行政长官时，在其辖区内任知县的长兄蓝深得避嫌辞职。

② 清乾隆之前对监生身份控制较严，除荫监、贡监外，需经过考试方可获得。

③ 杨炘：《中翰蓝公传》，详见《蓝氏家乘》，即墨蓝氏家印本。

堂叔某谓："荫侄乃仲父厚谊,且属朝廷隆恩,不可负也。"力沮父意。父勉从之,且命冕曰:"由荫出身,非所望也。自成均发迹,在昔而有然矣。汝其勉之,然太学终非吾志也。"自是不复应督学试,肆力于举子业。父为篝灯,朝夕不辍。①

　　这个堂叔认为,蓝启冕因"仲父"蓝润(时已去世)之功而获得的"荫监"身份,是不可以随意抛弃的。但他虽然阻挠了蓝启冕改名参试的科举之路,却始终未能改变蓝深反对蓝启冕"由荫出身"的观点。因此,"蓝启升"之名从此再未出现于莱州地区的科举考试中,"蓝启冕"之名也未出现于国子监的参试名单中!而通过会试考取进士的念头,从此更加牢固地植根于蓝启冕的内心深处。即使在蓝深去世以后,这一念头也未动摇过!

　　据其自撰《年谱》,蓝启冕曾经三次起意参加秋试,且两次已至京城,却均因故而未能参试。第一次是康熙己酉年(1669),17岁的蓝启冕"拟赴棘闱",却在秋试之前因"疮癞大作,呻吟床褥者半载"而未果。第二次是康熙壬子年(1672)四月,已经娶妻生子的蓝启冕"立志北闱",因在嗣兄蓝启晃的陪同下"赴都"。然而,考期临近,蓝深却"以年高多病不欲冕久离膝下,手字屡催归里;冕亦以自幼未离父母,六月言旋,而功名付之东流矣"。此后,一向对他寄予厚望的老父蓝深及生母(蓝深侧室)、嫡母(蓝深正妻)相继于康熙十三年(1674)、十六年(1677)、十七年(1678)辞世,忙于侍疾理丧的蓝启冕只得暂时放弃参加秋试之念,但此念未尝一日断绝也!"拮据毕丧"之后,蓝启冕"心血尽矣,财力尽矣",因而不得不全力从事"营家治产"之务。然而,就是在这样艰难的境况下,他仍"日则持筹"以为家计,"夜则呫哔"读书以备科考。至康熙二十年(1681),蓝启冕终于小有积蓄,决定再"赴北闱"。不幸的是,至京后不久,他即"感冒伤寒,不入饮食者二十七日,元气大惫,肢腹尽脱,延绵八十日,始克行步",以致第三次与日夜盼望的秋试擦身而过!蓝启冕"益自恨赋命之蹇,谓功名一事,终身无分也",却仍心存不借叔荫、要凭己力博取功名之念。但他两至京城、却均未能参试的事实,给诸多好事者留下猜测、轻视乃至诽谤的口实,以致

---

① 蓝启肃撰,蓝启延续:《蓝启肃年谱》,详见《蓝氏家乘》,即墨蓝氏家印本。

"浮薄子见其瓠落,易而侮之,或且以官荫为伪托矣"之事频发。

康熙二十三年(1684)秋试来临之际,年已 32 岁的蓝启冕准备妥当,第三次奔赴京城,准备参试。其赴试前的志在必得之情,从《甲子入都途次看杏花口占》诗中可略知一二:

> 春风策马入燕台,红杏花香拂面开。今日陌头轻莫折,上林待取一枝来。

结合他此前遭遇可以推知,"上林待取一枝来"之语中,蕴藏的应是一种极其复杂的情感!

本次秋试结果还算如意,但过程却极为曲折,充满艰辛。在自撰《年谱》中,他这样记载:

> 二月,复整装入都,为背城借一之计。三月,抵都门。五月,援例入成均,易名启肃。考到,列前茅。邸中益自奋励,绝不向人前卖弄才华,默习暗诵。中更坎坷,为成均主者所厄,科试不录。然雅自负,四方友生贷币贝于两司成,始得入闱。三试毕,即南旋。时与掖水吕子渭东同行,相与语曰:"老大矣,一战而胜,方洗从前丑态。否则,或隐于农,或隐于商。安能复事笔砚,与童子辈争于青灯黄卷,红尘中误我千秋耶?"二十四日,至涿州。日暮,报至,侥幸三十九名,是祖父之阴德、一生之孤苦。伏念畴昔,悲喜交并,不知涕泗之何从也。二十六日,复入京投亲,供见房师。未几,闱中腾谤忽兴。圣上大怒,命阁部九卿入朝,会同磨勘。九月二十日,大案方结,幸藉先灵,免于吏议。第箧囊羞涩,并日而食,借贷无门,糊口维艰。十月,策蹇归里。又值荆人大病,几殆。

因知此次参试,蓝启冕于二月离家,十月始归,长达 8 个月的时间里,经历了情感上的数次起落和生活上的无比困苦。先是,他遵守老父遗愿,没有以"蓝启冕"之名而是更名为蓝启肃参加国子监的初试,却被国子监主管以非"荫监"蓝启冕为由而拒绝给予参试资格。无奈之际,他希望采用捐纳银两的惯用方式获得参试资格,乃遍向参试友人借贷,最终获得了顺天府籍考生身份和参试资格,并顺利参加考试。考试结束后,他返乡路上获知考取第 39 名举人的好消息，因又满怀憧憬地折返京城。然而，返京不久，风波再起：有人四处说他身为官宦子弟而冒用顺天籍考生之名参试，谣言传至宫廷，康熙怒令阁部九卿会同查勘。于是，初尝喜悦之情的蓝启肃，不得不经历从六月初直至九月二十日的漫长查勘。其间，羁绊于京城的他"告贷无门"，一度困窘到两天才吃一顿饭的地步。尽管最终的查勘结果证明，他未做任何违规之事；而漫漫三个月的查勘历程，早已将他获知中举消息时的喜悦之情消磨殆尽！

此年十月，已经改名并考中举人的蓝启肃终于返回家乡，却逢相濡以沫的妻子身染重病！然而，就是这样屡无穷尽的挫折和磨难，也未能打消他参加会试以得一第的强烈愿望！不久，他收拾行装，又一次奔赴京城，满怀期盼地参加了次年（1685）春季举行的人生中第一次会试。结果却大失所望，"郁郁归里"。归乡后不久，其妻"又生一女"，"子息尚无一人"，以致"抚膺病哭，益又悲矣"。次年春，蓝启肃读书于蓝氏华阳山房，著其年谱，"此后不复续笔"。

康熙二十五年秋九月，独子蓝重蕃出生，蓝启肃喜不自胜，与试之心再起。次年秋，堂弟蓝启延与侄蓝昌后同时考中举人。康熙二十七年（1688）春季会试，蓝启肃携堂弟与侄一起参加。会试前，他告诫弟、侄说："愿交相勉励，善承祖德，勿自菲薄以玷家声耳。"其对三人前景和蓝氏振兴大计的热忱期盼之情，不言而喻！然而，不幸的是，此次会试，叔侄三人均名落孙山，郁郁而归。

此后，蓝启肃又接连参加了康熙三十年（1691）、三十三年（1694）两次会试，均不幸落第。康熙三十四年（1695）秋，蓝启肃被推荐担任"内阁中书舍人"之职。这是一种主要由汉人承担的低级文职，官阶为从七品，负责公文的撰拟、缮写等杂务。任职者一般从举人中选授，也可特赐，从事一定年限后，可至地方担任协助长官处理杂务的"同知"之职。可见，此职仅授予举人中的优秀者，并非凡考中举人者皆可担任。由举人而得官，也可谓科举有成，其祖父蓝再茂就是由选贡而获授南皮知县的。但蓝启肃一直以"自奋于功名"、光大蓝氏门户为目标，始终"不愿以此终也"。因此，他又参加了康熙三十六年（1697）、三十九年（1700）两次会试，均榜上无名。在落第诸诗中，随处可见那种志在一第却屡试屡败的无奈心情，如：

清明旅舍病愁侵，潦倒行吟易水滨。漫道故乡归去好，风尘羞见故乡人。——《乙丑（1685）下第仆子促归口占答之》

上策金门不见妆，风尘憔悴敝貂裘。雄心未付东流去，壮志还从此地酬。清夜闻钟休下泪，独居长啸漫搔头。故山松菊原无恙，且着归鞭理旧游。——《东归感赋》

帝里风烟接翠微，杜鹃声里促春归。唾壶敲碎人将老，诗卷焚余世相违。病骨羞称燕市骏，壮心虚拟鲁阳挥。鸡虫得失浑闲事，好去逍遥学息机。

萧萧易水古今情，鼓歌渔阳恨未平。华发悲歌还自笑，丹心落拓为谁倾。喜从屠狗人千载，羞向雕虫负此生。中夜刘琨浑不寐，几回起舞听鸡声。——《庚辰（1700）东归二首》[①]

意在"自奋于功名"以振兴家族科举大业的蓝启肃，就这样六次与试却六次落第。直至康熙三十九年（1700）冬因病临终前，他仍念念不忘未竟之志，谆谆叮嘱是年考中进士的堂弟蓝启延曰："祖宗积德累仁，门户大事，所关匪轻。吾今已矣，是在吾弟，尚其勉之。"并自吟曰："功名到此心方歇，慷慨犹存志未休。"至今读其篇什，想其遗言，仍令人不禁潸然泪下。

与蓝启肃一起参加了康熙三十九年（1700）会试的蓝启延，喜得像他父亲蓝润一样成为进士；可惜步入仕途后不久，即受"大将军富公檄"而"赴军前办事"，不料竟卒于军中[②]。有清一代，即墨一邑计有36人考中进士，其中周氏8人、杨氏3人、黄氏2人。而在清代首次科考中即以蓝润得第出仕振起的蓝氏，却在蓝启延之后再无得中进士者！其中原因，恐与蓝启延的卒于军中不无关系。

尽管蓝启延之后，族中再无考中进士者。但自蓝章以来所开创的读书应举之风，一直在蓝氏家族传承不衰，后人中多有以读书而获"贡生"身份者。贡生是明清两代特有的一种名称，专指地方官府从各地生员（即俗称的秀才）中选拔出来并贡献给中央官府的品学兼优者。被推荐者可升入国子监学习，从而获得国子监肄业身份，其中的优秀者甚至还可直

[①] 详见《蓝氏诗乘》，即墨蓝氏家印本。

[②] 钱陈群：《西和知县蓝公启延传》，载《蓝氏家乘》，即墨蓝氏家印本。另，钱氏此传载蓝启延"心劳瘁，卒以不起"；而即墨民间相传，蓝启延是因督运粮草失期而被斩。

接授予官职。明代的贡生一般有岁贡、选贡、恩贡、纳贡四种，清代的贡生则有岁贡、拔贡、恩贡、副贡、优贡五种以及比较特殊的例贡。其中，岁贡指各省学政每年从本地生员中选拔出的优秀者，本有入国子监学习的资格，但至清代，被选者数量过多而逐渐失去了此资格，民间则以其有挨次升贡之嫌而戏称其为"挨贡"。恩贡特指岁贡之外遇国家庆典之年而特增的加贡，选贡也是岁贡之外又选取的学行兼优者，拔贡、优贡则是清代在选贡基础上衍生出的二种贡生。按清制，拔贡每12年由各省学政选拔而出，其身份低于举人，可充任京官、知县、教谕等职；优贡则每三年选拔一次，原本也可入国子监学习，后来也随着清代所选贡生数量的增多而仅留虚名。副贡则指参加乡试、被录取在副榜者，这些人虽不算中举却可脱离府、州、县学的管辖，且仍有参加乡试资格。明代的纳贡和清代的例贡性质相似，都指缴纳一定财物而获得的贡生身份。

即墨蓝氏自明中叶蓝章的考中进士以来，在科举方面可谓代有传人。至清末，该家族计有进士5人（明蓝章、蓝田、蓝涯及清蓝润、蓝启延），举人11人（进士5人及清蓝启肃、蓝昌后、蓝用和、蓝志荟、蓝志蕴、蓝人玠6人），贡士56人[①]，廪生、增生、庠生、监生等上百人。因此，前引朱亚非等现代学者将该家族列为"明清时期山东地区六十三个重要的科举世家"之一。而综观有明以来即墨蓝氏的发展史，可以发现，其以务农经商作为家族崛起经济基础、以科举仕宦作为家族壮大主要途径的模式，可谓两汉以来中华知名家族发展壮大的普遍模式。

---

① 同治《即墨县志》仅列明清时期蓝氏贡士29人，此数据乃据蓝氏族谱统计。

第二章

即墨蓝氏的仕宦情怀

"仕而优则学,学而优则仕。"这是《论语·子张》记载的孔子弟子子夏说的一句话,也是广为流传、传诵至今的《论语》名句之一。此句原本强调的是出仕与为学之间的相辅相成关系,但迄今,更为世人接受的却是"学而优则仕"一语中所蕴藏的积极入仕思想,是儒家学者那种无论穷达都忧国忧民、愿倾一己之力以济天下的家国情怀。深受中华传统文化影响的即墨蓝氏成员,自然也承继了这一思想,以出仕作为实现个人建功立业愿望和治国平天下理想、壮大家族声望的有效途径,从而使蓝氏家族日渐成长为闻名山左的仕宦望族。

第一节 蒙元蓝氏的以武显族

蒙元时期即墨蓝氏的出仕情况,今有据可考者,仅有元邢世英撰、清蓝启延整理《盟旺山祖林碑记》一文。然参照蒙元政权发展壮大直至衰败消亡的历史,可大致推知该时期即墨蓝氏积极出仕、以武立族的大致情况。

如前章所述,在蒙元政权入侵中原之初,即墨蓝氏三世蓝德即以从军立功而获"防御军官"之职;至其四世,则有"武义将军"蓝珎等5人以军功而留名;五世中可确知的以军功留名者,即有"至元十六年(1279)受枢密院札,管军百户"蓝福兴等4人;世系不明者中,另有"百户"蓝贵等4人。而蓝氏三至五世生活的时期,正是其家族建立武功、走向兴盛和壮大的时期,也是蒙元政权南下伐金攻宋、逐渐统一全国的时期。可见,这一时期里,蓝氏家族的发展历程,与蒙元政权的南下进程有着极为密切的关系。

一 蒙军南下时期的蓝氏

蒙元政权发展壮大进程中不断加强的南下入侵战略及逐渐完善的军户制、保甲制、质子制等兵役制度，为即墨蓝氏的从军立功提供了必不可少的机会。在消灭辽、金之后，蒙古政权加快了南下灭宋的步伐，并广泛征集汉人将士入伍。因此，在其攻灭南宋的统一大业中，随处可见中原汉人将士的身影。这些追随蒙古大军南下征战的汉人将士，被称为"汉军"，其成员可分三部分。一是降蒙的原金军将士与民间武装力量，如蒙古入关之初即投降的金军"都提控"刘伯林与河北地方武装首领史秉直、史天泽父子，以及前章提及的金"益都府吏"张林等。二是早期降蒙的宋军将士及原中原起义军将士，如前章述及的山东起义军首领、"宋京东路总管"李全等。三是从原金人统治的中原民户中征召的新从军者。起初，这部分汉军人数少、势力弱，编制也较为混乱，后来逐渐发展为新兴蒙元政权的主力军。这部分汉人的从军征战，与日渐成熟的汉人军户制等兵役制度密切相关。

在灭掉金国、占领中原以后，为了补充新兵源，蒙古政权开始采用征召汉人从战的军户制。如《元史·兵志一》载："既平中原，发民为卒，是为汉军。或以贫富为甲乙，户出一人，曰独军户；合二三而出一人，则为正军户，余为贴军户。""旧例，丁力强者充军，弱者出钱，故有正军、贴户之籍。"[1] 可见，这种军户制主要依据家族经济实力和男丁数量征召士兵。相对富裕且人丁兴旺的人家，需一户独出一人从军，称独军户。相对贫穷或没有男丁的人家，可二三户合出一人从军，有男丁从军的人家称正军户，没有男丁从军的人家要出资补贴从军者，因称贴军户。这种征召中原汉人从军的军户制，据说出自投降蒙古的原金军将领郭宝玉。他在元太祖成吉思汗统治时期，曾提议对蒙古人、色目人实行全民（丁）从军制，对汉人则实行相对宽松的军户制："军户，蒙古、色目人每丁起一军，汉人有田四顷、人三丁者签一军。"[2] 随着统治范围的扩大，"汉人"男丁数远远超过蒙古、色目等蒙古政权规定的上等民族总数，逐渐成为其经济和军事命脉的主力。因而，窝阔台统治之初，先是直接重用降蒙的原

---

[1] 《元史》卷九十八，第 2508 页。
[2] 《元史》卷一四九，第 3521 页。

金军汉人首领刘伯林之子刘黑马、史秉直之子史天泽、石抹也先之子萧札剌,改封三人为汉军"万户",并在其汉军将领中分封了36个"千户";后来,又多次在原中原汉人居民中括户征兵,征签更多的汉人民众充实到驻守各地的军队中,从而刺激这种汉人军户制度逐渐走向成熟。①《元史》中多次记载窝阔台时期征签汉人新军的次数和人数。如《兵志一》载:窝阔台八年(1236)七月,即从中原多地征签汉军:"燕京路保州等处,每二十户签军一名;……真定、河间、邢州、大名、太原等路,除先签军人外,于断事官忽都虎新籍民户三十七万二千九百七十二人数内,每二十丁起军一名。"②表面看,当时征召汉军的比例较小,每20户或20丁才征1人,但细算下来,所征签汉军人数极为庞大,如仅从真定等路新籍民户中即征召了18648名汉军!此后的蒙古统治者继续沿用这一制度,至忽必烈中统建元之时,虽改"汉军"之名,并以之为侍卫亲军,使汉人从军者从此成为蒙元政权最为中坚的武装力量,却并未从根本上改变这种征召汉人从军的军户制度。据陈高华先生统计,从窝阔台至忽必烈时期,蒙元政权所征调汉军总数在30万人以上;如以一军一户计,则当时的汉军军户应在30万户以上。③

凭借这种强制性的军户制度,蒙元政权从汉人聚居区征集了数量庞大的汉军,他们在攻灭南宋以及平定江南各地复宋起义的战争中发挥了不可抹杀的中坚作用。而这些从征的汉军,不少人用个体生命的艰辛付出,换取了个人的功成名就,也为家族的兴盛发展立下了汗马功劳。即墨蓝氏的崛起与兴盛发展,很大程度上取决于蒙元政权的这种汉人军户制度。

蒙元政权攻灭南宋的战争,现代学者一般划分为三个阶段:一是窝阔台统治时期,于1235年—1241年间发动攻宋之战;二是蒙哥统治时期,于1258年—1259年间发动的攻打四川、鄂州和钓鱼城之战;三是忽必烈统治时期,于1267年—1279年间发动的以襄阳之战为代表的灭宋之战。再结合第一章第一节述及的即墨蓝氏发展简史,可以推知:1219年前后出生的蓝德的从军入伍,应是这种汉军军户制度的直接产物,当时的蓝家符合"有田四顷、人三丁"的所谓"独军户"条件。而蓝德的获得军功,

---

① 参阅孙克宽《元代汉文化之活动》,中华书局(台北)1968年版,第237—239页;史卫民《元代军事史》,军事科学出版社1998年版,第77—89页。

② 《元史》卷九十八,第2510页。

③ 陈高华:《论元代的军户》,载《元史研究论稿》,中华书局1991年版,第130页。

应主要与蒙元政权窝阔台时期和蒙哥时期的攻宋战争有关。被提拔为"防御军官",使蓝德成为即墨蓝氏以武获职的第一人,为蒙元时期蓝氏族人的建立军功、获得职务起到了积极的刺激作用。

蓝德之后,其子侄中有五人也因这种汉人军户制而被征入军。其中,其子蓝荣与侄蓝成、蓝恩三人,均官"委差"。这是一种主要负责处理地方与军方钱粮事务的低级官职。如《元史·选举志》"凡吏员考满除钱谷官、案牍、都吏目"条载,至元二十六年(1289),奏准"大都路都总管府添设司吏一十名,委差五名","委差于近上钱谷官内委用"。则"委差"官负责的,主要是"钱谷"事务。《元史·百官志》还记载,兵部"大都陆运提举司"的前身是至元十六年(1279)设置的"运粮提举司",下设官吏中有"提举二员,从五品;付提举一员,从七品;吏目一员,司吏六人,委差一十人"。①则"委差"一职,极可能没有"品阶"。另外,今山东省东营市档案馆收藏有一枚出土于广饶县码头乡高港村、旁刻"委差官印"字样的元代铜印,其印文为阳文篆书"宣差提领所委差荒字号印"。②则知元代"委差"官往往配有带专门编号的官印。因疑此三人虽也从军,却均从事文职,并未参与过元军南下侵伐进程中的实际战斗。

即墨蓝氏中,像蓝德一样被征从军并参加了元军南下征战的,是其侄蓝珎和蓝顺。蓝珎是四世长房独子,也是蒙元时期即墨蓝氏中官阶最高者。据蓝氏碑记,他"受中书省札,武义将军"。"武义将军"一职,并未著录于元人编写的《元典章·吏部》所列"武资"39阶中,但出现在明人修《元史·百官志七》的"武散官三十四阶"中。据《元史》,元代所设武职从"三品"至"八品",各分"正""从",计14品34阶。其中,"正三品"至"从四品"的六品下,各设三阶,计18阶;"正五品"至"从八品"的八品,各设二阶,计16阶。"武义将军"属"从五品",第21阶,应为中级官吏。③而授予蓝珎"武义将军"之职的,是总理全国政务的最高机构"中书省",而非掌管地方事务的某一"行省",如山东行省。因可推知,蓝珎参与的,应是蒙元最高中央政权指挥的南下伐宋战争,其身份应是蒙元政权在中原地区新征签的"汉军"。

---

① 《元史》卷八十四、八十五,第2108、2141页。
② 王学哲:《东营市档案馆征集到一枚元代铜制官印》,《山东档案》1994年第1期。
③ 《元史》卷九十一,第2321—2322页。

蓝琰受命参加的最后一役，应是元人的"攻取襄樊"之战。襄樊是今属湖北省襄阳市的襄阳、樊城二地的合称，自古即为兵家必争的南北交通要塞。蒙古大军联合南宋攻灭金国之后，统一天下的野心愈发膨胀，襄阳、樊城更成为宋蒙军队不断交战的边疆重镇。如窝阔台统治时期，曾多次派军攻打襄阳，并于1236年趁南宋守将李伯渊等人投降之机占领襄阳，直至1239年才因在与孟珙率领的南宋军队之间长达三年的争夺战中失利而北撤。至忽必烈统治时期，又从至元五年（1268）起，再度发起了一场以襄阳和樊城为目标的南侵战争。据《元史·世祖本纪》，为了打赢这场战争，忽必烈多次从中原民户中征调汉军，补充兵力。如至元五年十一月，"签河南、山东边城附籍诸色户充军"；六年二月"签民兵二万赴襄阳"，三月仅从山东"益都路签军万人"，六月"免益都新签军单丁者千六百二十一人为民"，"诏董文炳等率兵二万二千人南征"；九年正月，"河南省请益兵，敕诸路签军三万"。① 由此可知，在这场一直延续至至元十年（1273）的战争中，蒙元政权从中原地区征签"汉军"的数量是如此之多而此次战争中双方伤亡人员是如此惨烈！而这场可谓襄樊一带有史以来历时最长的战争，最终以孤立无援、弹尽粮绝的宋军樊城守将范天顺、牛富等人的兵败自杀和襄阳主帅吕文焕的开城出降而告终，这一结局加速了南宋王朝的灭亡和蒙元政权的统一全国。现代作家金庸在武侠小说《神雕侠侣》中，虚构了忽必烈亲率元军攻打襄阳、郭靖等侠义人士率南宋军民成功抗击的故事情节，在一定程度上反映了宋蒙双方在襄阳、樊城一带对抗多年的历史事实。

另据蓝氏碑记，在这场旷日持久的"攻取襄樊"之战中，"武义将军"蓝琰发挥过"总领监军"的重要作用。但据相关史籍，襄樊之战的元军主力是南宋降蒙"汉军"，蒙古人阿术担任都（总）监军，畏兀儿人阿里海牙辅之，主帅则是被封为"镇国上将军"的南宋降将刘整。刘整职为"从三品"，属元代武职34阶中的第6阶，远高于蓝琰的第21阶。因疑蓝琰被家族后人铭记的"总领监军，攻取襄樊"一事，应发生于1273年元军兵分多路、攻取樊城的最后一战②之中；他"总领"的，也只是其中一路元军的"监军"。但无论如何，在这场历时长达六年的持久

---

① 《元史》卷六、卷七，第120、121—122、139页。

② 详可参阅陈世松等《宋元战争史》，四川省社会科学院出版社1988年版，第211—219页。

战中，名隶中书省的蓝琰，作为汉人将领立下了赫赫战功，并成为当时即墨蓝氏家族中的武功最显者，至明清时期更被蓝氏后人奉为"远祖"。

蓝琰堂弟、"管丁壮军百户"蓝顺也参与了元军的南下征战，但参与的是稍后的攻取海州之战。"丁壮军"也称"保甲军""保甲丁壮军""保甲丁壮射生军"等，是在一种特殊的军户制度——北宋王安石为丞相时创制的"保甲"制影响下形成的。现代学者以为，"所谓保甲，是指按军事组织形式编组民户的一种方式"，蒙古人入主中原后，在唐州（今河南唐河县）、邓州（今河南邓州）等地沿用此编制方式，并与军户制度相结合，从而形成了保甲万户府、千户所等独特编制以及俗称的"丁壮军"。① 在宋蒙对峙时期，这支编制比较特殊的军队曾发挥过重要的防守作用。如《元史》卷五载：至元元年（1264），"以邓州保甲军二千三百二十九户隶统军司"。② 蒙元政权统一全国后，这支军队也继续活跃过一段时间。如《新元史》卷九十八载：至元十四年（1277），"诏上都、隆兴、西京、北京四路捕猎户，佥选丁壮军二千人防守上都"。③ 值得注意的是，《元史》卷八载，至元十二年（1275）正月，"敕枢密院以纳忽带儿、也速带儿所统戍军及再签登莱丁壮八百人"④。则知此年正月前，蒙元政权曾从山东登州、莱州（辖即墨）二地征签丁壮八百人，蓝顺或为此次被征人员之一。但由于史料的缺失，这支军队具体的参战记载，今已无考。而与蓝德、蓝琰一样来自即墨普通军户的蓝顺，是如何加入"丁壮军"的，也已成为一个既令人疑惑、又无从可考的问题。

蓝顺参与的海州之战，发生于宋蒙襄樊之战结束以后。其时，经过襄樊惨败的南宋原有军事防御体系已基本解体，而宋度宗的新逝、不懂政治和军事的太后的偏听偏信、一味追求个人荣耀的贾似道的专权独断等，不仅加速了朝政的混乱和腐败，也使新的军事防御体系根本无法建立。北方的蒙元政权则在大胜之后，一面对黄河以南、长江以北大片区域的军事机构和军户进行重新调整，一面做好对参与襄樊之战将士和新降汉人将士的优抚工作。同时根据阿术和阿里海牙的建议，于至元十一年（1274）正

---

① 详可参阅刘晓《元代军事史三题——〈元典章〉中出现的私走小路军、保甲丁壮军与通事军》，载《中国史研究》2013年第3期。
② 《元史》，第95页。
③ 柯劭忞等：《新元史》，吉林人民出版社1998年版，第1985页。
④ 《元史》，第159页。

月"诏中书省签军十万人",二月又"造战船八百艘于汴梁",充分做好了全面南下的人力、物力准备。因此,此年九月,元军兵分三路,发动了大规模的灭宋战争。次年(1275)二月,元东路军取得丁家洲大捷,又沿江向东而下。而驻守长江中下游的宋军诸将多为已经降蒙的吕文焕旧部,因而镇江、江阴、无锡、常州等地"望风降附"。四月(一说为二月),元"都元帅博鲁欢次海州,(宋)知州丁顺以城降"。① 可见,元军攻取海州之役,可谓轻而易举。因疑蓝顺的"百户"身份,并非通过此役获得的。

综上可知,蒙元政权的南下进程中,三世蓝德和四世蓝琮、蓝顺等人获授武职,初步壮大了蓝氏家族在即墨一邑的势力和影响力,也开启并夯实了即墨蓝氏以武立族之路。而即墨蓝氏由僻在一隅的黄埠迁居位于城郊的盟旺山,应与此5人的从军入伍、获授武职有很大关系。

二 元朝中前期的蓝氏

蒙元政权统一中原后,军队编制、士兵征召等制度日益完善,军队的功能也由南下攻伐逐渐转变为对统一专制中央政权的保护。在这一转变进程中,已经凭借元军南下而建立军功的即墨蓝氏,继续从征入军,进一步凭军功壮大家族势力。至五世时,其家族已呈空前昌盛之势。这种昌盛,一方面体现为人丁的兴旺,如五世仅男丁就有16人。另一方面体现为出仕人数的增多,如五世的有名可考者中,从军获武职者即有蓝福兴、蓝就、蓝春、蓝旺4人,居乡为吏者则有本书前章第一节中所述蓝福、蓝元、蓝禄、蓝深、蓝和、蓝茂、蓝用7人。

蓝氏五世的4位从军获职者中,有2人像其堂叔蓝顺一样官至"百户",但分管职责明显不同:蓝福兴为"管军百户",蓝就为"运粮百户"。"百户"是蒙元军队编制中的低级官吏,职级仅高于"总把",如《元史·兵志一》载,蒙元政权于至元七年(1270)三月"定军官等级,万户、总管、千户、百户、总把,以军士为差"②。另据《元典章·吏部三·军官》,忽必烈统一全国后,又于至元二十一年(1284)二月将军队编制和军官品级统一为三级。第一级是万户府,分上、中、下三等:上万

---

① 脱脱等:《宋史》,中华书局1977年版,第927—928页。
② 《元史》卷九十八,第2514页。

户统兵七千以上,中万户五千以上,下万户三千以上;其下各设达鲁花赤、万户、副万户等职,其品从"正三品"至"从四品"不等。第二级是千户府,也分上、中、下三等,上千户统兵七百以上,中千户五百以上,下千户三百以上;其下各设达鲁花赤、千户、副千户等职,其品从"正五品"至"正六品"不等。第三级是百户所,分上、下二等,上百户统兵七十以上,下百户五十以上;其下各设百户一职,其分别为"从六品""从七品"。后来,还曾于"万户之下置总管,千户之下置总把,百户之下置弹压"等职,其品不一。① 因知"百户"一职又分上、下,其品分别为"从六品""从七品"。不过,蓝氏碑记并未载明蓝顺等人是"上百户"、还是"下百户",因疑当时对上、下百户的区分并不严格。

蓝氏碑记还特别指出,蓝福兴是"至元十六年(1279)受枢密院札"而成为"管军百户"的。"枢密院"是蒙元政权最高军事指挥中心,直接掌管全国军务处置,包括军事决策、军队部署、武官铨选、钱粮供给等。蒙元时期的军事机构,另有设置于各行省、处理各地军务的"行枢密院"及各"行枢密院"下辖的万户府、千户所、百户所等。如"山东行枢密院"是元代山东地方军事指挥机构,是至元九年(1272)正月在"山东路都元帅统军司"(简称"山东统军司")基础上改置的②,其下又设万户府、千户所、百户所等级别不等的军事机构。由此可知,蓝福兴的"管军百户"一职,应隶属于元中央枢密院,而非"山东行枢密院"。其中原因虽已无从可考,但蓝氏碑记的特别标明,已足以证明蓝福兴的表现优异。

蓝氏五世从武者中的职级最高者,应是"充潍州秃鲁花千户"的蓝旺③。潍州在元代隶属于中书省山东东西道宣慰司益都路,下辖北海、昌邑二县,治所在今山东省潍坊市潍城区内。因知授予蓝旺职务的,应是中书省下辖的山东东西道宣慰司。另按《元史》《元典章》等,元代"千户"一职的品阶随所隶千户所等级的不同而异:上千户所正千户为从四品,上千户所副千户与中千户所正千户均为正五品,中千户所副千户与下千户所正千户为从五品,下千户所副千户为正六品。则蓝旺"千户"一

---

① 《元典章》,第286—288页;另可参阅史卫民《元代军事史》,第338—342页。
② 参阅史卫民《元代军事史》,第152—153页。
③ 即墨民间有关于蓝德后裔迁居海阳的传说,但在元代,海阳隶属于海州而非潍州,即墨隶属于莱州亦非潍州,因疑蓝旺"充潍州"军千户的途径。

职的品级，应在从四品至正六品之间，这与其被封为"武义将军"的堂伯父蓝琰的职级大致相当。但"秃鲁花千户"蓝旺的从军途径，与其父辈和堂兄弟等所经由的军户制、丁壮军制显然不同。

"秃鲁花"又名"质子军"，是蒙元时期又一种特殊的军队编制。《元史·兵志一》载，当时又"或取诸侯将校之子弟充军，曰质子军，又曰秃鲁花军"。①因知蒙元时期有"诸侯将校"等中高级官吏将自己子弟送入军中作为人质（即"质子"）的做法。这些被作为"质子"的中高级官吏子弟，最初被分送至蒙古各统军将领帐下，跟随蒙古大军各处征战；至忽必烈时期，渐被集中一处、独立编制成军队，从而形成了极为特殊的"秃鲁花"（即"质子军"）。另据现代学者考证，"山东一带的质子户和质子军的征集对象不仅是诸侯将校，也包括'家业''有成'的富户平民"。也就是说，山东一带的"秃鲁花"军成员可分两部分，即"将校或富户子弟"。②蓝旺祖父是官至"防御军官"的蓝德，父亲是身为"委差"的蓝荣，其祖其父的功勋，显然已足以让他跻身于所谓"将校"子弟之列，因知他应是以"诸侯将校"子弟而非"'家业''有成'的富户平民"子弟身份成为"质子军"中一员的。蓝旺堂伯蓝顺、蓝成虽也像其父亲蓝荣一样官"委差"，蓝琰甚至官至品阶更高的"武义将军"，但其堂兄弟蓝春、蓝就、蓝福兴3人却都没有像他一样成为"质子军"。这或许可以间接证明，3位堂伯在其堂兄弟成人前已经去世。或者至少可以证明，在堂兄蓝福兴"受枢密院札"的至元十六年（1279），其伯父蓝琰已经去世。

蓝氏五世从武者中的职级最低者，应是"尚书省胶河漕运总把"蓝春。据前引《元史·兵志一》，"总把"是高于"军士"、低于"百户"的官职。"尚书省"是蒙元政权占领"汉人"聚居的中原地区后，为处理中原事务而设置的最高行政机构（但时废时立），主要管理中原赋税、行政等事务。"胶河"旧称胶水，元于钦《齐乘·山川二》载其"出胶西县西南铁镢山（今属山东省青岛市黄岛区）北，流经卤山（古名五弩山）"。然蓝氏碑记中的"胶河"，当指蒙元政权为便于南粮北运而特地开凿的胶莱运河。它北起渤海莱州湾海沧口，南至黄海胶州湾麻湾口，流

---

① 《元史》卷九十八，第2508页。
② 李治安：《元代质子军刍议》，《历史教学》1988年第5期。

经今山东莱州、昌邑、高密、平度、胶州等多地。这条人工运河从至元十七年（1280）开凿，至至元二十年（1283）大致竣工，对当时的漕运一度发挥过较好作用，蒙元政权甚至曾于至元二十一年（1284）十二月设置专门的万户府进行管理。然而不久，胶莱运河即因海沙壅塞、水潦淤积等原因而于至元三十一年（1294）年被废弃，特设的胶莱海道运粮万户府则在至元二十六年（1289）年正月即被撤销。① 因疑蓝春官"胶河漕运总把"的时间，在至元二十一年（1284）至二十六年（1289）间。②

即墨蓝氏世系不明者中，另有4人获得武职。其中3人职级较低：蓝贵与蓝士③忠均为"百户"，与蓝士忠一样"受千户所札"的蓝青，则是品阶比百户更低、职在纠察的"管军弹压"。4人中官阶最高的，应是"受左卫都镇抚"蓝革故。据《元史·百官志七》，"镇抚"是万户府下辖镇抚司的长官，其品阶因所属万户府的级别而异，上、中、下万户府镇抚司镇抚的品级分别为正五品、从五品、正六品。而"左卫"是忽必烈时期设立的护卫亲军之一，将领和成员主要是中原"汉人"和新降附"汉军"。在元统一后，其主要将领逐渐转由蒙古贵族担任。不过，今存史籍中未见"左卫"曾设"都镇抚"的明确记载。蓝革故所受"左卫都镇抚"之职的品阶，极可能与其四世"武义将军"蓝琮、五世"潍州秃鲁花千户"蓝旺的大致相当。

此外，蓝氏五世、六世中的居乡为吏者，虽职级均极低，却与从事武职者共同成就了蓝氏家族兴盛发展的局面。值得注意的是五世蓝和的官"□学谕使"和蓝茂的官"医学教谕"。"学谕""教谕"，都是元代对官办学校中正式教职的称呼。蒙元政权统一全国后，逐渐加强了对全国儒学、医学的管理。儒学方面，不仅在中央设国子学，还在地方设路学、府学、州学、县学等不同级别的学校，并为各级学校配置相应学官。如路学往往设教授1—2人、学正和学录各1人，县学则往往仅设教谕1人。医学方面，也仿照儒学模式逐渐建立了一系列等级有别的医学校。如《元典章·吏部三》载："会到儒学例，……卑司今拟诸路医学教授一员，只

---

① 参阅曲金良《元初海运与胶莱运河——世界最早海洋运河工程的开凿与运营（1280—1294）》，载孙立新等主编《海洋历史地理论》，山东教育出版社2010年版，第135—145页。

② 然难以解释的是，蓝春被称为"胶河漕运总把"之时，在蓝氏立碑于盟旺山祖茔的1324年；其官职不应30余年间未有变迁。此疑尚待来者。

③ 士：同治《即墨县志》作"仕"。

受敕牒。外,学正一员,上州、中州、下州各设一员,俱系尚医监札付。各县设学谕一员,受本路医学教授札付。"① 由蓝和、蓝茂的从事教职可推知:即墨蓝氏已经开始了从以武立族转向力学为文的新历程。

这一推测,由蓝氏六世、七世的出仕情况可得佐证。据蓝氏碑记,六世蓝希贤及一佚名兄弟均为"典书",七世蓝仲祥为"蒙古生员"。如前章第一节所述:元代的"典书"一职,主要是蒙古国子学、秘书监、翰林兼国史院等机构所设,其职在管理各学、监、馆、院所藏书籍,职级远低于"正五品"的"少监";"蒙古生员"并非官职名称,而是对在元大都(今北京)"蒙古国子学"中就读学生的称谓,但其优秀者可直接授以官职。可见,此三人均是通文墨、精文献的文职人员,这也间接证明了即墨蓝氏由武向文的转型。但可惜的是,随着蒙元政权南下攻伐和统一而壮大起来的即墨蓝氏,尚未来得及发展和完善这种转型,便随着蒙元政权的覆灭而趋于衰落。

纵观蒙元时期即墨蓝氏的发展史,可以发现,该家族从事官方职务者多达20余人,他们或文或武,或农或医,或教或读,共同铸就了家族的辉煌。这在重用蒙古人的有元一代,实属极为罕见的现象。但无论何时何地,国家、社会大环境的兴盛衰败,都直接决定着一人一家、一族一地等小环境的成败、兴衰。即墨蓝氏迁墓立碑、显示家族煊赫实力之际,曾经盛极一时的蒙元王朝已呈现出走向衰亡的迹象。一方面,蒙元统治者内部纷争不断,宫廷政变频繁发生,仅大德十一年(1307)至元统元年(1333)的26年里,就更换了10位帝王。这直接削弱了其自身的统治力量。另一方面,蒙元政权正式建立以来,长期征战不断,对内不停镇压原南宋统治区内此起彼伏的复宋起义,对外则东征日本、南伐越南和缅甸。连年征战必然带来的沉重经济负担,日益严重的民族歧视政策所带来的精神虐待,以及接连出现的连降大雨、黄河决堤等严重天灾,都使广大民众尤其是中原民众难以为生,积怨日深。因此,至正十一年(1351),当元政府征调15万农民修治黄河、却派2万军队跟随镇压之时,忍无可忍的广大民众终于彻底爆发,拉开了颠覆蒙元政权的红巾军起义的序幕。尽管没有明确的文献可为佐证,但即墨蓝氏在元朝末年的销声匿迹或可间接证明:在这场声势浩大、规模空前的起义大潮中,一直追随蒙元政权获取个

---

① 《元典章》,第313页。

人功名、成就家族基业的蓝氏精英们，显然误判了形势，站错了队伍，从而使整个家族成为蒙元政权的陪葬者。

第二节 首创蓝氏官声的蓝章

明清时期的即墨蓝氏，深受儒家"学而优则仕"观念影响，往往以科举、出仕为荣；并通过一代又一代人的累积、传承，逐渐形成了家族特有的为官传统。首先，蓝氏出仕者多从事文职，却大都能勇有谋，在猝遇民乱兵难之际，能够妥善化解危机，体现出卓越的文武兼备才能。其次，蓝氏出仕者大多秉性耿介，清廉自守，一以百姓利益、国家安危为先，从不计较个人迁贬、生死之事，坚守了至高的为官原则。其中，最能彰显这一点的，就是明清即墨蓝氏的首位仕宦者——蓝章。

一 初登仕途壮家声

成化二十年（1484）考取进士后，蓝章即"观政银台"[①]。"观政"，是明代特有的一种进士"试事"制度。如《明太祖实录》卷一七二载，明洪武十八年三月，太祖朱元璋以新考中诸进士"未更事，欲优待之，俾之观政于诸司，给以所出身禄米；俟其谙练政体，然后擢任之"。[②] 此后，该制度便一直施行。据此可知，明代新及第进士不能立即获授官职，而需先到驻京诸中央部门实习，实习期满后，才会实授官职；其待遇，则与实授官职相当。[③] 银台，是明代特设职能部门通政使司的别称，职在"掌受内外章疏、敷奏、封驳之事"。如《明史》卷七十三载：

> 凡四方陈情建言、申诉冤滞、或告不法等事，于底簿内誊写诉告缘由，赍状奏闻。凡天下臣民实封入递，即于公厅启视，节写副本，

[①] 官贤：《明故义授七品散官、累赠通议大夫、南京刑部右侍郎蓝公（铜）行状》，载蓝润辑《余泽录》第1册，第53页。

[②] 《明太宗初录》，台湾中研院历史语言研究所1962年影印原北平图书馆藏"红格本"，第2627页。

[③] 关于明代的进士"观政"制，可参阅章宏伟《明代观政进士制度》，赵毅、秦海滢主编《第十二届明史国际学术研讨会论文集》，辽宁师范大学出版社2008年版，第129—138页。

然后奏闻。其五军、六卫、都察院等衙门，有事关机密重大者，其入奏仍用本司印信。凡诸司公文、勘合辨验允当，编号注写，公文用日照之记、勘合用验正之记关防之。凡在外之题本、奏本，在京之奏本，并受之，于早朝汇而进之。有径自封进者则参驳。午朝则引奏臣民之言事者，有机密则不时入奏。……凡议大政、大狱及会推文武大臣，必参预。①

因知观政银台者要承担誊写诉状、节写实封、编注递送公文、引导言事者等杂务，并可参政议政、会勘狱案。不过，观政进士虽有议论朝政资格，却没有实际决策权。结合蓝章后来经历可推知，观政银台期间，他不仅广泛结交政界要人和新人，提高处理政事和人际关系的能力；还广泛接触来自地方和中央的各种公文，形成了严谨踏实的处事方式和一丝不苟的为文风格，从而奠定了他虽不平坦、但终至显赫的仕途之基。

另外，蓝章考中进士后不久，其弟蓝章、父蓝铜相继以纳粮获官，开启了蓝氏通过仕宦而发展壮大的崛起之路。先是，成化二十年（1484），"岁大祲"，蓝竟"输粟于官，以佐赈济，例为宣义郎"。②继而，"成化丙午（1486），岁又祲，有输粟冠带之令"，蓝铜"辇粟若干石以输，蒙恩授七品散官，故人称为义官"。③"输粟""辇粟"均指向官府捐纳粮食，"冠带"泛指古代官吏的官服，"输粟冠带"则是古代官府给予在灾荒之年捐纳财物（尤其是粮食）的普通平民以官职的一种奖励方式。明朝建立以后，灾荒频仍，乃沿袭并发展了前代的这种做法。一方面，对捐献财物的平民，官府给以皇帝亲赐敕文、树立牌坊、减免赋税差役等表彰；另一方面，官府还赐予捐纳者从从九品至从六品等品阶不一的文职散官，如将仕郎、迪功郎、文林郎、承事郎等。这些受到旌表或赠官的平民，往往被尊称为"义民"或"义官"。但与前代不同的是，明朝赠予普通平民的这些官职，有官阶而无实职，即受赠者不参与官府实务，也不从官府领取薪酬，只是获得了穿戴相同官阶服饰的权力。④

不过，这种看似仅是表面虚荣的赠官，却也能极大提高普通平民的身

---

① 张廷玉等：《明史》，中华书局1974年版，第1780页。
② 蓝田：《宣义郎蓝公（竟）墓志铭》，载《北泉文集》，第414页。
③ 刘健：《故义官蓝君（铜）墓志铭》，载蓝润辑《余泽录》第1册，第54页。
④ 详可参阅赵克生《义民旌表：明代荒政中的奖劝之法》，《史学月刊》2005年第3期。

份、地位，因而受到众多富商大户的追捧。如晚明世情小说《金瓶梅》中提及，西门庆发迹后，对门邻居、大户乔洪全力巴结，结为亲家。但西门庆极不满意，对其妻吴月娘说："乔家如今有这个家事，他只是个县中大户，白衣人。你我如今见居着这官，又在衙门中管着事。到明日会亲，酒席间他戴着小帽，与俺这官户怎生相处？"因此，两家结亲后，白衣小帽、平民打扮的乔洪即使受到邀请，也从未敢出席西门大院里有官员参与的宴会。但后来，在西门庆的帮助下，乔洪"援例上纳白米三十石"而成为"义官"，再听说西门大院要宴请周守备、荆都监、张团练等官员时，他就敢主动提出："明日若亲家见招，在下有此冠带，就敢来陪他也不妨。"并从此以"义官"身份，"冠带青衣，四个伴当跟随"，开始了其正式的官场社交活动。①

由乔洪故事可知，明代的"输粟冠带之令"为普通平民提供了一条远比科举仕宦容易、又近在眼前的提高社会地位的捷径。可见，蓝竟被封为"宣义郎"和蓝铜被授予"七品散官"，不仅改变了二人布衣小帽的普通平民身份，也加速了即墨蓝氏由普通农商之家转向门庭显赫的仕宦之家的进程。值得注意的是，在汪舜民撰写于成化丁未年（1487）秋八月的《送蓝处士还即墨序》一文中，蓝铜仍被称为"处士"（古代对未做官者的尊称）。因疑蓝铜获得赠官的时间，应非其墓志铭中所说的"成化丙午（1486）"。无论怎样，蓝章的考中进士、"观政银台"，以及蓝竟、蓝铜的相继因输粟而获赠官，都对蓝氏后人的出仕显族起到了极好的示范作用，刺激蓝氏不仅崛起为即墨当地极有声望的富家大户，而且逐渐跻身山东地区知名的"阀阅"望族之列。

二 久经历练成直臣

观政期满后，蓝章于成化二十二年（1486）秋被授予江西婺源县令之职，从此开始了施展才能、形成和实施自己为政理念的崭新生涯。

初至婺源，他坚持为民谋福利的为官原则，"广储峙，赈茕独，造舆梁，禳虎患"②，竭尽全力解决当地民众生活中的实际问题。一年后，他又积极发展教育事业，努力弘扬当地学术和文化。先是大力整修婺源学

---

① 兰陵笑笑生撰，陶慕宁校注：《金瓶梅词话》，人民文学出版社2000年版，第540、1146—1147、1156页。

② 详见程敏政《婺源县庙学重修记》，载蓝润辑《余泽录》第1册，第81—83页。

宫,并捐俸开凿通往学宫的水路,以便学子往来;接着又在公务余暇亲自辑录婺源前贤、宋代理学家朱文公熹《年谱》《语录》,并主持刊刻了婺源学者编辑的元代易学家胡炳文的《胡氏家集》。尽管蓝章辑录的朱熹年谱、语录等作今已荡然无存,主持刊刻的《胡氏家集》也已"毁于市火"①;但他所采取的这一系列旨在弘扬婺源当地学术和文化的举措,受到婺源各界民众的广泛欢迎。这些举措充分显示了他驾轻就熟的理政才能和深厚的文化功底,也初步彰显了他既重视改善物质生活、也倡导文化传承的为政理念。

弘治二年(1489)秋,蓝章婺源任期已满,准备进京"述职",其父蓝铜却因病骤然而逝。他只得按制"丁忧",暂时中断初显佳绩的仕途。为父守丧期间,蓝章带领兄弟和子侄,时常读书于即墨城东的家族书院——东厓书屋:一面利用此空闲时间不断学习和自我提高,一面也借此难得机会向弟侄们传授自己的为学和为官经验。

弘治五年(1492)冬,守丧期满的蓝章被任命为潜山(今属安徽省安庆市)县令。在任期间,他一仍在婺源时的治政理念和为官原则,处处时时唯以民利为先。到任之初,蓝章即遍访民意,察知潜山民众长期以来迫切希望解决的一事:

> 潜山县便民仓,旧在山口镇,距县治百余里,距县之清照乡、玉照乡将三百里。山峻河浅,舟车弗便,输税之时,民咸病之。且榱桷腐朽,瓦石破弊,不可以储。②

潜山县旧粮仓名曰"便民仓",却位于距离县城100余里外的山口镇,山高水浅,对众多需纳粮抵税的农民而言,运输极为不便。而且此粮仓始建于明正统三年(1438),已历50余年风雨侵袭,失于维修和养护,储藏粮食时的损耗极大,而这损耗必然又成为农民的额外负担。往任县令多知此事,却以民虽有怨而未至其极、官府银两未有此项预算等为借口,姑且因循,一仍其旧。蓝章察知此事后,不愿因袭以往做法,而是亲自考

---

① 孙潘:《云峰胡先生文集序》,详见今国家图书馆藏明嘉靖婺源刻本《云峰胡先生文集》(善本书号12385)。另据此序知,蓝章主持刊刻《胡氏家集》一事应在弘治己酉年(1489),其刻本前有婺源人汪舜民所作《序》。

② 蓝田:《潜山县便民仓记》,载《蓝侍御集》,第226页。

察地形，多方征求百姓意见，终于在新划归潜山县的黄土潭乡，找到一处既便于水陆交通又宜于粮食储运的新地址。为解决筹建无资的困境，他又亲自出面，劝谕"民之富者，俾出财以助"，民之贫者则自愿出力以助。于是，在未动用官府分毫库银的情况下，蓝章组织民众开工兴建新粮仓，次年即圆满完成了这项泽及潜山百姓及后任官吏的浩大工程。

在新粮仓兴建之际，蓝章又察知另外一件事情。潜山县前任县丞是其山东老乡、平度人宗信，他为民众做了好多实事，并因劳累过度而卒于任所，潜山民众为纪念他而自发捐修了一座祠庙。但此祠庙所处之地卑湿，且规模矮小，难以彰显广大民众怀念、祭悼优秀官吏的热忱之情，也难以激发后继为吏者的效法、学习之心。于是，蓝章又振臂而呼，倡导有钱者出钱、有力者出力，引领"欣然趋事"的民众另择"高明垲爽"之地，重新修建了规模宏大、便于民众寄托瞻仰祭拜之情的"宗丞祠"；并命已有文名的长子蓝田代作《宗丞祠记》，既记其事，又激励后之为官者。由此二事可以推见，任职潜山期间，既重视提高民众物质生活、又倡导充实民众精神文化的为政理念，已经在蓝章心底悄然萌生。

弘治九年（1496）春，潜山任满，蓝章进京述职，"两台交荐为'最'"，因被授予都察院"贵州道试监察御史"之职，从此开始了督查、协理地方事务的御史生涯。表面看，蓝章的此次任职未升反降，因为明代的县令与监察御史平级，均为正七品，而试监察御史还要低半级。但实际上，明代的都察院由皇帝直接管辖，其下仅有监察御史110人，分别纠查全国13个"道"的大小事务，并可直接向皇帝上疏提建议或弹劾官吏。因此，监察御史级别虽低，权责却极大，向有"代天子巡狩"之称！不过，由于今存文献的缺失，蓝章在贵州道监察御史任上的政绩已无从可考。而从他试用期满即实授职务、"未及初考"便"奉敕命巡按两浙盐法"、并获以原官赠及亡父亡祖[①]等记载看，他任贵州道监察御史期间的工作还是卓有成效、颇受认可的。

弘治十二年（1499）春，蓝章以都察院监察御史身份至浙江，"奉敕命巡按两浙盐法"，成为民间俗称的"钦差大臣"或"巡盐御史"。自古以来，食盐就是人们日常生活不可或缺之物，盐税更是历代官府至

---

① 参见蓝章《恭题敕命碑阴》及王鸿儒《大明赠通议大夫南京刑部右侍郎蓝公（福盛）神道碑铭》等。

为重要的税收来源之一。因而官方对食盐的生产和销售采取措施，严格管理，并形成了一系列寓租税于官方专卖的盐价之中的管理和销售制度。如在产盐区制定以户为单位、世守其业以生产食盐的灶户制，在全国实行按人配给食用盐的官方垄断销售制度——户口食盐法，等等。有明一代也不例外。为解决屯边士卒军需不足的问题，明政府还于洪武、永乐年间采用一种在宋元以来"入粟中盐法"基础上形成的全新开中法。该法规定，当驻守边疆的军队缺粮时，由官府出榜招商赴边纳粮，而后抵给商人与其缴纳粮食相应的"盐引"（也称盐钞）；商人持官方所颁"盐引"到指定产盐区内指定盐场换取食盐，并运往指定地区销售获利。此法解决了戍边将士粮草不足的当务之急，但也给日后的官商相互勾结、借盐引获利而留下了可乘之机。如前引世情小说《金瓶梅》中，西门庆通过两淮盐运使蔡一经的帮助，用盐引换取食盐，在短短一个月内即牟取两万两白银。这种权贵富豪相互勾结、竞相借纳粮换盐之机以获取暴利的做法，导致了盐法败坏、平民百姓买不起盐甚至无盐可买的失常现象。如明正统四年（1439），"民纳盐钞如故"，但官府盐课司已无盐可付。如果任由发展，这种现象必将导致整个社会经济的崩溃。因此，明代中央官府不得不时常派出专门人员到主要盐产地监管和清理盐务。如《明史·食货志·盐法》记载：

> 孝宗初，盐法坏，户部尚书李敏请简风宪大臣清理，乃命户部侍郎李嗣于两淮，刑部侍郎彭韶于两浙，俱兼都御史，赐敕遣之。①

蓝章弘治十二年（1499）春巡按两浙盐法一事，应与明孝宗初年派遣两浙巡盐御史一事有关。不过，《明史》并未记载蓝章此次巡盐之事，《浙江通志》卷八十三也仅有"御史蓝章增余盐价引一钱八分"一语述及。这可能是因为蓝章此时的职级太低（正七品），且任期较短（不到一年）。而周经所撰墓志中则明确提及，蓝章巡按两浙盐法期间，曾上疏"条陈利弊，极为有见"，时任户部尚书周经还曾"特为奏行之"。② 巡盐两浙期间，蓝章还曾辑集当时名人文墨，时任大理寺正的友人赵式为题名

---

① 张廷玉等：《明史》卷八十，中华书局1974年版，第1946页。
② 周经：《明赠文林郎、贵州道监察御史蓝君（铜）墓表》，载蓝润辑《余泽录》第1册，第59—61页。

曰《群英遗墨》。可惜此稿一直未能刊刻行世，今已无迹可寻。而由这些零星史料可知，巡盐两浙期间，蓝章仍坚持了物质生活与精神文化并举的为政理念。

弘治十三年（1500）至十四年，蓝章又以御史（正七品）身份巡按山西。其间，他继续秉持殚精竭思、为民谋利的为官原则，并初步显露出知人善举之能。如周经记载，时"当兵兴岁歉，征输急迫，刑狱繁多；又值科举取士之期，（蓝章）每优为之，不见烦劳艰难之恤"。① 而蓝章在山西任上所录取举人中，有二人最能体现其识人之能。一是后来官即墨县令的太原人高允中。他在正德六七年间（1511—1512）率领即墨民众成功抵御北海刘六、刘七领导下的数万农民起义大军的攻击②，以此功绩被即墨人载入《即墨县志》。二是代州（今山西代县）人孙玺（1464—1511）。他初官教谕，因表现优秀不久即被提拔为知县，历山东诸城、陕西扶风二地。蓝章后来巡抚陕西、驻军汉中时，特将孙玺从扶风县调至略阳县，专门督责修城防乱事宜。《山西通志·人物志》《陕西通志·人物志》及明崔铣撰《知县赠少卿孙公玺墓表》等文献中，均记载了孙玺恪尽职守、殉职略阳之事。其中，崔铣文中此段所记，尤显孙玺之德才兼备以及蓝章的识人用人之能：

> 正德六年（1511），蜀盗寇汉中。略阳，汉中间道也。都御史蓝公章集省台议，略阳知县严顺懦，扶风知县孙玺毅而多知，可使。遂檄玺往城略阳。扶风君既至略阳，将下令，顺耻之，教邑人赂扶风君金，求勿城。扶风君不听，日周行，相地势，布民筑之，期一月成城。未届期，蜀盗卒至，城三面成，东门观堵始立，城中兵适调他所。严顺曰："城必不可守已，曷亡？"扶风君又不听。顺，故令也，城中人闻之，哗欲亡。扶风君抽佩刀斫坐机，曰："敢言亡者如机！"乃尽出城中弓矢刃，令士贾舆隶人持之登城，礌石积城上如阜，水沃毡，披之障矢。小甲统十人，总甲五十人，官与士统之。曰："令，尔守南城。"曰："簿，尔守北城。"曰："典史，尔守西城。"曰："东城未坚，惟予守。"曰："尔士尔甲，贼如陷城，戮尔父子、妻尔

---

① 周经：《明赠文林郎、贵州道监察御史蓝君（铜）墓表》。
② 蓝章：《御寇记》，同治《即墨县志》卷十，第789—793页。

女、火尔室、荡尔蓄，尔宁勿伤心？义生勇，勇则无敌。"曰："凡我官，存亡视城民，胡可弃天子命？吏勿奔！"曰："尔士尔甲，昼传食，夜张火鸣柝。尔甲执予扇传命，断者刑。"舟人为（违）令，发箧上舟，获之，割舟人耳鼻以徇。阅三日，贼弗克攻，欲去。会贼执告急人，杀之，发公移，知城中窘。贼悉众环攻之，攻东城，自晨至晡不下。有健贼戴木案趋城下，礧石下，破脑而死。已而，顺奔，贼陷南城，入，执扶风君，扶风君骂贼，贼脔杀之。七月十四日也。贼大掠三日去。①

孙玺任职的扶风县，位于陕西中西部，距离四川战乱威胁较远。而蓝章要求他前往的略阳县，位于与四川交界的陕西西南部，正当四川起义军北上要路，是必将到来的战争的最前线。可见，此次调遣，对孙玺而言，只是同级平调；且其新受之命，充满了不可预知的工作压力和生命危险！但他毫不推辞，毅然接受调遣，一到任即着手筑城防卫工作，尽管他的工作屡屡受到原略阳令严顺的暗中阻挠！严顺曾因消极对待防御之事而遭蓝章批评，因此，孙玺到任后，他一面暗中阻挠修城之事，一面又教人用重金贿赂孙玺。但孙玺顶住压力和诱惑，坚持修固城池以备敌。不料，城池尚未竣工，四川起义军却突然来袭。民心慌乱之际，孙玺力主守城，并发出命令，警示敢言逃跑者。当民心稍定之后，他极有条理地安排防守工作，并亲自担任尚未完工的东门的防卫之责；又反复训谕，充分调动城中一切有生力量的积极性。就这样，兵寡无援的略阳城居然抵御住数量上占绝对优势的起义军连续三天的不断进攻。不幸的是，正当起义军准备放弃攻城计划之时，他们抓住了出城报送求救公文的人，尽知城内虚实；而原本奉命守卫南门的前县令严顺，竟在此时弃城逃跑了。于是，起义军从严顺负责督守的南门一拥而入，深受蓝章赏识的孙玺空有满身才艺和一腔报国之志，竟因城破被执而死！

因文献缺失，蓝章巡按山西期间的事迹难以详考。弘治十五年（1502），山西任期满，蓝章重回京城，升任太仆寺少卿之职，主管马政。就职太仆寺期间，他曾三获赐银、赐物之赏，可谓荣宠备至。稍后，蓝章

---

① 崔铣：《孙少卿墓表》，载《洹词》卷一，《景印文渊阁四库全书》第1267册，商务印书馆（台北）1986年版，第392—393页。

又平调至主管天下刑狱的大理寺,仍任少卿。不久,他又升任都察院左佥都御史(正四品)。同样由于文献缺失,蓝章任职京城期间的事迹,今已无考,由此亦可见此时期内其仕宦之途的平坦无奇。

但这种坦途,却在明孝宗去世之后被迅速打破。弘治十八年(1505),明孝宗去世;次年,年仅15岁的明武宗继位,改元正德。明武宗继位后,宠信以刘瑾为首的太监"八虎";而刘瑾等人恃宠专行,日渐欺上瞒下、党同伐异、扰乱朝政。一向秉持百姓和国家利益为上原则的蓝章却仍"弹劾不避权贵",屡屡直言政事。因此,至正德二年初,他就得罪刘瑾而被罗织罪名,逮下诏狱。后来,虽经过长子蓝田的努力周旋以及同僚友人们的大力救助,蓝章获释出狱,却仍不明不白地受到"罚米五百石"①、贬为江西抚州通判(正六品)的处罚!不久,又改为陕西佥事②(正五品),"提兵金州(今属陕西省安康市)"。奉公尽职却遭陷害、下牢狱、受处罚、遭贬谪!这一惨痛经历,使得一向耿介无私的蓝章不得不心有所忌。因此,受命之后,他立即奔赴陕西任上。次年(即正德三年),又命长子蓝田于其父蓝铜墓前树立"敕命碑",正面刻明孝宗弘治十二年(1499)赠其父母的敕命,背面则刻他自己撰写的《恭题敕命碑阴》一文。其文曰:

>昔在己未之春,臣章待罪御史,荷孝庙锡之敕命,赠先臣铜如臣官,先母于为孺人。宸章睿藻,所以显扬褒嘉者,伏自猜度,何足以堪之。先,臣在乡党,谨言慎行,人人目为善士,耕渔之外,惟教子经史而已。臣气质愚下,粗通训诂,蒙宪庙赐甲科,出补畿县,后召入内台供职,未及初考,即受敕命。焚黄之日,宠光赫焕,照烛丘垅,草木生辉,山川增气。虽论者有谓先世积善之报,而实朝廷深仁厚泽,如天如地。臣遭际侍从,尤被共殊私者也。诗曰:"无言不仇,无德不报。"臣犬马之力,犹幸未衰,誓将奔走致身以图其报称者,何日而敢忘之哉!臣闻古人侈君之宠者,勒诸钟鼎,藏诸宗庙,

---

① 罚米:是刘瑾用权时经常使用的惩处官吏之法。另据相关史籍,蓝章当时所任左佥都御史(正四品)的月俸是24石,贬谪后的抚州通判(正六品)是10石,陕西佥事(正五品)是16石;可见单就经济而言,"五百石"的处罚不可谓不重。

② 蓝章的改任陕西,疑与其友人杨一清有关;杨一清于正德元年被任命为陕西右都御史,总制三边军务。

嗣世宝之，传于悠久。敢窃取斯义，琢磨坚珉，恭以敕命大书深刻，树于墓道之左，以昭示无极，使子子孙孙毋忘上恩。追惟龙驭宾天，已三易寒暑，而臣徒抱乌号，攀援莫及。又惟甫垂髫时先母背弃，筮仕时先臣复弃，未得申鼎釜之养而少遂蓼莪之情，涕泪横颐，自不知其所云。①

将敕命刻于碑、昭于世者，大都为炫示皇帝的恩遇荣宠、家族的显赫荣耀；因而立碑之时往往在敕命下达后不久，或者赏赐者初离世之际。但蓝章在敕命初下的弘治十三年（1500）春，虽曾归里扫墓，"焚黄先垄"，却未将敕命刻立于碑，也未撰写感恩文；而在敕命下达10年之后、新皇帝已继位3年之际，却又大费周章地将前任皇帝敕命刻碑立于家乡，并撰写了充满感恩戴德之情的文章。此中深意，值得玩味！

此时，蓝章的现任上司，就是当他被诬下狱之时竭力施救的陕西右都御史杨一清，正处于备受打压的岌岌可危之境。正德三年（1508）三月，刘瑾已权倾一朝，大小官吏皆听命于他；但秉公直行的杨一清，却一直不肯屈服。刘瑾对此非常恼火，于是以"冒破边费"为借口，将正在督修宁夏花马池一带边墙（长城）的杨一清逮下锦衣卫大狱。虽有大学士李东阳、王鏊等人的竭力解救，年仅55岁的杨一清却也只能上疏辞职。在被"先后罚米六百石"之后空抱满腔报国之志，解甲归田，他所负责的修筑边墙工程也不了了之。②可见，蓝章的树立先皇敕命碑，实属万般无奈之际的自保之举！此时，再读他的《恭题敕命碑阴》，始知他对先皇恩遇无比感激、誓奔走以报等的表述中，蕴藏了怎样一种无法言说却又一目了然的深意！而当时官场的混乱腐朽、清廉自守者的难以立身处世，由此也可猜知一二。

三　临危受命抚一方

到了陕西后，以正四品左佥都御史而贬官金州的蓝章悄无声息，政治上未有什么建树。

正德五年（1510），安化王朱寘鐇起兵而反，明武宗不得不重新起用

---

① 详见《蓝氏家乘》，即墨蓝氏家印本。
② 张廷玉等：《明史》卷一九八《杨一清传》，第5226—5227页。

杨一清，让他总制陕西各路军马前往平乱。乱定后，杨一清设计除去刘瑾，朝政稍正。但此时，因屡遭盘剥而长期处于饥饿状态的四川农民，在蓝廷瑞、鄢本恕的带领下揭竿起义，并已"聚徒数万，流劫城邑，杀人盈野，村落为墟"，大有北上波及陕西、东下殃及湖南之势。为防御和扼杀四川农民起义，明武宗急忙选拔将领。时任汉中郡金州金事的蓝章，始得官复原职，以都察院左金都御史身份巡抚陕西。而刚历仕途磨难的蓝章虽当时局危急、民生疲弊之际才获起用，尽忠报国、竭诚救民之心却丝毫不减。

首先，他利用自己已在陕西军中锻炼数年、了解当地军情民实的特长，采取了一系列安定民心的措施："抚有文告，剿有兵，守城郭，问民疾苦，大布惠泽。"①同时，大胆选拔人才，动员和督促汉中郡下辖的金州、褒城、城固、平利、西乡、洋县、黄沙等地官民合力，高筑城墙，深挖城池，做好防御工作。在此过程中，他知人用人惜人之能显露无遗：除前述对多才多艺的孙玺大胆调用外，还对弘治九年（1496）进士刘麟、成化十四年（1478）进士宋明等人关爱有加。

刘麟博学能文，为官清廉耿介，因不肯拜谒刘瑾而被罢官；"瑾诛，起西安，陕民戴之"；后来丁父忧而归乡，"都宪蓝公章忧其无以为丧，檄诸司治车马之资"。②蓝章担心清廉耿介的刘麟无钱为父治丧，特地下令有关部门发给他一笔"差旅费"。耿直的刘麟虽未接受这笔费用，却对蓝章充满感激。宋明的事迹，今见于《大伾山志》：

> 宋明，字惟远，号古愚，明浚县人。……正德七年（1512）升两浙都转运使。时三边军需，仰仗两浙盐课，而久不法治，盐弊丛生。宋明至任，均派支，谨盘掣，禁私贩，赈贫宪，杜私谒，精心殚力，以事兴革，不畏强横，使盐法大振，权贵敛迹，浙人有"铁宋"之谣。御史蓝公章连章举荐，升山东左参政，累进中奉大夫，擢升巡抚。③

---

① 杨一清：《跋都御史蓝公（章）生祠记乐歌去思碑卷》，详见《蓝氏家乘》，即墨蓝氏家印本。

② 雷礼：《墓表》，载刘麟《清惠集》卷十二，《景印文渊阁四库全书》第1264册，商务印书馆（台北）1986年版，第467—468页。

③ 郑永立、田青主编：《大伾山志》，中州古籍出版社1995年版，第252页。

宋明任两浙都转运使期间，为解决三边军需不足问题，"精心殚力"；并能"不畏强横"，全力以赴地清理盐法，因获"铁宋"之称。蓝章发现这个铁面无私的优秀官吏后，立即"连章举荐"，充分体现出迫切的惜才用才之情。任何德才兼备之官吏，如能像刘麟、宋明这样深受上级关爱和青睐，恐怕都会在一生仕途中恪忠尽职、精诚以报。

其次，蓝章还亲提军马，驻守在四川与陕西的交通要道——汉中郡，并想方设法，加紧练兵，不断提高军队的实战能力。他先派人到四川鱼复县，找到相传是诸葛亮布兵排阵时留下的石阵遗迹，并绘制成图。然后参照遗迹图和相关兵书，细加推演，研制出具有可操作性的新八阵。并找到同样喜好兵法、懂得绘图技能的新都人龙正，命他绘图加注，编成《八阵合变图说》一书。再让汉中郡郡守杨秉衡将此书刊刻成册，命将士们人手一册、熟练背诵之后据以训练。不久，经过新八阵训练的官方军队，"威武奋扬，屡战屡获"，实际应战能力大大提高，保家卫国的同仇敌忾之气也激发而出。

但当四川义军涌入汉中时，始终为民着想的蓝章，却不准将士们轻易杀戮，而是尽量采取招抚劝降的怀柔策略。如正德六年春，蓝廷瑞率四川民众进入汉中，却被早有防备的陕西官军包围，无奈提出了回四川接受招抚的请求。蓝章立即答应，并命官军护送出境，不得滥杀。这是因为，蓝章已深刻认识到：

> 是蠢蠢者可胜诛乎？不理其源，乱靡定也。即尽诛之，只以丛天地不仁之气郁为愁惨、荡为逆泪耳。嗟嗟！此乘间操戈者，皆吾赤子。谁不知一艇之泛大海，其何能支乎？迫而走险、而覆没之不惜者，冀须臾无死也。吾何忍置之骈欀外而夷之、而剪之乎？①

所谓"盗贼"者，"皆吾赤子"也。他们的"乘间操戈"，实是连年天灾人祸下的走投无路之举！譬如饮鸩止渴、驾小舟而渡大海，只不过求暂延片刻而已！念"乱"之所由生，"盗贼"之所由来，凡有良心者，谁忍不抚之爱之而斩之杀之以为功乎？如果"不理其源"，"不恤其民"，"变起而诛之"，则"踵而起者"必将"趾相错"，天下再难有安宁太平

---

① 宋琏：《明南京刑部侍郎大崂山翁蓝章传》，详见《蓝氏家乘》，即墨蓝氏家印本。

之时也!

蓝章坚决反对对起义农民们不问青红皂白、一律武力斩杀。即使后来"江津民陈二等复叛""蓝、鄢余党廖麻子、喻老人诸人且抚且叛"时,他仍然坚持且剿且抚原则,能感喻招降时就绝不动用武力、滥加杀戮! 因此,当起义最终平定、众将领忙于庆功时,他却沉浸在对被剿杀的所谓"盗贼""乱民"的沉痛哀悼中。如其子蓝田《闻汉中凯旋二首》其一中说:

> 见说汉南平,三军拥旆旌。人传露布语,家听凯歌声。上计资文武,前筹誓死生。功成犹陨泪,不忍更言兵。

这种"功成犹陨泪"的态度,显然来自蓝章的教导。这种态度虽挽救了众多被逼起义的平民百姓的性命,却也给那些视起义者为"盗贼"、志在杀戮以立功名的人制造了障碍,更给那些意在打压蓝章的人留下了口实。如《明史·洪钟列传》载:

> (正德五年)廷瑞走汉中,都指挥金冕围之。陕西巡抚蓝章方驻汉中,廷瑞遣其党何虎诣章,乞还川就抚。章以廷瑞本川贼,恐急之必致死,陕且受患,遂令冕护之出境。廷瑞既入川,求降,钟等令至东乡听抚。贼意在缓师,迁延累月,依山结营,要求营山县或临江市屯其众,遣官为质。……约既定,……剽如故。①

此记载看似公允,但对蓝章放蓝廷瑞等人回川原因的表述,则明显带有批评、指摘意味。而一向坚守为国为民理念的蓝章,根本无暇顾及这些可能影响其个人利益和安危的因素。他着急的,是如何去安抚那些被天灾人祸折磨得千疮百孔的黎民百姓,如何倾一己之力铲除那些可能再度引发平民暴乱的社会弊病。

正德六年(1511)八月,四川民乱暂时稳定,蓝章升都察院右佥都御史,仍抚陕西。② 他来不及庆功,立即将全部精力投注到民众生活的改

---

① 张廷玉等:《明史》卷一八七,第4959页。
② 林俊:《蓝鄢等捷音疏》,载《见素集奏议》卷四,《景印文渊阁四库全书》第1257册,商务印书馆(台北)1986年版,第398—404页。

善上:"浚洛、丰之水,灌三州之田;筑兴平诸路墙,以防响马;益冬衣布花,以恤三边军士;开长安书院,以课八郡诸生;凡救荒蠲租、旌节奖善诸事,莫可殚述。"①

正德八年(1513),四川民乱基本平定,蓝章立即上《请赈疏》,请求调拨国库银两粮食,赈济因乱受灾的陕西2州13县、2卫2所军民。为民请命的迫切心情、为国解忧的至诚之意,在其奏疏中随处可见。如下引此段文字:

> 目今汉中饥民多移流西乡巴山,西凤饥民流移商洛钟南山,寻采野菜、掘取蕨根以为食用。痛恨之声,菜色之状,非惟不忍见闻,亦不忍为之言也。倘遇奸人乘此鼓舞,蓝鄢之祸又在旦夕!则是邻境之患未险而萧墙之祸复萌,眼前之疮未治而心腹之病大作,言之可来为寒心哉!臣职司抚治,久在治中,不能遍历地方,随宜抚处,而民隐迫切之至情、冤郁所结之天灾,不敢匿闻。伏望皇上悯念重陕生灵窘苦之极,乞敕该部计议,早发内帑银两。②

结合自己见闻,蓝章反复申诉赈济灾民以消弭祸患的重要性。其忧国忧民的拳拳之情,至今读来,仍令人不觉潸然泪下,嘘唏而叹!

在请求赈济受灾军民的同时,蓝章又上《褒崇墓宇疏》,请求修复陕西境内周公、姜太公、诸葛亮三人墓宇,并建议由官府引导民众按时节设祭,以聚民心,以"励风化"。凡此种种,皆可见其出仕之初即秉持的一心为民谋福利的为官原则和物质生活与精神文化并举的为政理念。

正德八年八月,一心为民谋利的蓝章,终于再次与朝廷内部的权宦们发生冲突。其时,陕西三司掌印等官张雄,拿着司礼监太监萧敬写给陕西监军太监廖堂的揭帖,要求按照宫中所出样式、寻找匠作人等督造大小毡帐157间/座!而此时,以蓝廷瑞、鄢本恕为首的四川民众起义尚未彻底平定,蓝章正率领陕西汉中军民与喻老人、王长子等四川起义军苦苦周旋。因此,对司礼太监们不顾民众死活、一味索取毡帐等奢侈品的行为,他非常不满,立即上《乞罢毡帐疏》,直接请求皇帝罢免督造毡帐之令。

---

① 康海:《奉赠刑部侍郎蓝公往南京序》,载蓝润辑《余泽录》第2册,第23—25页。
② 蓝章:《请赈疏》,载《蓝司寇公劳山遗稿》,第5—6页。

在这份奏疏中，蓝章先以翔实数据详列督造毡帐所需工时、银两数额的巨大，再尖锐指出此时督造毡帐的弊端：

> 非但工程浩大、所费钱粮数多，且值日短天寒，加以地方多事，铺花人匠多系戍守边军。而西安等府卫各处地方密迩三边，所在居民供给军饷不前。况通岁凶荒，科差繁重，目今汉中等处寇贼未宁，甘肃各边声息日至，斗米常值银三四钱者，民穷财尽，未有甚于此时者！凡百宽免，专意供边，尚恐不能济事，若再起雇夫，分派马骡物料，诚恐凋敝之民不堪重困，贻累地方，不可胜言。①

面对如此合情入理、含血带泪的请求，任何一个真正以国为家、以民为子的统治者都是无法拒绝的！因此，督造毡帐的命令不久即被撤销，陕西军民暂得苏息。但蓝章却也因此得罪了廖堂、萧敬等人，在此年底四川民众起义彻底平定的论功行赏之际，他仅得到由都察院右佥都御史（正四品）升为右副都御史（正三品）的奖励，后被平调至南京任刑部右侍郎。对此，身为陕西人、深知陕西事的康海说：

> 明公才望功勋，岂一南侍可尽？然当此之际，百事破裂，不忍言比之前。……亦尝颇忿承事秉节之臣轻忽喜变，不能镇扬国威，殄靖妖孽，虚恢越绝，敢肆大言以欺天下。而当时用事之人不责其名实，辄乃加之功代德性之上，以其小而信其大，使笃实之道弗彰，幻谬之徒得骋。因以平蜀之事稍为论议，据事究勋，私若颇当，于明公之行用为远赠，文采虽不足，综核已有余矣。②

此文撰于正德九年三月初、蓝章被任命为南京刑部右侍郎之后。由此可知，康海对掌权用事者轻忽喜变、不责名实以致黑白混淆现状非常愤恨，也大有为蓝章的赏不酬功而鸣不平之意。但蓝章对此事的反应却比较平缓：

> 先是，因毡帐事，二监以为憾。公又与记功主事王萱不合。至

---

① 蓝章：《乞罢毡帐疏》，载《蓝司寇公劳山遗稿》，第7页。
② 康海：《与蓝文秀》，载《对山集》卷二十三，社会科学文献出版社2016年版，第135页。

是，论平贼功，但曰"蓝某躬督杀贼，其功亦多，升南京刑部右侍郎"。长安人士咸以赏不酬庸为公憾。公曰："盗之平，实彭公仗天子威灵，诸将用命，以成此擒耳。我何功焉？朝廷湛恩汪濊，已属非分，敢言薄耶？"①

不过，尽管对朝廷之恩不敢言薄，但初入仕途时渴望治国平天下的激情，终于在多年亲历的民生维艰而官吏和朝廷不加抚恤、一味索取现状下，被消磨殆尽。更兼此时，蓝章已年过六旬，三子却仍未有得一第者，孙辈中也仍未有一男。遂萌生致仕之意，上《乞休疏》，请求辞官。然而，此疏未获允行。正德九年（1514）夏，蓝章自陕西赴南京就任，途中归乡省亲，从而一解自弘治十三年（1500）春"焚黄先垄"以来即未归乡的思念之情②。

正德十年（1515）八月，因两淮盐税赋重，特命时官南京刑部右侍郎的蓝章进阶通议大夫，兼都察院左佥都御史，专门负责清理两淮、长芦等处盐法，并以原官赠其祖及父③。蓝章再度不辱使命、恪尽职守，不仅自绝舞弊贿赂之事，还上《定制盐疏》，提出了杜绝贿赂、消除当时盐法之弊的聚团煎办、严核掣放、禁约提单、杜绝买补四事；又上《海道经》及请通海运等疏，提出了疏通蒙元时期南北海运航道的建议。但这些为国杜奸、为民谋利的建议，并没有获得掌权者认可。而任满交接之际，蓝章再度受到曾向他索赂却未得如愿的官吏们的刁难！这一切，都使早在陕西任上就已深切认识到"朝廷不恤民"这一黑暗现实的蓝章心灰意冷，去意更坚。因此，他连上三疏坚请辞职，彻底结束了近30年的仕宦生涯。

回到阔别多年的家乡后，蓝章立志不过问朝政，只在"求田问舍"的"闲旷"生活中享其余年。在致友人信中，他这样描述理想中的晚年生活：

---

① 宋琏：《明南京刑部侍郎大崂山翁蓝章传》，详见《蓝氏家乘》，即墨蓝氏家印本。

② 蓝章自1500年春归里扫墓后再未归乡一事，系由蓝章《辛未（1511）平蜀寇视师汉中次洋县用察院壁间韵》诗中"愁怀万种应难遣，清梦十年不到家"一联推知。

③ 因此，蓝章于此年为祖父蓝福盛作传，并命季子蓝因持之而请国子监祭酒王鸿儒为作《大明赠通议大夫南京刑部右侍郎蓝公神道碑铭》，请南京工部尚书、前都察院右都御史黄珂为书丹，请南京兵部尚书乔宇为篆额。但直至正德十二年春致仕归乡后，才将此碑立于祖父墓前。

> 吾少有四方志，弱冠弄文翰，三十登朝，历位三十年，累疏乞骸骨，始得归。晚节更乐闲旷，笃好林薮，营菟裘而老焉。其制宅也，买泉一区，广而池之，得数十亩，池中有洲，考室其上，曰北泉草堂。池之东却阻长堤，南有阁，半插水，曰泉心阁；西南偏为亭水中，曰君子亭；皆跨木梁通之，环池植莲且遍，多养龟鱼鹜鸟。其北累土为丘，崇百尺；修竹灌木，夹翼蔽亏焉。出则以钓弋为事，入则有图史之娱。又渔人木客，往往能见过，陈说平生，歌太平之盛，蹶然而共欢也。①

从成化二十年（1484）考中进士，至正德十二年（1517）以南京刑部右侍郎兼都察院左佥都御史致仕，蓝章以其文韬武略和近30年的为官经历，给个人和家族带来无上荣誉，也给后人留下了宝贵的为官经验。综观他的为官生涯，无论是在地方还是在京城，也无论阶仅七品的小小知县还是掌握一地生杀大权的四品巡抚，他始终坚守民众和国家利益为先的原则：凡利吾国吾民之事，皆殚精竭虑，尽力为之；凡损吾国吾民之利而满足掌权者私欲之事，皆有理有据，尽情以争，从不考虑个人得失祸福。为此，他经历过受诬陷下狱、无辜罚米贬谪、迁不酬功等不公遭遇，却也赢得了生前屡受赏赐褒奖②、荣宠及其祖其父其妻其子③、为官之地为立生祠④等褒扬，去世后则有朝廷赐葬谕祭、入祀家乡乡贤祠、载入多地方志等⑤荣耀，可谓死且不朽矣！

随着蓝章官至南京刑部侍郎及其长子蓝田进士及第和官至御史，蓝氏家族在即墨当地的声势日臻强盛。如清同治《即墨县志》卷二所录明代

---

① 朱应登：《北泉草堂记》，载蓝润辑《余泽录》第3册，第47—49页。
② 嘉靖四年（1525）八月，明世宗还曾亲书"慎厥身修"四字赐之。
③ 因蓝章之功，其祖蓝文盛、父蓝铜均受赠都察院佥都御史、刑部侍郎等职，其妻受赠，其子蓝因受荫而出仕。
④ 如明嘉靖《陕西通志》卷二十九（文渊阁《四库全书》本）载：汉中府有"三公祠"，"在县西，旧为蓝公祠，祀都御史蓝章，武功康海记"；康海有《巡抚陕西右副都御史蓝公生祠记》，今已收入其《对山集》卷二十七。
⑤ 据《蓝氏家乘》，蓝章卒于嘉靖四年（1525）十二月，至嘉靖十二年（1533），明世宗特恩敕赐茔兆于即墨县城之北，差莱州府推官吴桂造茔域周围垣墙，胶州判官万溥、正术徐时升、即墨知县张韩、训科韩升等督工，又差山东等处承宣布政使司分守海右道右参政杨维聪谕祭。十五年十二月，又诏除免茔域所占税地五十亩税银，并附近看护民丁的杂泛差役。十七年二月，又敕为建祠于城中，肖像祀之，并崇祀于县之名宦乡贤祠。

即墨"坊表"47座中，为蓝氏所立者即有16座，为黄氏所立8座，为周氏所立7座，为贞烈女性所立5座。兹列为蓝氏所立具体名目如下：

> 登科坊，在县治西，为举人蓝章立。
> 进士坊，在县治西，为蓝章立。
> 绣衣坊，在县治东，为监察御史蓝章立。
> 太仆坊，在县治西，为太仆寺少卿蓝章立。
> 廷尉坊，在县治西，为大理司少卿蓝章立。
> 都宪坊，在县治东，为副都御史蓝章立。
> 少司寇坊，在县治西，为刑部侍郎蓝章立。
> 御史中丞坊，在县治西，为赠佥都御史蓝福盛、蓝铜立。
> 秋官亚卿坊，在县治西，为赠刑部侍郎蓝福盛、蓝铜立。
> 亚魁坊，在县治东，为举人蓝田立。
> 进士会魁坊，在县治西，为蓝田立，今圮。
> 父子进士坊，在县治西，为蓝章、蓝田立，今圮。
> 父子御史坊，在县署前，为蓝章、蓝田立，今圮。
> 蓝公祠坊，在县治西，为侍郎蓝章立。
> 赐兆坊，在县北五里，为侍郎蓝章立。
> 京尹坊，在县治南，为江宁知县蓝因立。①

这16座牌坊中，9座专为蓝章立，2座为因其功而获封赠的祖父蓝福盛、父亲蓝铜而立。可见，凭其卓著的科举仕宦之功，蓝章为个人和家族赢得了无上荣耀，使自己成为明中叶以来激励蓝氏一族及即墨一邑士人读书向学、仕宦立功的榜样。

自蓝章以来，即墨蓝氏的发展壮大，还可从其家人的身份地位、婚姻状况等中找到更多佐证。如长弟蓝竟，在蓝章考中进士后以捐纳粮食获授七品散官"宣义郎"，"娶于（同邑）刘仪封主簿某之女、陇州同知某之妹"。有子三人，蓝国"阴阳学训术"，蓝圜、蓝图均为"太学生"。女一，"适鳌山卫指挥嗣子廉介"。有孙八人，"芝，阴阳学训术；芸，医学训科；芳，义官；蕙、芮、葵，皆邑庠生员；荷，省祭；芹，已娶而殇。

---

① 同治《即墨县志》，第192—193页。

孙女六人，适邑庠生员范思明、宋师曾、江如璧，邑阴阳学训术王吉、义官代惠、鳌山卫指挥冯时济。曾孙五人：长正业，省祭；次光业、振业、大业，皆邑庠生。曾孙女四人，长适鳌山卫指挥何栋，余尚幼"。① 另如蓝章季弟蓝奇，先为"生员"，后为正七品文职"承事郎"；娶蓝章之师、官至伊阳知县的同邑卢继宗之女，夫妻二人曾于成化二十三年（1487）春秋间陪蓝铜同居于蓝章婺源官邸，并在此生下一女。其女长大后，又嫁蓝竟妻兄、官至陇州同知的同邑刘铿之子刘宗学②，从而成就了即墨蓝氏与刘氏两世婚姻的佳话。

另需指出的是，蓝章子侄所任职务中，"阴阳学训术""医学训科"是明代特设的专司有关学科教学工作的低级官吏，后者甚至仅有官职名誉而无俸禄之实；"省祭"中的"祭"通"察"，是明时在州县特设的一种专事巡视、纠察之职的低级官吏。可见，这些职务级别较低，有的甚至不是官府发放薪俸的正式职务。但这些职务不仅如前述"宣义郎"（或称"义官"）一样能提升个人社会地位，且可产生一定经济回报。按照明代律法，凡出仕及入读（如监生、生员等）者，均可享受不同程度的优免赋税和徭役待遇。如《大明会典》卷二十《户部七·户口二·赋役》载，嘉靖二十四年（1545）新议定的优免条例规定："京官一品免粮三十石，人丁三十丁；二品免粮二十四石，人丁二十四丁；以下每降一品，各减一半。教官、监生、举人、生员各免粮二石，人丁二丁；杂职省祭官、承差、知印、吏典各免粮一石，人丁一丁。"

综上可知，至蓝章、蓝竟去世的1525年前后，其成年子侄、孙辈等，或出仕，或就学，虽职阶不高，却共同铸就了蓝氏家族的发展昌盛及其文化的良性传承。同时，其成年女侄、孙女等，以婚姻遍结当地名士，也为蓝氏家族文化的发展作出一定贡献。

第三节　继扬官声族望的蓝氏后人

蓝章之后，其子侄中的为官者，都能坚守清操自守、不惧权贵、唯

---

① 蓝田：《先叔父宣义郎蓝公（蓝竟）墓志铭》，载《蓝侍御集》，第243—244页。
② 蓝田：《亡从妹墓志铭》，载《蓝侍御集》，第423页。

以利国利民为上的原则，赢得直声清誉。如其季子蓝因，嘉靖十六年（1537）"以荫为江宁知县"①，"宏才骏声，不直山东士大夫传说而已"②；侄蓝国，官"阴阳训术"，当正德辛未年（1511）刘六、刘七起义军劫掠即墨时，"督乡兵守西门，七昼夜不倦"，"城赖以安"③。而曾长期随侍其身边、耳濡目染其言行的长子蓝田，更将蓝氏耿介直声发扬到极致。蓝田后人中的为官者，如蓝再茂、蓝润、蓝深等，也大都承袭了这一原则，以其亲身实行共同成就了蓝氏家族的仕宦佳绩和耿介廉正官声。

一 耿介亢直的蓝田

嘉靖二年（1523）春，经过长达30年的11次艰难会试之后，蓝田终于考中进士，随即被选授为以监督察查为主要职责的都察院河南道监察御史（正七品）。时逢明世宗即位之初、正与前朝阁僚权臣争权之际，初入官场的蓝田不可避免地陷入了这场虽无硝烟却险象环生的争斗之中。

明世宗朱厚熜乃明武宗堂弟，本无继位可能，因明武宗没有子嗣，始被以杨廷和为首的内阁大臣们拥立为帝。因此，朱厚熜初继位，就面临着继统与继嗣的麻烦问题。他继承了明武宗的统治权，却不想继承祭祀其父母的职责，而是提出了追尊自己生父、生母的要求。这显然违背了古代礼法，因而遭到杨廷和等内阁大臣的坚决反对。他们从维护古代宗法礼教角度出发，主张继统者必继嗣，要求世宗仍尊武宗的父母为先帝先太后。但在朱厚熜的授意下，当时尚在"礼部观政"的新科进士张璁提出了截然相反的"继统不继嗣"之说，并得到桂萼、席书等人的拥护，从而在朝廷内外引发了一场历时长达数年的以"议大礼"为表象、实乃新皇权与前朝阁权之争的大论争。

嘉靖三年，这场论争愈演愈烈。先是，内阁辅臣杨廷和、蒋冕等人被迫相继致仕，而希承世宗旨意的张璁、桂萼等人先后被破格擢用为翰林学士，并频频上疏请求重议"大礼"。五月，世宗又将仍大力反对"继统不继嗣"的段续、陈相等人下于诏狱，并对联名上疏批评喊冤的杨慎、王

---

① 蓝田：《故兵部侍郎东冈李公元诰封淑人眘氏墓志铭》，载《北泉文集》，第415页。
② 康海：《东泉序》，载《对山集》，社会科学文献出版社2016年版，第376页。
③ 同治《即墨县志·人物·勋绩》，第555页。

元正等 36 人施以停俸处罚。七月中元节，世宗正式下诏尊其生父为"恭穆皇帝"、生母为"圣母章圣皇太后"。以丰熙、杨慎、王元正、马理为首的大臣 229 人，乃依"宪宗朝百官哭文华门"旧事，在下朝后于左顺门外大哭进谏。世宗闻声后，先派人劝谕、令臣子撤离，后逮系仍不肯撤离者中的丰熙等 8 人，以儆效尤。然此举令不肯撤离者更为愤激，他们撼门而哭，一时"声震阙庭"。世宗大怒，乃将仍未撤离的 134 人悉逮入狱，并于 5 天后下令将其中四品以上者夺俸、五品及以下者廷杖，当场打死 16 人。10 天后，再次廷杖杨慎等为首者，并处罚所有参与者，凡"死者、配者、黜者、左迁者二百八人"。① 至此，这场以"议大礼"为表象的权力争斗，以皇权的完胜而告一段落。

在这场影响深远的君臣权力争斗中，当时仅为正七品监察御史的新科进士蓝田也表现踊跃。他不仅参与了杨慎等 36 人的联名上疏，反对破格提拔张璁、桂萼二人；还连上七疏，反复申述继统不能继嗣、继嗣必乱大统的观点；并与杨慎、马理等友人一起，参与了率群臣撼门哭谏的行动，当然也受到了下狱、廷杖的处罚。但可能因为是新科进士、职级较低、本有言事之责，蓝田最终并未像杨慎、王元正等人一样遭到贬谪处罚，却像他们一样以"直臣"而备受赞誉，声名远播。如清代胶州名士张谦宜以为："杨（慎）、蓝（田）诸君子出万死一生之身，力与天子、宰相抗，非特为大宗缵绪计，非直为太祖世系计，为周公、孔子所定之大宗计，为程子、朱子扶持名教计。杨、蓝二贤，岂仅以诗文传哉！"② 即墨人杨中淇也以为，蓝田"为御史四年，先后因言事两入秘狱，受廷杖，放归田里，一时小人侧目，而合天下都人士则无不知有蓝北泉者。由是观之，其立身有本矣，即不文，先生固不朽"。③

廷杖之后，蓝田"呻吟床席月余，始出视事"。当时，依赖世宗宠信而获破格提拔的张璁、桂萼等人，四处攻讦异己。原本济济一堂的耿介直谏之臣，或贬官，或远谪，残留于朝者大都噤若寒蝉，集体失声。目睹此状的蓝田不由愤然再起，接连上疏。先是弹劾依附于张璁、桂萼的礼部尚书席书和给事中陈洸，痛斥他们"讪君上、欺朝廷、肆奸言、植私党"，

---

① 韦家骅：《杨慎评传》，南京大学出版社 1998 年版，第 51—61 页。
② 张谦宜：《蓝北泉先生集序》，详见《蓝氏家乘》，即墨蓝氏家印本。
③ 杨中淇：《蓝侍御集序》，详见《蓝氏家乘》，即墨蓝氏家印本。

要求将他们或罢斥、或法办，以使"纪纲正而体统益尊，法令行而宗社益固"。① 继又连疏弹劾大学士费宏、尚书杨旦等十余人，指责他们一味阿附、曲承圣意。其赤胆忠心、直言敢谏之名，一时轰动京城，传于朝廷内外。如王慎中在写给蓝田的信中曾说："先生天下之士也，某自结发入朝，则知先生之名而愿见焉。"② 王慎中是嘉靖五年（1526）进士，次年选授户部主事，则他初入朝时所知的蓝田之名，自是直言敢谏之名。另如蓝田同年友人潘恩之子、上海豫园的创建者潘允端曾赞扬说：蓝田"弹劾百僚，悉协公论，一时辇毂下翕然，称名直指"。③ 可惜的是蓝田谏疏今多已佚失，今可从仅存的《纠劾奸佞大臣疏》中略知其当年言辞激切、慷慨陈情之状。

不过，接连的上疏纠劾，虽一时肃正朝中风气，为蓝田赢得直臣威名，却也给他的仕途埋下无穷祸根。因为屡屡上疏抨击权臣，蓝田备受打压，难以在朝中立足。适逢其父僚友杨一清被第三次起用为陕西等三边总制，蓝田乃得巡按陕西之职，暂时避开京城的是是非非。

嘉靖四年（1525）年春，蓝田回乡探亲之后，便赶往陕西赴任。刚到庄浪，"卒遇寇至，指授方略，寇乃宵遁，追斩首级甚多"，充分显示出善于用兵的军事才能。到任后，他又重修蓝章任陕西巡抚时之政，"平乱安民，奏所当兴革者十数事"。陕地民众深为感激，为谣赞曰："一按一抚④，一子一父，虏不犯边，民得安堵。"

然而，在陕西任上未及一年，蓝章猝然离世，尚未施展理政之才的蓝田只得回乡守制。父丧未毕，又逢其母嘉靖七年（1528）七月之丧。因而，从嘉靖四年十二月底到嘉靖十年（1531）年七月前，蓝田一直居乡守制，幸运地远离了朝中因陈洸一案而导致的一场血雨腥风。但该来的总是要来的。嘉靖十年，蓝田为母守丧期将满，正拟起复，却因经他弹劾而被立案侦查的陈洸的一再反复，遭遇了人生中第二次下狱受刑经历！

---

① 蓝田：《纠劾奸佞大臣疏》，载《北泉文集》，第329—330页。
② 王慎中：《与蓝北泉御史》，载《遵岩集》卷二十二，世界书局1988年影印本，第528页。
③ 潘允端：《蓝侍御集选序》，载《蓝侍御集》，第187—188页。
④ 一按一抚：蓝田为巡按，蓝章为巡抚；父子二人虽均官陕西，但官职品阶却有显著差异。蓝田是以正七品的都察院御史身份代天子巡视陕西的，即民间俗称的"钦差大臣"；蓝章则于正德五年（1510）至正德八年期间提任陕西巡抚，兼正四品的都察院金都御史之职。

陈洸一案，源于他早年与时任潮阳知县宋元翰的个人恩怨①。其事本已大致平息，但在世宗即位后的"议大礼"过程中又发酵而起，并转化为皇权与阁权争斗的延续。陈洸本是阁臣的坚决拥护者，但看到张璁、桂萼等人因希承世宗意旨而骤然显贵后，他转而支持张、桂，并大肆诋毁阁臣，成为皇权新贵们借以清除异己的工具，因而招致了以蓝田为代表的支持阁权者们的纷纷弹劾。蓝田在嘉靖三年（1524）十月所上《纠劾奸佞大臣疏》中，不仅一一列举陈洸与席书等人结党营私之弊，而且附呈原潮阳县令宋元翰揭发陈洸劣迹的《辨冤录》，从而重提陈、宋旧案，逼使世宗令人再审其案。嘉靖四年十二月，受命查办此案的刑部郎中叶应骢等人经审理后结案，认为陈洸"当论者十三条，罪恶极，宜斩；妻离异，子柱绞"。但因世宗的庇护，陈洸仅被削职为民，且不久即被起用为吉安知府。嘉靖六年九月，随着张璁、桂萼等人的跻身内阁和逐渐掌权，陈洸再兴翻案企图，一再上书攻诘曾弹劾他的御史蓝田以及曾审办其案的叶应骢等人。这个原本并不复杂也并无冤屈的案件，因为掺杂了张、桂等人借以铲除异己的私念，竟在世宗的干预下，再起波澜。嘉靖七年五月，世宗"诏锦衣卫悉捕前后问刑官叶应骢等，并取干证人及始末文案至京，下三法司，会九卿、锦衣卫鞫"。前后受牵连、被逮系者，多达四百余人。最终，在世宗的授意下，陈洸"冠带闲住"，宋元翰、叶应骢等"凡攻洸及治洸狱者无不得罪，逮捕至百数十人"！②正居家守丧的蓝田，也因曾上疏抨击陈洸、重提陈洸旧案而被世宗指责为"不知大体，以谤书入奏，致兴大狱"，"令巡按御史即其家逮治以闻"。③后来，幸得太常寺少卿刘銮等人的多方解救，已被逮系于济南狱的蓝田始得获释，但仍受到削职为民的处罚。

蓝田被逮和获释经过，李舜臣《西桥先生寿光刘公事状续遗》中记载较详。兹引如下：

---

① 陈洸案：起源于陈洸与明正德九年（1514）任潮阳知县的宋元翰的交恶。当时，正居家服丧的陈洸唆其子告发宋元翰所谓的不法之事，致使宋元翰罢官下狱，出狱后仍受谪戍处罚。宋元翰后乃搜集陈洸居乡恶行，编成《辨冤录》一书，并刊刻散布。但值得注意的是，潮阳百姓对宋元翰评价甚高，他被撤职后百姓仍为立"清慎仁爱父母宋公去思"碑和宋侯遗爱祠，翰林院编修王思为作《新建宋侯遗爱祠记》，此文已收入《潮阳县志》。
② 《明史》卷二〇六《叶应骢传》，第3626—3627页。
③ 《明世宗实录》卷八十八"刑部谳上陈洸、宋元翰等狱"条，第1991页。

遂宁席公（书）之为大宗伯也，永嘉张公（璁）、安仁桂公（萼）为学士。陈珖（当作"洸"）者，得因三公复以佥事补内左给事中，憾于吏部，论少宰弋阳汪公去位。南城夏于中、历城刘希尹、亳薛君采，吏部郎也，于中、希尹补外，君采罢归。当是时，即墨蓝玉甫为御史，独愤然曰："席尚书何得曲庇陈珖，使祸正乎？"遂论席公及陈珖事。疏下，刑部议陈珖事，当按。当是时，寿光赵康敏公为大司寇。一旦，罢朝，张公、桂公向赵公曰："陈事可勿按，御史诬耳。"赵公曰："论法，珖事当按。"张公、桂公语稍不巽，赵公怒曰："吾备位大臣，岂为尔辈持耶！"竟按陈诸事，罪裁免死。张公得政，为陈珖报，欲夺赵公故官，征蓝玉甫下锦衣狱。当是时，公（刘鈗）典诰敕房，位在内阁，独向张公解曰："赵司寇、蓝御史何罪？赵司寇之归也，蒙恩御制赐诗。"因西北面为张公庄诵御制赐司寇诗，曰："果若是，何以奉御制诗？"张公悟曰："非君，吾不知赵尝蒙御制诗。"公曰："蓝御史（田）不过论陈珖，顾珖何如人哉？而公终为之何？今人莫不贤蓝御史，公何不为贤者？而珖为何，公今即何。如法蓝御史，公能使人不曰'蓝御史人贤者'乎？"张公止拟巡按御史提问蓝玉甫为民而已。①

刘鈗是刘澄甫的叔叔，他与长兄、刘澄甫父亲刘钫都是蓝章的老相识；而刘澄甫与蓝田少年时即相知，后来更结为儿女亲家。刘鈗对蓝田的救助之中，应有一定的私人情分。但他劝止张璁时提出的"今人莫不贤蓝御史""如法蓝御史，公能使人不曰'蓝御史人贤者'乎"等理由，也确实无可辩驳。

此次下狱经历和削职为民结果，使十经科场失利而无悔、唯愿得一第以施展治国平天下之才的蓝田彻底心灰意冷。回到家乡后，他闭口不谈政事，唯与黄作孚、杨盐等同乡"赋诗饮酒，殆无闲日"②，决心在闲适自在的乡居生活中度过余生。此次下狱经历，也使曾经在琼林宴上"倚醉挥毫和御诗"的蓝田一如惊弓之鸟，终生断绝出仕念想。嘉靖十五年（1536）五月，当获知远在陕西的岳母去世消息时，他仍因"某名在刑

---

① 李舜臣：《西桥先生寿光刘公事状续遗》，载《愚谷集》卷十，《景印文渊阁四库全书》第1273册，商务印书馆（台北）1986年版，第744—745页。

② 蓝思继：《书先侍御集后》，载蓝田《蓝侍御集》，第290页。

书"而不敢亲往赴吊，仅"遣一介走三千余里"往吊之。①后来当官方准备重新起用他时，他以"数十年老妇何可与红颜争艳"为喻，坚辞不出。②这种恪尽职守、直言进谏却两下大狱的惨痛经历，即使在多年以后重新忆起，也仍令蓝田产生一种难以抒写的心有余悸之情。在嘉靖二十一年（1542）为登州人浦鋐所作的墓志铭中，他说：

> 某昔以言事两系秘狱，榜掠几死者屡矣，幸而生还，痛定思痛，其味实同！

浦鋐（1482—1542）字汝器，号竹塘，山东文登人，明正德十二年（1517）进士，历山西洪洞知县、都察院湖广道监察御史等职。在以监察御史巡按陕西期间，他因上疏论救同为言官的同僚杨爵而忤世宗，被锦衣卫从陕西逮至京城，不胜榜掠而惨死于狱！浦鋐与蓝田素不相识，然其子浦之珠素闻蓝田耿介亢直之名，因走奔崂山，为父请铭。因上疏言事而两下大狱的蓝田"同病相怜"，慨然允诺，在"痛定思痛"之中借"君子"之口发出这样的感慨：

> 彼巧宦者一岁九迁，阶至极品，寿至耄耋，而终于牖下，是正命耶？浦先生七品之阶，不迁者二十有六年，而寿止于六十有一，而又被系者十有三日而卒，是非正命耶？③

次年，浦鋐之妻任氏因愤恨郁结而离世，其子浦之珠又远来请铭。蓝田再度怡然允诺，并首次提及自己因"议大礼"受杖濒死、继室刘氏拟自经以殉的惨痛往事：

> 昔某亦以谏箠楚于阙廷，气息奄奄将死。时继室刘氏欲自经以殉，俟二日一夜，幸而复生，乃已。今刘氏亦已病殂，故某于任氏夫妇之死，犹甚悲之。④

---

① 蓝田：《故锦衣卫千户刘府君元配赵氏合葬墓志铭》，载《北泉文集》，第419页。
② 潘允端：《蓝侍御集序》，载蓝田《蓝侍御集》，第188页。
③ 蓝田：《故监察御史浦公墓志铭》，载《北泉文集》，第403页。
④ 蓝田：《故监察御史浦公元配任孺人合葬墓志铭》，载《北泉文集》，第417页。

由此二文可知，对耿介之士直言进谏却下大狱、受榜掠的黑暗现状，蓝田无比愤恨，却也无可奈何。这种难以排解的愤恨之情长期郁结在心，便发于诗文。如下引数首：

  北泉先生真腐儒，未央前殿来上书。狂言迂论忤中旨，合投岭表桎梏拘。圣恩如天赦臣愚，黄纸放归东海隅。葛巾纻袍风徐徐，钓竿还垂阴岛浒。大劳小劳山色殊，云霞掩映如画图。廿载流落气不除，遥指桃林寻酒炉。不耻山鬼相揶揄，不悲霜雪点鬓须。水底神山果有无，采药楼船妄且诙。翻笑今吾即故吾，点缀新诗聊自娱。潮生潮落走天涯，惟尔鸥盟不负余。——《写怀》二首其一

  茅屋三间海上村，梅花结实竹生孙。日止日行有定数，一丘一壑敢忘恩。臣触逆鳞应赐死，帝怜华发不加髡。休向箧中寻谏草，台评当日竟成惛。——《寄友人》

  无复充庭梦，栖栖海上洲。陶鱼偿夙愿，车笠忆同游。韦索重应却，辛盘饱即休。从来焚谏草，惭负兽樽头。——《除夕》二首其二

  现川放归胶水东，焚却谏草囊空空。抚枕今破邯郸梦，作赋曾吊华清宫。海滨倾盖慰我想，月下乘桴与子同。叹息明朝又分袂，秋晚订盟劳山中。——《马濠会现川旧台长次前韵赠之》

  猗猗兰生蕊，娟娟竹有孙。客称我余庆，我喜客盈门。梦卜期他日，赓歌侑此尊。传家谏草在，休似太翁惛！——《生孙》二首其二

这些诗中，他一再以"圣恩如天""帝怜华发"等语表明未敢"忘恩"之情，并反复抒写闲居后"大劳小劳"的如画美景、"点缀新诗"的"自娱"生活、"潮生潮落"从不失约的"鸥盟"者。但直言进谏却下狱受刑所带来的沉痛伤害，实未尝片刻忘也。其中，自认为"狂言迂论""腐儒"的反语、"焚却谏草""休向箧中寻谏草"的决绝、"传家谏草在，休似太翁惛"的谆谆告诫等，无不透露着下狱受刑事件的深刻影响！

对满腹才学却仅官至七品言官且因直言进谏而罢为平民的蓝田，为撰墓志铭的李开先给予了高度评价：

> 早发先萎，乃理之常；厚积薄施，则数胜而理之变也。公发之早而积之厚，……奈何公独以御史终其身？然其皂囊奏而奸谀落胆，白简飞而台阁生风，有埋轮横剑之雄、持戟避骢之烈，内外震肃如传宣而山岳动摇，则韦思谦矣。至于老成持重，务存大体，非若新进之士卖直生事、沽名塞责者。虽一御史终身，而多历年所荐、登显要者乌能及哉！①

李开先认为，蓝田职虽卑微，却以耿介直声创立了像唐代名相韦思谦一样的卓越功绩，此功绩远非那些碌碌无为、仕至高位者所可比。对为官期间一直秉道直行的蓝田而言，此评价并非过誉。

此外，清人张谦宜也对蓝田继承并发扬其父蓝章"直道孤行"的为官品德给予了充分肯定：

> 即墨蓝司寇（章），功名表见于台省。其直道孤行，尝得罪刘瑾、下狱谪罚矣。又尝谏武宗崇俭节用，忤阉人萧敬、廖堂，战功不得尽录，委置于留都卿贰，乃怨尤俱泯，完节以归。其子伯玉甫（田），继武台班，廷诤大礼，下狱受杖，为嘉靖直臣。自世俗以观，两世甲科，蝉连清要，莫大之荣也；俱忤权奸，剥床以肤，凶危颠沛之极也。然钢不百炼，岂成利器？假令循资累级，庸庸取卿相，乔梓与庶草同腐，今谁知其姓名哉？②

二 "爱民如子"的蓝再茂

蓝田之后，其子侄、孙辈中无以仕知名者，重孙中则出现了以"爱民如子，治邑如家"而闻名的蓝再茂。

蓝再茂字青初，号雨苍，蓝田长孙蓝思绍之子，崇祯元年（1628）选贡，崇祯三年（1630）以选贡出任南皮（今属河北省沧州市）县令。③

---

① 李开先：《文林郎河南道监察御史北泉蓝公墓志铭》，载蓝润辑《余泽录》第 3 册，第 74—82 页。
② 张谦宜：《劳山遗稿序》，载蓝章《蓝司寇公劳山遗稿》，第 2 页。
③ 吕缵祖：《敕封文林郎、内翰林国史院检讨、加一级邑侯名宦蓝公（再茂）生祠记》，载蓝润辑《余泽录》第 4 册，第 43—45 页。

蓝再茂职级虽卑，却一承高祖蓝章以来以民利为上的仕宦大义。到任之初，他除旧弊，行新政，采取了一系列有益于民生的举措："诸如延问乡贤、禁饬劣士、斋戒祷雨、鸠工修堤、挖浅通漕、躬擒大盗、申十六条之保甲、练千余人之乡勇等政。"① 这些措施使素有"冲疲之地"之称的南皮面貌焕然一新。

次年（1631）八月，在与南皮毗邻的吴桥②县爆发了一场后来席卷大半个山东、史称吴桥兵变③的事件。当时，一批奉命北上辽宁、抵抗皇太极南下之兵的登州官军已行至南皮县城外，他们欢呼雀跃，大有立即起而响应吴桥兵变之势。蓝再茂闻知消息，立即凭其过人胆识和为民衷肠，只身前往兵营，反复晓喻，终于感得这批士兵没有在南皮境内暴乱。但一离南皮县，他们便烧杀抢掠，追随吴桥叛乱兵众的步伐，杀回山东。今存文献载其事曰：

> 辛未，兵哗吴桥，去邑三舍，蜂聚逾境内，三日夜不动，讻讻露铍刃，窥城闉若咫尺。公身径入军，谕渠帅以义，士卒皆感泣南下，才出境而叛乱不可复制，东省遂为町畦，邑人至今颂之。④
>
> 黉宫桥激变，去邑仅三舍，士民胆落。公单骑入其营，晓以大义。顷刻，毁营去。方出境而到处荼毒，南邑无秋毫犯。⑤
>
> 吴桥之变，孔有德率众压境三日，士民汹惧，再茂单骑谕解之。嗣后，焚杀千里，而南皮独完，民肖像祀之。⑥

---

① 傅以渐：《皇清敕封文林郎、内翰林国史院检讨、加一级、诏赠中大夫、前南皮令青初蓝公（再茂）暨元配孙氏继配崔氏墓志铭》，载蓝润辑《余泽录》第4册，第52—59页。

② 吴桥：今属河北沧州，明时隶属于河间府景州，南与山东德州为邻。

③ 吴桥兵变：明崇祯四年（1631）八月，皇太极率兵攻打大凌河城（今辽宁锦县），一路来自山东登州的明军奉命北上增援，抵达吴桥一带时，因给养不足而抢劫哗变，并杀回山东半岛，接连攻陷临邑、陵县、商河、青城、登州等数城；直至崇祯六年二月，这场兵乱才被明廷彻底平定，但其对时局的影响极大。详可参阅孙卫国《登莱事变及其对明、后金与朝鲜的影响》，载陈尚胜主编《登州港与中韩交流国际学术讨论会论文集》，山东大学出版社2005年版，第119—143页。

④ 王铎：《贺蓝老年翁（再茂）初度序》，载蓝润辑《余泽录》第4册，第19—22页。

⑤ 沙澄：《皇清敕封文林郎、内翰林国史院检讨加一级、诏赠中大夫、前南皮令蓝公（再茂）墓表》，载蓝润辑《余泽录》第4册，第60—65页。

⑥ 同治《即墨县志》，第564页。

凭一己之力而保全县安宁,这是蓝再茂官南皮期间最为显赫的功绩,也是蓝氏仕宦史上浓墨重彩的一笔。

此后,前往山东平定兵乱的明军屡经南皮,"援兵络绎者五次,人将三万"。当时,平乱明军所需"牛酒草豆"等物,往往从所经县域征调。蓝再茂都预为谋划,"多方调善",表现出精干、全面的理政之能。尤值赞扬的是,当时南皮官廪已空,民力疲弊,蓝再茂实在不忍心再从维生艰难的百姓那里征钱纳粮,便毫不犹豫地"自息抵补"往来官军所费牛酒草豆等"银一千二百两"!在供给往来官军的间隙,他还处理了清查仓库、抵补钱粮、修筑城池、增障河防、分理词讼、申行保甲、清审编户、均丈地亩、崇新学宫、月课诸士、讲修武备、安置叛兵诸事,"尽革侵拿之陋,查处冤狱",以亲身实行坚守了"第有一利,与民兴之;而己有一弊,与民厘之"的为官原则,赢得了官方和当地民众的普遍好评。至崇祯五年(1632)腊月,蓝再茂任南皮知县仅仅两年,却"奉钦赏者二,登纪录者三,循良之疏业经十上,褒嘉之檄未可指数"。南皮县民众更是自发为立肖像、建生祠,以感谢他保全、建设南皮的赫赫功绩。①

蓝再茂坚守以民利为上理念,施行为民谋利措施,必会损害那些为霸一方、鱼肉乡里者的切身利益,因而屡受"奸绅陷害"。崇祯六年(1633)秋,蓝再茂南皮任满,"按部交章荐者历二十二人,部议纪功者四,膺上赏者二"。②"人皆期以殊卓,当特简","不次超迁,可屈指俟也"③。然而,一承其先祖耿介不阿本性的蓝再茂,也因"不工媚"而"触时忌"。更兼那些曾受其惩处的"奸绅"乘机而起,到处造谣以"为蜚声",竟不得不"解组"以归乡里。④但他治理南皮时的功绩,已深深烙印在当地民众心里,也刻写在《南皮县志》中。

三 居官"可法"的蓝润

入清后即墨蓝氏的知名仕宦者,主要有湖广布政使蓝润、临淮知县蓝深、西和知县蓝启延、龙门知县蓝用和、常德府同知蓝顺方等人。其中出仕时间最长、官阶最高、也最能弘扬即墨蓝氏官声家望的,当是为官十四

---

① 孟兆祥:《贺蓝老父母荣荐神明序(并诗)》,载蓝润辑《余泽录》第4册,第2—5页。
② 王铎:《贺蓝老年翁(再茂)初度序》,载蓝润辑《余泽录》第4册,第19—22页。
③ 张师度:《贺蓝老年台绩满序》,载蓝润辑《余泽录》第4册,第13—15页。
④ 高尔俨:《贺蓝老父母(再茂)初度序》,载蓝润辑《余泽录》第4册,第33—36页。

载、屡获顺治称扬的蓝再茂次子蓝润。

蓝润初名滋，清顺治三年（1646）首科进士，顺治十年（1653）四月获皇帝赐名而改为润。蓝润考中进士即入翰林院，成为所谓的"词臣"。时当清鼎明革之初，民生凋敝，百废待兴，年近不惑的蓝润虽职位卑微，却满怀忧国忧民之情和建功立业之志。如其《初入翰林言志二首》其一：

> 羽翼奋前路，承明平旦开。明心甘澹薄，脱迹自蒿莱。朝起驱款段，砖影生绿苔。念兹开辟始，天地焕云雷。中原即耆定，越峤自虺尵。明堂朝万国，栋梁需弘材。古人有远猷，嵯峨黄金台。风后扶帝业，礼乐归旦裁。不然徒组圭，禄秩何为哉！王师不乐战，恤农拯困灾。皇天眷几康，清光遍八垓。长夜念皋夔，拜手独徘徊。①

此诗先述自己起家清贫却甘于淡薄、乐于驱使的情怀，继提国家初立之际应学古人设黄金台、广征天下人才的建议，然后抒写自己渴望像风后、周公一样建立功业而不愿尸位素餐、碌碌无为的心志，最后以祈愿早日结束征战、拯救民众脱离天灾人祸之苦而作结。读此诗，丝毫体会不到初入仕途者的欣喜和得意，相反，一种浓郁得难以化解的忧思愁苦之情却力透纸背，沉重得几乎使人难以卒读。这种因国计民生而生的忧思愁苦之情，贯穿于蓝润今存诗文之中，体现了即墨蓝氏一贯的以国计民生为务的为官情怀。

顺治三年（1646）四月初六日，进入翰林院不久的蓝润即上《选馆奏疏》，指出导致明政权灭亡的"党与""贿赂"两大弊端，提出"痛革亡国党与之习以正百官，严绝中外贿赂之弊以救万民"的请求②，首次公开展露他以国计民生为上的为官理念。然而，这种唯思国计民生的阔大胸怀，并未使他立即脱颖而出，相反倒获廉介不群之名。直至顺治十年（1653）四五月间，他才获顺治皇帝赏识，直接从"右春坊右赞善"提拔为"内翰林弘文院侍读"。不久，顺治帝又特简拔他为"江南江安等处学政"，并盛加称赞：

---

① 蓝润：《聿修堂集》，第10页。
② 同上书，第30页。

> 即墨蓝凫渚润……官翰林，性廉介，不异儒素。故事，直隶、江南皆以台员视学，世祖特简词臣，以润为安徽学使①，尽剔积弊，上谓廷臣曰："居官如蓝润，可法也。"②

"居官如蓝润，可法也"，此可谓盛誉。而蓝润之所以受此盛誉，源于他在江南江安等处学政任上的秉忠尽职。

江南是"江南承宣布政使司"的简称，这是清顺治二年时在明朝南直隶省基础上改设而成的一个特大行政区划单位，包括今上海、江苏、安徽以及江西婺源、湖北英山、浙江嵊泗等地，不仅在地域面积上居全国之首，在物产、经济、人才等方面也"甲于海内"。如据统计，清初江南贡院一科的上榜进士人数，就占到全国进士总数的近一半，以至于民间有"天下英才，半数尽出江南"的说法。对最高统治者而言，这种一地独大的状况容易隐藏许多潜在危险，尤其是江南一省原本是前明王朝留都南京的所在地。因而，顺治十年（1653）闰六月，顺治帝"特简中秘"之士为学政，并特地为江南一地派遣了两名学政："内翰林弘文院侍读蓝润，提督江南江安等处学政"；"内翰林国史院侍讲石申，提督江南淮扬等处学政"。③

到任后，蓝润不负所望，务以禁绝贪贿、纠正士风、选拔优秀人才为己任，夜以继日、呕心沥血地工作。如其《甲午科江南考卷清风序》中说：

> 噫！半载间风尘鞅掌，不恤况瘁，亦甚惫已。坚白之心，指天矢日，犹恐任之不胜，其何以答朝廷而谢多士哉！然莅任南邦以来，念人文炳蔚，为习俗所染，务奔竞，尚虚声，而不事心性之业，以致士风滇靡而莫之拯，每不禁慨息云。嗟乎！国家储材于学宫，将以端其志而大其用。顾使根柢之地若是其颓流也，不思所以变易之，长此安穷乎？因思文之弊有二，卑者庸庸，无所发明；高者骛奇逞，逞浮夸，而无当于学问。爰发条约，去宿弊，涤习气，反复告诫。凡所以令之改弦易辙、期进于圣贤之域者，奚啻舌敝颖秃！……余校阅所至，夜以继日，力靖尘气，更定数番，搜其格调清雅（含吐）性灵

---

① 据其他文献，蓝润并非"安徽学使"，而是"江南江安等处学政"，此当是余金误记。
② 余金：《熙朝新语》卷一，上海书店出版社2009年版，第8—9页。
③ 《世祖实录》卷七十六，载《清实录》（第三册），中华书局1985年影印版，第604页下。

者，拔之前茅。亦几经呕血，日事药饵，而此志不敢少懈。①

因此，顺治十一年（1654）九月，尚在江南学政任上的蓝润被顺治"亲行裁定"为"以学问为经济"的"文行兼优者"之一。②次年正月，他离开江南，回京复职③；十月甲子，以"内弘文院侍读"外补为"福建布政使司参政，督粮道"，成为清初首次"翰林外转"的18人之一。④然时逢其父蓝再茂病革，蓝润因告假归乡侍疾，暂时告别官场。

顺治十三年（1656）暮春，父病稍愈，蓝润乃辞亲就道，踏上奔赴数千里之外的福建的征程。四月，弃陆路而就水路，"买舟浮长淮，涉大江"。五月初，"入闽境，受事"。然至福州仅三日，又接到至泉南"料理王师供应"的命令。五月十五日，日夜兼程，奔赴泉州。

此时，郑成功率领的抗清义军仍在福建沿海一带频繁活动，经常与清军发生激战。从"词臣"提拔为福建参政的蓝润，职在"料理王师供应"，"兼右辖事务"。而其个人生活所需，"若日用薪米蔬菜之类，一切自行备办"。入清以来，连年不断的战事已使福建民生凋敝、财力耗尽，更兼时"值青黄不交"之际，清军的"量料草束""厉兵秣马所需者几千万矣"，"仅兵食一项，已同无米之炊"。凡此种种，对初来乍到、毫无从军经验和军方背景的蓝润而言，艰难程度不言而喻！但蓝润"悉虑以筹，殚心而计"，"夙夜焦劳，咸得如期以转运"。

蓝润至泉州不久，即接到老父去世噩耗，因于七月十日返回福州，办理"丁忧"手续，准备返乡守制。然而，抗清义军猝围福州，长达20余日。蓝润被困在城里，乃主动请缨，率家仆督守水部门。其间，急则督战，间出击贼；缓则择所上"台宪檄书札及申详报验督饷文移各稿"，编成《视闽纪略》之稿。八月初，福州围解，但福建四处有抗清义军，道路梗塞，蓝润只得继续留任。直至闰八月，道路畅通，他始得辞官归乡。

在福建期间，蓝润不仅恪尽职守，圆满完成"料理王师供应"之命；且时刻铭记百姓疾苦，体现出以国计民生为上的为官原则。如《视闽纪

---

① 蓝润：《聿修堂集》，第33页。
② 赵尔巽：《清史稿》卷二六五《汤斌传》，中华书局1977年版，第9929—9934页。
③ 蓝润：《甲午督学江南恭报出境揭帖》，载《聿修堂集》，第32页。
④ 查慎行：《人海记》，北京古籍出版社1989年版，第9页。

略小引》中说："最可恸心者，地方疲于奔命，驱疮痍之赤子，赋役兼供，殊愧补救之未能也。"①致表弟信中也说："入榕城甫三日，旋供亿军中。虽职所当尽，而百呼不应，未卜将来何状。目击疮痍之赤子困苦颠连，每不禁神恸也。"②这种爱民忧民之情，一承其先祖蓝章巡抚陕西时所上奏疏之基调，贯穿于蓝润此后的为官生涯之中。

顺治十五年（1658）十二月，丁忧期将满的蓝润赴京候补。次年（1659）四月壬寅，始获补为"广东布政使司参政，分守岭南道"③。六月，自京师赴任，途中归乡省亲。七月二十日，从即墨启程，奔赴岭南。一路晓行夜宿，水陆兼行，备极艰辛，屡遇险恶，如夜行遇飓风而小船搁浅、遇瘴气漫天而滞行程、水底乱石林立而阻船行、路遇荒草虎径而心生畏怖等。十月十日，始入广东界，"手持文移及同寅来札、各属公檄"的"岭南书役"早已等候于境。于是，未至官署而"裁答诸启，凡三昼夜，笔无停晷"。从六月出发，至十月始抵省界，几近半年的赴任途中，"山川之胜，毫未寓目；而百姓之仳离悲叹，早在吾意中矣"。其辛苦、劳碌、忧思之人生，真"不啻蝶粘蛛网"矣！④

当时的广东，也是抗清义军频繁活动之地。连年征战，已致生灵涂炭，民不聊生。往来清军及地方大员要吏们的盘剥、骚扰，更使民众日处水深火热之中。如在顺治十七年（1660）正月巡视清远县行程中，蓝润看到：

> 鼎革之交，盗贼多有，城内外五罹兵火，惨莫甚焉。王师入粤，削平祸乱，归鸿渐集，而过宾大吏之扰如故也。正供之外，视昔有加。……今年正月，以观兵之役巡历其地，目击颓垣败壁、青磷白骨，食不下咽，与民有同患焉。……起视城内，茅屋数椽，居民不满百，触目荆棘，半是虎穴，仓箱无卒岁之储，田里无口分之业，皆其苟延旦夕者也。军国重务，遑念斯民哉！⑤

---

① 前引诸语，均见蓝润《视闽纪略小引》，载《聿修堂集》，第50—51页。
② 蓝润：《答崔秋涛（时任德化令）》，载《聿修堂集》，第85页。
③ 《世祖实录》卷一二五，载《清实录》（第三册），中华书局1985年影印版，第970页下。
④ 蓝润：《入粤道中记》，载《聿修堂集》，第60—62页。
⑤ 蓝润：《重修清远县文庙碑记》，载《聿修堂集》，第65页。

曾经繁华富庶、被称为粤北重镇的清远城，经历明末清初的无数次争战后，竟成为一个"居民不满百，触目荆棘，半是虎穴"的荒凉所在！而这幸运存活下来的寥寥生民，还要面临"仓箱无卒岁之储，田里无口分之业"的"苟延旦夕"困境！每念及此，身任军职的蓝润总是忧愤难平，却又无可奈何。

顺治十七年（1660）四月戊子，备受顺治帝赏识的蓝润从"广东岭南道参政"升任"江南按察使司按察使"（正三品）①，职在纠核"通省"江南累积已久的大案要案。对此，蓝润致同僚信中说：

> 十月二十四日受事以来，前任数月积案，几至充栋，毫未展拆钦案约二百余件。某芒刺在背，昼夜清理，废寝与食，憔悴万状。而各院台檄下如雨，未免代人受过。幸荷二天之谊，特赐温语，敢不矢心尽职以仰答覆载乎！最苦者，某一人之身，才力有限，而各郡刑官屡调不赴。诸难措手，尚祈宪台训诲，或可免于重戾也。②

江南重地，积重难返。"各郡刑官"明哲保身，知难而退，大都"屡调不赴"！而在顺治、康熙"二天""特赐温语"的感召下，蓝润凭一身胆识和才智，慨然出任仅累积"钦案"就达"二百余件"的江南按察使一职。而凭一己之力处理这"几至充栋"的200余件积案，艰难和辛苦程度可想而知。更兼秉公而行的蓝润一仍提督江南江安学政时的"不合时"，既不肯徇私舞弊，也不肯结党营私，以至于"代人受过""诸事掣肘"之事频发，心力交瘁，乃生"图归"之心。③

次年四月己亥，蓝润即将积案审理一清，获得升为"山西布政使司右布政使"的新任命。九月辛卯，又转为"湖广布政使司左布政使"。④然而，这两次授命，蓝润均未实际赴任。因为此年正月，一直对蓝润青睐

---

① 《世祖实录》卷一二五，载《清实录》（第三册），中华书局1985年影印版，第1034页上。
② 蓝润：《候操江宜抚台》，载《聿修堂集》，第90页。
③ 蓝润：《寄杨犹龙》，载《聿修堂集》，第91页。
④ 《圣祖实录（一）》卷二、卷三，载《清实录》（第四册），中华书局1985年影印版，第61、87页下。

有加的顺治帝去世；七月，蓝润即因在江南按察使任上审理的"失守叛案"①，"为前任波累"。吹毛求疵的执法者们要求他每日到"满洲部堂"报到，"寅入酉出"，协助审查。当时，因此案而受审者皆判死刑（"凡承谳者，皆罹重辟"），蓝润也几有"性命之忧"。②面对无穷无尽的无辜审鞫，素性耿介、忠于国事的蓝润终于拍案而起，慨然曰："吾珥笔侍从，受恩先皇帝十四年。于兹视学以还，先皇帝知之悉矣。苟得莅任楚中（指湖广布政使司左布政使之任），捐顶踵以尽吾职，吾之愿也。不则单衣布帽，归耕劳山耳。岂能屈膝下人，喁喁作儿女子态，縻此禄位哉?"③遂辞职而归，结束了长达14年的仕宦生涯。

由其仕宦经历可知，蓝润秉承先祖蓝章以来的清廉自守、耿直不阿、恪尽职守之风，坚守以国计民生为上的为官原则，不仅赢得"居官如蓝润，可法也"的盛誉，也为居官诸地、即墨一邑及蓝氏一族留下了宝贵的精神财富。因此，清以来的《即墨县志》《山东通志》《大清一统志》等，都录其入"人物志"，《江南通志》《福建通志》等也著录其事。

蓝润以来，即墨蓝氏有官至七品知县者，如前述临淮知县蓝深、西和知县蓝启延、龙门知县蓝用和等；也有从事教职者，如德州学正蓝昌后、日照教谕蓝中高、曲阜训导蓝湄等。尽管他们普遍职级不高，但都秉承了蓝章以来以民利为上、恪尽职守的为官原则。其中，蓝启延"洁己爱民""以劳卒官"，蓝用和"以疾告归，至无路费"，蓝顺方"仕宦数十年，行李外无长物"，等等④，均为蓝氏出仕者树立了榜样。

综上可知，蒙元时期的即墨蓝氏主要凭从军随战获授武职，步入仕途，从而刺激其家族走向壮大。入明以后，尤其是蓝章以来的即墨蓝氏，则践行儒家"学而优则仕"的传统理念，凭读书科举而步入仕途，使蓝

---

① 失守叛案：即被后人称为清初江南三大案之一的金坛"通海案"。此案始发于1659年七八月间，时任金坛县令的任体坤联合他人，欲借郑成功来攻长江之机构陷儒生蔡默等人，因而谎称金坛士民造反。时任江南按察使的姚延著查清事实后，不想"以灭门事发于黉宫"，处罚了捏造事实的任体坤。但此案后来屡经反复，以至于顺治帝不得不特命户、刑两部侍郎与江宁巡抚朱国治等一起审理。朱国治"欲行杀戮以示威"，因于顺治十八年（1661）七月判定，金坛"通海"者65人，姚延著等官吏犯"疏纵"之罪，并处死刑。这一冤案牵涉极广，如清人计六奇《明季南略》记载："金坛因海寇一案，屠戮灭门，流徙遣戍，不止千余人。"
② 蓝润：《答黄振侯（时任凤刑官）》《寄单拙庵》，载《聿修堂集》，第92、94页。
③ 周清源：《清湖广布政使蓝润传》，详见《蓝氏家乘》，即墨蓝氏家印本。
④ 同治《即墨县志》，第573、637、581页。

氏一族成为显赫一邑的仕宦之家。至清初,代有出仕者的即墨蓝氏已名闻山左。如官至礼部右侍郎的天津人高尔俨称赞说:"余尝考海岱望族,惟即墨蓝氏称阀阅世家。自元迄明,暨我皇清,代有簪笏蝉联。"[1]而综观即墨蓝氏的仕宦历程,可以发现:该家族虽非代有蓝章、蓝润一样的仕至高官者,但其出仕者无论品阶高低,都坚守了以国计民生为上的为官原则,并以文武兼备的理政才能、耿介不阿的个人品德,完美诠释了中华传统的仕宦文化!

---

[1] 高尔俨:《贺蓝老父母(再茂)初度序》,载蓝润辑《余泽录》第4册,第33—36页。

第三章

即墨蓝氏的著述渊源

"富贵传家,不过三代;诗书传家,继世绵长。"这句民间流传甚广的名言,反映了中华民族重视诗文著述的传统。这一传统,也是刺激即墨蓝氏至今传承的又一重要因素。蒙元时期的即墨蓝氏崇尚军功,以武立族,从事文职者多居下僚;其是否重视诗书继世,今已无考。入明后,在官方尚科举、重文学的社会大背景下,即墨蓝氏四世蓝铜重视子弟的诗书教育,从而培育出首位以读书仕宦而壮大家族声望的成员——蓝章。蓝章由科举出仕后,大力倡导对家族成员的诗书教育,不仅亲自督促和指导子弟读书求学、为文上进,而且修建家族书院,聘请四方名师,加强对子弟的诗文教育。因而,自蓝章以来的即墨蓝氏,在读书求仕外渐重诗书传世。其家族成员或作诗以怡情,或为文以述志,刻意追求以诗文著述传其家声,以实际行动践行了诗书继世的传统理念,奠定了蓝氏跻身明清时期山左文化世家之列的艺文基础。

第一节 蓝氏的读书著述理念

隋唐以来日渐完善的科举取士制度,打破了传统门阀世族控制下的任官体系,使寒门学子得到了以读书步入仕途的机会,刺激了民间尚读之风的发展。至明清时期,读书向学以博取功名利禄,已成为广大学子普遍追求的人生目标。在这种社会大环境的影响下,即墨蓝氏也逐渐形成了崇尚读书、倡导著述继世的家族传统。

一 万般皆辛苦,唯有读书高

天子重英豪,文章教尔曹。万般皆下品,唯有读书高。

>少小须勤学,文章可立身。满朝朱紫贵,尽是读书人。
>……

这是相传为北宋神童进士汪洙所作《神童诗》的开头部分。该诗旨在宣扬读书之功用,奉劝世人以读书为贵,曾对士人、学子产生过较大影响,民间更是演绎出"万般皆辛苦,唯有读书高"的理念。入明以来的即墨蓝氏,也深受这一理念的熏陶,在凭借农商兴族之后,开始走上以读书求学获取功名利禄的世俗之路。

明初,即墨蓝氏以务农为本,兼事负贩。至三世蓝福盛时,已"以资雄于一邑",以"义"闻于乡里。但蓝福盛虽"绰有高趣",其"趣"不过是起高楼以"瞻云对山"、聚宾客以"过从宴饮",未曾留心读书之事,也未曾令其三子(蓝铣、蓝铜、蓝铠)刻意于读书仕进。而蓝福盛次子蓝铜成年后,一反家族传统,开始重视后人的诗书教育,从而开启了即墨蓝氏重视读书、倡导仕进的新路。如平度人官贤为撰行状中记载:

>厥配卒日,长子婺源令章甫八岁。公甚钟爱,以为此儿不凡,朝夕教以读书,恒论究古人忠孝,阐发其聪明。弱冠,命学《易》,从乡先生卢绍先。虽祁寒盛暑,必篝灯命读,不使少替。成化丁酉(1477),章领山东乡荐,归,拜堂下,且喜且属曰:"丈夫立志,当期远大,无以此足也。"①

据此则知,蓝章8岁时,其母于氏便不幸早逝。其时正值蓝铜"负贩"生意做得风生水起之际,尽管对骤失母爱的长子蓝章很是钟爱,蓝铜却丝毫不放松对他的教育和管束。而他所教的,既不是蓝氏赖以起家的务家技术,也不是自己摸索出来的从商经验,而是他并不擅长的《论语》《孝经》等儒家经籍。蓝章成年后,蓝铜又命他跟随即墨有名的易学先生卢继宗(字绍先)学习;而且每晚都亲陪蓝章读书到深夜,无论严寒酷暑,不许稍有懈怠。在他的督促下,蓝章25岁时参加山东乡试,喜得榜上有名,成为入明以来即墨一邑第24位、蓝氏首位举人。蓝铜喜极而泣,

---

① 官贤:《明故义授七品散官、累赠通议大夫南京刑部右侍郎蓝公(铜)行状》,载蓝润辑《余泽录》第1册,第54页。

却唯恐蓝章自满自傲、停步不前,因戒以"丈夫立志,当期远大"等语。由此可见他的严于和善于教子,也可见他对蓝章所望之深!就这样,在蓝铜几近严苛的督导下,蓝章戒骄戒躁,不懈进取,最终成为即墨蓝氏的第一位进士,开辟出一条以读书壮其家族声望的新路。

蓝章步入仕途后,也一直遵循其父读书为上的教导,并将此传统传授给后人。"观政银台"期间,他就将年仅八九岁的长子蓝田带至京城,希望他在与自己进士僚友的交往和接触中接受熏陶。为父守孝期间,他又携子弟等至自己少时读书处——东厓书屋讲诗习文,传授读书向学之法。后来四方为官时,蓝章又时常让随侍身边的长子蓝田代为作文,以提高其见识、磨砺心志。然而,直到正德七年(1512)、将近花甲之时,其子侄仍未有以读书而得一第者!远在千里之外的陕西巡抚任上的蓝章,乃命蓝田在家兴建世廌堂和世庆楼,寄寓对后人的殷殷期盼之情,也借以督促子侄们努力向学。致仕归乡后,他又在崂山华楼峰下挑选环境幽静、风景宜人之处,亲自督建华阳书院,作为子弟的读书之所。其时,读书继世的理念已深深植根于蓝章心中。

对祖父蓝铜、父亲蓝章希冀子弟读书以立世兴族的愿望,蓝田深有体会。弘治十二年(1499)春,蓝田三赴会试而不第。其时,恰逢蓝章受命巡按两浙盐法,成为民间俗称的"巡盐御史",并获以其原官赠及父祖的荣耀。蓝章因命蓝田居家重修东厓书屋,作为子侄们储书读书之所。书屋上梁之际,蓝田作《重修东厓书屋上梁文》,其中即述及诗书传家的美好愿望:

> 伏愿上梁之后,结庐心远,阅世日长,挈文印以传家,冀书香之有种;龟畴马画,百子九经,深明圣贤之体用,精究述作之渊源。①

这里,蓝田提出了蓝氏后人能世代读书弄文的愿望,希望蓝氏后人能秉持"文印传家""书香有种"的观念,精心探究并亲自践行"圣贤体用"之理,在绍述继承与创作创新中实现家族的文化传承,使蓝氏成为书香之家。这种沿袭自乃祖乃父的读书继世愿望,在蓝田其他文章中也屡有反映。如正德七年(1512),蓝田承父命在祖宅内督建"世廌堂"和

---

① 蓝田:《蓝侍御集》,第256页。

"世庆楼",在《世鹰堂上梁文》文中,他再度提出"读书继世"的家族理想:"伏愿上梁之后,诗书继世,忠孝传家。"① 即使在晚年罢官乡居之际,虽日与杨盐等人诗酒相酬、优悠卒岁,蓝田也从未忽视对子侄读书大业的督促和指导。如在《生孙》诗中,他再度重申对后人读书继世的期盼:"但求续书种,不敢望兴门。"

蓝田之后,蓝氏族人也代以读书为诫为荣,在读书以求仕进之外逐渐发展出读书以怡情养性的家族传统。如蓝再茂辞官乡居后,一直激励、督促二子致力于读书为学之业。在他的督促下,次子蓝润年已24岁,却又建省克轩以为读书之所,并在其中刻苦攻读12年,终于成为清初首科进士之一。长子蓝深也于45岁时因刻苦攻读而获授"恩贡",成为一名候补知县。蓝深、蓝润兄弟也重视读书继世理念的传承,时刻不忘以读书为学来教育、督促子弟。如蓝深晚年得子②,却教之极严,蓝启冕年仅5岁,即命他"就外傅读《四书》";蓝深有余闲时,还亲自教他"习威仪,闲礼数"。蓝启冕11岁时,开始教他"学文章";15岁时,命他"肆力于举子业",并亲为"篝灯,朝夕不辍"。就这样,蓝深很早就将读书向学的理念灌输给蓝启冕,将他培养成一位即使在家境异常艰难之时也刻苦攻读、虽"秋冬间晨夕弗辍"的读书人。③在外为官长达14年的蓝润,也时刻教导、督促子侄致力于读书为学,致子侄信中每每不厌其烦地反复叮嘱,如:

> 静坐读书,自是不同。……须当精心努力,与日俱进,方不虚度光阴也。勉之勉之。(《训子侄》)
>
> 得便即读书,若俟清闲然后读书,何日是清闲时?(《戊戌十二月历山道中寄诸子侄》)

对当时已负责董理家族事务的三子蓝启亮,他也一再提醒,反复告诫"有余便读书"之理:

---

① 蓝田:《世鹰堂上梁文》,载《蓝侍御集》,第257页。
② 蓝深初无子,过继蓝润次子蓝启冕为嗣子;于48岁时,始生子蓝启冕,后更名为蓝启肃。
③ 蓝启肃编,蓝启延续编:《皇清乡贡进士、考授内阁中书舍人蓝公(启肃)年谱》,详见《蓝氏家乘》,即墨蓝氏家印本。

> 汝受累于家，须那忙以学问，终日应酬，纷纭何益？……有余便读书。老父至今甚悔从前之不读。学问既疏，则诸务茫然。今见一学问中人便敬之，见一学问字便识之，不敢忘晚矣。(《乙亥都门寄子启亮》)①

就这样历经数代人的不懈努力，这种崇尚读书的理念逐渐在蓝氏子弟心中深深地扎下了根，成为即墨蓝氏世代信守的传统之一。如留存至今的《蓝氏诗乘》中，这种以努力攻读、传承书香而相互诫勉的语句，俯拾即是：

> 紫云高阁起华阳，祖德已同海石长。尔在东崖须记取，青青不断是书香。(蓝重蕃《勉子孙》)
> 闵子辞黄宰，求也臣季氏。同学圣人门，取舍已如此。莫问后来人，纷纷谁足齿。掩卷重咨嗟，何以荣素履？(蓝启蕊《读书叹》)
> 寂寞掩柴扉，苍茫对夕辉。摇风山果落，浥露晚菘肥。地僻人踪少，秋深雁影稀。读书存世业，乐此可忘饥。(蓝恒蕭《秋斋即事》)
> 诵读平生业，三年苦下帷。每逢心折处，便是泪垂时。愤乐谁曾见，甘辛我自知。却怜妻子辈，窃视笑书痴。(蓝志弗《读书叹》)②

二 传世文章在，诗书旧业承

自从明中叶以来，即墨蓝氏逐渐走出一条既推崇读书以获取功名又倡导读书以怡养性情的新路，并在此路上渐行渐远，逐渐形成了著书立说以传子孙、续家风的新传统。而细究即墨蓝氏的传承史，可以发现，这种以文章、诗书继世的传统，肇端于蓝章，光大于蓝田，承继于其后之人。

作为蓝氏首位以读书科举而仕至高官者，蓝章虽不以诗文而名，却是即墨蓝氏首位有著作传世者。不过，他的著述，仅《八阵合变图说》乃

---

① 蓝润：《聿修堂集》，第96、97、99页。
② 《蓝氏诗乘》，即墨蓝氏家印本。

生前自编成册并刊刻行世,其余各稿均是去世后由长子蓝田纂集成册的。由于蓝田因陈洸案牵连下狱,蓝章遗稿一直未能刊刻。而蓝田卒后,蓝章嗣孙蓝柱孙、裔孙蓝史孙均早卒,至其曾孙蓝思绍、蓝思继等成年时,那些经蓝田编辑并藏于家的手稿,已散佚无存。好在经蓝思绍等人的再加搜集、整理,录文18篇(含蓝田代作之文)、诗2首的蓝章遗著《大劳山人遗稿》一卷,终于刊刻行世。此集虽卷帙不大,在蓝氏著述史上却有极为重要的地位。它是即墨蓝氏的首部独立著作,也是蓝章作为蓝氏"诗书继世"传统开创者的明证。

在蓝章有意教育和潜在影响下,蓝田从小便长于诗文,后成长为以诗文著述壮大个人文名和蓝氏族声的第一人。据载,蓝田八九岁时已能诗对,"福山孙珪内翰以长对难之,不待思索,句奇绝而字的确"。十二三岁时,能援笔而成《梅花赋》,以至于蓝章同僚友程敏政叹曰:"吾举神童时,不能过此子!"16岁时,首次参加乡试,便被山东提学沈钟赞曰:"不期即墨之乡,而产蓝田之玉!"并从此以能文而名扬山左。从17岁起,蓝田已时常代蓝章而做文章。后来结识的文友如康海、马理等,都对其文才大为推崇。早有文名的蓝田,也长于诗歌,曾多次参与文人士子的结社唱和活动。如正德元年(1506),他参加了友人杨慎、冯驯等发起的丽泽会,又与永昌友人张含等人结社唱和[①]。正德三年(1508),蓝田第6次会试落第,即将东归之际与友人刘澄甫、杨慎联句唱和,一夜而成七律百首。嘉靖十年(1531),因陈洸案罢为平民之后,他日与同邑黄作孚、杨盐等人诗酒唱和。嘉靖十四至十五年(1535—1536),他时至青州,因与刘澄甫、刘渊甫、石存礼、冯裕、陈经、黄卿、杨应奎等青州友人结"海岱会",以诗歌唱酬往来。在与各地友人的结社唱和中,蓝田不仅收获了众多诗作,还形成了独特的创作理念,对蓝氏一族、即墨、青州乃至山左、全国诗坛,都产生过积极的表率和促进作用。

蓝田著述颇富,生前自编成集者,即有《北泉集》《东归倡(唱)和集》《白斋表话》《白斋随笔》《白斋续笔》等。但这些著作,都像他整理过的蓝章遗作一样,仅以手稿形式收藏于家,后因二子(蓝柱孙、蓝史孙)早逝、家境日渐衰败等原因而一度散佚。不过,经蓝思绍、蓝思继、蓝再茂、蓝启延、蓝水、蓝信宁等蓝氏后人的多次整理刊刻,今传世

---

① 丰家骅:《杨慎评传》,南京大学出版社1998年版,第385页。

者有《蓝侍御集》《北泉文集》《北泉草堂诗集》《东归唱和集》《蓝田诗选》等多种。这些经后人整理结集并刊刻行世的诗文集，已成为即墨蓝氏世代相传之宝，也是后人研究明代山左文坛的重要文献。

蓝章、蓝田父子以来，即墨蓝氏逐渐形成了写诗弄文、著书立说以维护和传承其家声的传统，成为山左地区小有名气的著述之家。如清同治《即墨县志·艺文志》中，收录蓝氏诗文22篇，著作27部。另据《蓝氏诗乘》《青岛历代著述考》①等作，明清即墨蓝氏编著有诗文集60余部。民国以来，即墨蓝氏仍坚守诗书继世的家族传统，后人中尤以著述而名者，当为蓝水，他有《崂山古今谈》《东厓诗集》《五杂俎》等多部作品传世。可见，蓝氏实堪称即墨地区重要的文化"望族"②。

值得注意的是，自蓝章以来，即墨蓝氏即反对当时科场之文的浮夸险怪之风，蓝氏诗文始终洋溢着一种抒我真情的质朴平实之风。这种为文特色，在自幼随父仕宦多地、广接天下文士、博涉各类书籍的蓝田身上，体现得尤为突出。早在弘治壬戌年（1502），蓝田友人张凤翰就称赞蓝田之为文：

> 予考其所得，自六籍而下，凡诸吏牒子集、天文律历、梵旨道策，下逮牛经马谱、稗史小说，要皆胸中故物也。与之谈道理，辩论古今，或评品人物高下，嗒乎如宏钟响毕而大小各随其叩也，如熟读《禹贡》而知水之原委，读《本草经》而各知其地及其时与其色味、性效之何如也。至其制作文，则得左之赡而深，得庄之旷而典，而豪放瑰奇如司马子长、韩退之，随其所感而各出一机轴焉，固非规规行墨者。其为诗，酷爱汉魏名作，而陶韦沈宋诸家，拟之逼真；其声律也，清而婉，典而奥，出入少陵、后山之间，而跌宕颖发，有李之风焉。③

"六籍"即"六经"，是古代科举考试的必用书籍。而蓝田所读之书，远超旧时读书人的这一常规范围。他不仅广泛涉猎传统经籍之外的官场公文、诸子百家、天文历法、佛经道藏诸书，还阅读养牛相马、稗官野史、

---

① 窦秀艳、潘文竹、杜中新：《青岛历代著述考》，中国社会科学出版社2010年版。
② 韩梅：《明清山左即墨地区望族文化与诗歌研究》，博士学位论文，山东大学，2013年。
③ 张凤翔：《送即墨乡进士蓝玉甫氏下第东归序》，详见《蓝氏家乘》，即墨蓝氏家印本。

小说杂记等历来为儒家学者所鄙弃之书。正因有如此深厚的阅读基础，其文才会杂糅《左传》、《庄子》、司马迁、韩愈各家之风而自成一体，其诗才会既有杜甫、陈师道诗作的凝练厚重，又具李白诗作的粗犷豪放。对那种随着科举取士制度日渐完善而日趋僵化和程式化的科场之文，蓝田一直大加批评，虽屡屡会试不第也不肯俯首以从，以至于友人张凤翰忍不住为文以劝。但直至晚年，对那种僵而不死的科场之文，蓝田仍是大加批评。如在为同邑名士王镐所作墓志铭中，他这样写道：

> 时场屋之文大变于往昔，后辈丛出，排斥相尚，浮肆险肤，抄掠剽剥，更相授受，举世熏染之以取名第。视晚宋之文妖经贼，又过甚矣。①

其时，蓝田虽久离官场，却对科考时文之弊有着一如既往的敏锐嗅觉。他的批评之语与曾任嘉靖三十二年（1553）会试主考官的徐阶大有相似之处："举业之文，宣德以前，其词简而质；弘治以前，其词雅而畅；至正德间，其词蔚以昌矣，然厌弃师说而流于诡僻，骛于怪奇者亦间有之。"② 蓝田"场屋之文"甚于"晚宋之文妖经贼"的说法，比徐阶之语更加形象，也更为深刻。对此，明人李开先评论说：

> 每病场屋之文日趋于浮靡，曰："此晚宋之文妖经贼也！"若《止斋论》《绳尺论》《策学衍义》《璧水群英》之类，诚如李崆峒所谓"其气茧以索，其辞刻以峭"。以是知公言虽激，然而亦不为过矣。今则《四书经义》固不及往日浑厚雄伟，而透贴精细，亦非往日所能及。可惜二三场熟烂松懈，直书旧套，不惟不似晚宋，较之弘、正、嘉靖初年，更觉不及。犹幸公不及见，见则不平之气不知又将何如矣！当时所作之文果是高古，藏锋锷，不露圭角，奋然以变时习为己任，因而不合于主司。③

---

① 蓝田：《故临县教谕王京夫墓志铭》，载《北泉文集》，第408页。
② 徐阶：《会试录序》，载张朝瑞《皇明贡举考》，《四库全书存目丛书》史部第269册，齐鲁书社1997年版，第459—460页。
③ 李开先：《文林郎河南道监察御史北泉蓝公（田）墓志铭》，载蓝润辑《余泽录》第3册，第74—82页。

这里，李开先列举了可列入"晚宋之文妖经贼"的四部南宋作品：陈傅良门人辑录他早年揣摩科场程式之文而成的《止斋论祖》，魏天应编选"试场之论"而成的《论学绳尺》，无名氏辑科考应试短文而成的《策学衍义》，建安人刘达可辑太学诸生应试答策而成的《璧水群英待问会元》。在"举世熏染之以取名第"社会风气的影响下，这些被蓝田视作"晚宋之文妖经贼"的作品，竟广受欢迎，并刺激科场应试之文逐渐定型为更为俗套的"八股文"。为文一向尚"高古"、追求"藏锋锷，不露圭角"的蓝田，自然屡屡"不合于主司"，极难在科举会试中崭露头角、获得一第。

蓝田这种不为科场时文俗习所动、坚持"高古"之风的为文为学态度，深深影响了蓝氏后人的读书著述理念。蓝田后人虽代有读书向学、写诗弄文之人，却从不一味苛求科举得第或著述留名，更不轻易改变家族世代相传的读书为文以怡情养性传统。至清初，这种广读博取、不随波逐流、更不刻意追求功名利禄的为文为学态度，经蓝润而得到了进一步阐发。如在致子侄诸信中，蓝润叮嘱说：

> 化气质，求放心，此为学之要领。（《训子侄》）
>
> 胸中空疏而语多缠扰，不细心之过也。读书须会其意，究其理，方为有得。若无理解，徒事剽窃，是题自题而文自文，何年是上进之日？（《训子侄》）
>
> 儒者拘守一隅，不知世界之宽且大也。读太史公书，仅闻其地与名。宇内名山大川，躬行实践，方惬人意。不然，是屋漏之妾妇耳，畏首畏尾，心窃笑之。（《己亥都门寄子启亮》）[1]

在这些书信中，蓝润或嘱以为学要领，或教以读书之法，或说以应试秘诀，充分反映了蓝氏一族对读书为学以穷理究识、以怡情养性本质的重视。对于科场应试之文之弊，曾任江南学政的蓝润也深有感触：

> 余己丑分校南宫，得一卷，端雅醇练，不胜击节，遂力荐焉。以次艺有二习语，见弃于当事。余反覆展阅，不忍释手，载（通

---

[1] 蓝润：《聿修堂集》，第95、100页。

"再")荐,亦复如故。余因叹曰:士之遇不遇,岂非命哉!独是以二言阻其生平,则不无遗憾。(《丰县教谕陈子墓志铭》)

余以卧疴余生,于丙申之春暮辞老亲,衔命赴闽。……及次京口,取《房书汇删观》一部,披阅数日,竟以忘忧。有所得,辄呼同人共赏之。五色迷目,不敢自以为是也。相与参订,风窗雨榻,犹如昔年事。窃喜文体反正,一洗从前之陋,风尚攸系焉。余选辑四十世,有以才见者,有以气胜者,或发之于意,或润之以词。其格局调法,清婉入理,皆合圣贤立言之旨,总取其平而不庸、雅而不浮也。兹寄以示诸弟、子侄,无异于贫人之粟、弱人之杖耳。(《选房书汇删观小引》)

士子临场读书曰温习举业,为宿学言之也。养气练词,草机醇熟;名山大川之藏,故府典则之规,发无余蕴,其为必中之技。疏浅者流,用力于一旦,意味亦觉索然。若潜心做去,往往有得手处,正不必多求也。(《丁酉四月寄训子侄》)

一代之兴,有一代之文运,而好尚系焉。……今覆试江南举子,头场一赋一论一颂,二场四书艺也,三场序说解判,判依律断去,不用格套,则所重可知矣。士子窗下只习八股文套,不知古学,亦为可耻。愿吾弟吾子吾侄辈速读古书,凡各种类求名公每选数篇,熟诵而理会之,庶为有用之学。可以应制得心,以后即下笔作时文,亦自古劲雄博,出经入史,既无弱气,并免俗腐之病矣。(《己亥都门寄子弟侄辈》)[①]

从顺治己丑(1649)分校南宫试卷时的遗憾,到顺治丙申(1656)春赴任途中的选编科场应试之文寄示子侄和丁酉(1657)对赴考子侄们的殷殷嘱托,再到康熙己亥(1659)春见到江南举子复试题目时的无限感慨,无不渗透着蓝润对科考时文之弊的反思和对清婉入理、实用高古之文的推崇。

综此可见,即墨蓝氏虽推崇读书科举以获得功名利禄、壮大家族声望,但从不因功名利禄而茫然自失于科场时文。自清乾嘉以来,即墨蓝氏一直未有再以读书科举而仕至高官者,然其族人始终坚持了这种务守古朴

[①] 蓝润:《聿修堂集》,第74、55、96、97页。

清婉之风、不迷失于科场时文之弊的为文传统。如蓝中玮在《送五弟海庄之任日照儒学》诗中说：

> 吾弟年方强，传世赖文章。粱肉固可饱，苜蓿亦堪尝。诗书承旧业，清白留义方。

蓝氏后人不仅自己秉承这种诗文传统，也时常以其训诫同邑后学。如即墨黄植在《十三世太学公家传》文中载，蓝中璬"尝于月夜置酒庭阶前，诸子孙罗列在旁。时植亦侍侧，赐之卮酒，而顾谓之曰：'学文有根本，勿徒汩没帖括中，然惟汝可与语此也。'"这种"学文有根本""清白留义方"的为学为文理念，应是即墨蓝氏至今以诗文相传的关键。

第二节 蓝章、蓝田父子的著述

如前所述，即墨蓝氏重著述、倡艺文的传统，肇端于蓝章，壮大自蓝田，承继于其后人。其中，蓝章、蓝田父子之功，实不可没。但其父子著述之名，实有不同。蓝章以在陕西巡抚任上编著的旨在弘扬诸葛武侯八阵实战精神的《八阵合变图说》一书而名垂兵史，蓝田虽早有文名，实则因晚年参与"海岱会"而以诗名传山左。

一 虎父无犬子

（一）蓝章著述

据李开先《文林郎河南道监察御史北泉蓝公（田）墓志铭》，蓝田曾纂集蓝章遗稿"《四朝恩命录》《南征题稿》《行稿》《西巡题稿》《八阵图》，俱藏于家"。而蓝水编《蓝章年谱》中则说，蓝章著有"《八阵图说》一卷、《武略总要》一卷、《西巡录》十卷、《西征题稿》十卷"。此仅据相关文献，对蓝章著述略考如下。

《四朝恩命录》，已佚。此非蓝章所作，而是蓝田辑录成化、弘治、正德、嘉靖四朝蓝章所受任命、嘉奖等官方文书所成之作。蓝田卒后，其子蓝史孙再度补辑，增入嘉靖年间蓝田所受官方任命、嘉奖文书等。然未及付梓，蓝史孙病卒。至万历丙戌（1586），蓝史孙次子蓝思继重加校订，季子蓝思绪謄录，长子蓝思绍持而刻梓于姑苏（今江苏苏州）。其刻本今佚，仅有即墨杨盐撰《四朝恩命录序》等数文，收录于蓝润辑《余泽录》中。

《南征题稿》，已佚。亦非蓝章自编，疑是蓝田辑录蓝章官婺源、潜山等地所撰公文而成之集。

《西巡题稿》，已佚。亦非蓝章自编，疑与蓝水谱中的《西巡录》为同书异名，当为蓝田辑录蓝章陕西巡抚任上所撰公文之集锦。

《西巡录》，据说清初尚存全稿，今"余五卷"，藏于蓝氏后人之手，然笔者未及得见。

《八阵合变图说》，存。是蓝章巡抚陕西时与下属新都人龙正合作编著的兵书，初刻于陕西汉中，后再版于两浙。今有刻本传世，并已收录于多种丛书中。详见后文，此不赘述。

《武略总要》《行稿》，均佚，未知其详。

此外，蓝章重视文化教育事业，还曾辑录、刊刻过一些文集。如在婺源任上时，曾编宋代婺源理学家朱熹《年谱》，并辑其《语录》，又督刻了元代婺源学者胡炳文的文集——《云峰胡先生文集》。巡按江浙时，辑录友人诗文而成《群英遗墨》，并编著《海道经》。此简考如下：

《年谱》，蓝章官婺源知县时所编朱熹年谱，仅有稿本藏于家。疑即其后人蓝润刊刻印行的"《重镌朱子年谱》三卷"，今佚。

《语录》，全称《朱文公语录》或《朱子语录》，蓝章官婺源知县时所辑朱熹语录，仅有稿本藏于家。另据蓝润《政训引》，蓝章曾辑"《政训》一册"，乃"朱夫子垂戒之语与真西山先生论属之文"，其"词正而理备，旨远而法严，凡有关于利病，罔不危言曲喻，磊磊明明，详而有体，可谓群黎遍德矣，而大要在乎修己治人"。[①]因疑《语录》与《政训》乃同书异名，今佚。

《云峰胡先生文集》十四卷，附录一卷，乃明胡用光辑、胡潘编次的元胡炳文文集，由时为婺源令的蓝章监督刊刻于弘治二年（1489）。国家图书馆善本部有藏本（书号为2568），署曰"墨水蓝氏刊"，已收录于《北京图书馆古籍珍本丛刊》第93册集部元别集类。其集前有弘治元年（1488）陈音《云峰胡先生文集序》，后有储巏《云峰胡先生文集序》、

[①] 蓝润：《聿修堂集》，第51页。

汪舜民《校正云峰胡先生文集序》二序及"翰林学士亚中大夫知制诰兼国史臣宋濂、翰林待制承直郎同知制诰兼国史院编修官臣王勃等奉修"字样。陈音序称："成化丁未（1487），东莱蓝君文绣以进士来宰婺源，德政宜民，间尝披阅是文，三复潜玩，遂命工锓梓以广其传，而嘱序于予。"① 则知是集至迟编成于成化丁未（1487）。

《群英遗墨》，已佚。乃蓝章巡按两浙盐法时所辑任职于各地友人诗作而成之集，集名乃时官大理寺正的长洲（今江苏苏州）人赵式所题。蓝章手抄而藏于家，拟传于后。然至曾孙蓝思绍等成人之际，已荡然无存。今仅有时任浙江学政的赵宽撰写于弘治十二年（1499）正月的《群英遗墨序》及杨茂元、钱福等友人诗作与小序，见存于蓝润辑《余泽录》第2册中。

《海道经》，已佚。蓝章在浙江任上时，曾上疏倡议疏通海道以便漕运，并著此书。辞官归乡后，"疏稿及《海道经》偶为胶守借录"，蓝田曾"托录一本"，奉赠同僚"南溪"。② 然其后均不知所踪。

综上可知，蓝章在世时，曾刊行《八阵合变图说》《云峰胡先生文集》二书，又编成朱熹《年谱》《语录》及友人诗作《群英遗墨》，然均未刊行。蓝章去世后，蓝田辑其遗作而成《南征题稿》、《西巡题稿》（《西巡录》）、《武略总要》、《行稿》诸书，亦均未刊行。《四朝恩命录》一书，为蓝田初辑、蓝史孙等人补辑的官方任命、嘉奖之文，因而不能称作严格意义上的蓝氏著述。

此外，蓝田、蓝史孙之后，蓝氏族人又曾辑录蓝章遗作而成《劳山遗稿》一册。此略述如下。

《劳山遗稿》，一卷，存。明蓝章撰，清蓝启肃辑录，胶州张谦谊重加编选。据同邑杨还吉《劳山遗稿序》、杨玠《中翰蓝公（启肃）传》等文，蓝启肃"数年来或考诸国史，或求之碑版，或访之故家之传写"，至康熙二十九年（1690），始编成此稿及蓝章年谱，后刊刻以行。今有清刻本，题作"蓝司寇公劳山遗稿一卷"，已影印收录于《四库未收书辑刊》（北京出版社2000年版）第五辑第拾捌册、《明别集丛刊》（黄山书社2013年版）第一辑第70册。前有张谦谊序，后附同邑冯文炌撰《蓝

---

① 陈音：《云峰胡先生文集序》，《云峰胡先生文集》，载《北京图书馆古籍珍本丛刊》第93册，第534页。

② 蓝田：《与南溪书》，载《蓝侍御集》，第278页；又见《北泉文集》，第436页。

司寇传》，而无蓝启肃所编《年谱》。正文9行22字，左右双边，单黑鱼尾，上刻"崂山遗稿"，下刻页数。全书共收录《送卢业师之任伊阳》《辛未平蜀寇视师汉中次洋县用察院壁间韵》2诗及《请赈疏》《乞罢毡帐疏》等17文。其中，《送范希道之云南序》《宗丞祠记》《旧鼓腔记》《黄尚书墓道碑铭》《王侍郎墓志铭》《廉将军墓志铭》6文为蓝田代作，因又见录于蓝田《北泉文集》。另据张谦宜序，此集乃雍正元年（1723）在蓝启肃辑本基础上重加选校而成，编选标准是："吾拔其有关于国计民生、人心名教者若干篇，完为二集①。至酬应间情义不出三百篇者，亦存而不论。"②然张序并未像冯传一样编入目录，且字体乃与目录、正文、冯传的印刷体迥然有别的手写体。另据蓝氏后人口耳相传，蓝启肃友人冯文炌曾于乾隆十一年（1746）对张氏选本再加校订，至乾隆二十六年（1761），蓝启肃长子蓝重蕃始将冯氏校本刊刻行世。然此刻本似佚，难知其详。

（二）蓝田著述

据李开先为撰墓志铭，蓝田著有"《北泉集》《东归倡和集》《白斋表话·随笔/续笔》，奏疏五十余条"。今详考如下。

《北泉集》，不分卷，存。《四库采进书目》作"《北泉集》，不分卷，明蓝田著"③；《四库全书·别集类存目》作"《北泉集》，无卷数，副都御史黄登贤家藏本"。《四库全书总目》卷一七七则称："当张璁等希旨议大礼，田反覆抗论，凡七上章，受廷杖几殆。复纠劾陈洸不法事，直声动一时。今集中惟录《劾礼部尚书席书》一疏，不知何故。其他古、近体诗及书、记、杂文，亦未分卷。考《千顷堂书目》，田有《侍御集》十卷，又《东归唱和》一卷，则此本已非完书。且田生平可传者在诸谏草，今章疏阙佚，则此本非菁华所在矣。"④今有民国二十七年（1938）蓝水汇编整理本，铅印，一函二册。计有《北泉文集》四卷、《北泉诗集》二卷，后附《南泉遗诗》《东泉遗诗》二种，均不分卷。中国人民大学图书馆有藏本。

《白斋表话》，二卷，已佚。据同治《即墨县志·艺文》，是集为文

---

① 另一集应是张谦宜编选的蓝田《北泉文集》。
② 张谦宜：《蓝司寇公劳山遗稿叙》，载蓝章《蓝司寇公劳山遗稿》，第2页。
③ 吴慰祖校订：《四库采进书目》，商务印书馆1980年版，第179页。
④ 永瑢等：《四库全书总目》，中华书局1965年版，第1581页中。

集，分《随笔》《续笔》两卷。另据清蓝润《白斋二首》诗前小序："先侍御肄业于万卷楼，复治此斋，题曰'白斋'。有所著《白斋表话》，今失无存，仅有集行世。自正德丙子，至今百五十年。"① 因知白斋乃正德丙子（1516）、蓝田年40岁时创建的读书之所。则是集收录的，当是蓝田此年至嘉靖三年（1524）选授河南道监察御史之前所撰之文，但未刊刻印行。清初尚存有手抄本，今已散佚。

《东归倡和》，一卷，存。是集为诗集，也作《东归唱和》《东归倡和集》等。收诗计百首，乃蓝田会试落第东归前与好友杨慎、刘澄甫的唱酬之作。据说，一开始，杨、刘二人各赋送行诗2首，蓝田用原韵分别和之；次日，3人又联句，竟一夜而成30首。而"用修（杨慎）意未足，复自成三十首；（蓝田）再步韵和之，并求和于子静（刘澄甫），合之为《东归唱和集》，计百首，俱七律体"。此集乃蓝田归乡后整理而成，初藏于家。至明崇祯五年（1632）正月，始由蓝田曾孙蓝再茂携至京师，请梁招孟作《序》，后又刊刻行世。梁《序》称其乃"杨用修、刘子静获隽南宫"而蓝田落第东归时所作，然考三人均曾参与的会试，仅正德三年（1508）戊辰科。其时，年纪最小的杨慎为首次与试，刘澄甫为第三次与试，蓝田则是第六次与试。揭榜后，只有刘澄甫榜上有名，杨慎、蓝田均名落孙山。稍后，杨慎、蓝田又参与了正德六年（1511）辛未科会试，结果杨慎高居榜首，蓝田再度落第。其时，刘澄甫已在官府任职，"授行人司行人"②，蓝田则忙于前往陕西协助驻师于汉中以防蜀地之乱的父亲蓝章，二人均应无暇顾及赋诗酬唱之事。因知梁《序》对该集著成背景的推断有误。另据蓝田《东归夜步用修韵三十首兼呈子静》中"来往十年惊足倦""十年尘梦一床消""百篇一夜不知劳"等语，则一夕唱和而成百首之盛事，应发生于蓝田参与会试的第10年，即弘治十五年（1502）。是集今有明崇祯刻本，1册，9行20字，白口，左右双边；题曰"东归唱和"，署曰"明杨慎、刘澄甫、蓝田撰"。国家图书馆有藏本，善本书号为01408。

除此三部蓝田自编之作外，另有后人编辑成册者多种。此简录如下。

《蓝侍御集》，十卷，张献翼编选，蓝思绍刻，存。是集乃蓝思绍、

---

① 蓝润：《聿修堂集》，第15页。
② 蓝田：《明故朝列大夫、山西布政司左参议刘君（澄甫）行状》，载《蓝侍御集》，第254页。

蓝思继等人辑录的蓝田诗文合集,清同治《即墨县志·艺文》、雍正《山东通志·艺文》《千顷堂书目》等均有著录。《续修四库全书总目提要》著录略云:"此集前有云间进士潘允端、长洲张献翼二序,所撰者共十卷,前二卷为诗部,后八卷皆文部,计分序、记、传、墓志、墓碑行状、上梁文、帐词、铭、箴、祭文、题、跋、说、书、启等。全书亦无奏疏,殊属遗憾。《四库》所谓其可传者皆不传,未知何故,或有所忌讳欤?又此书前后有醒虚居士、海岱闲人等所收藏印,而《四库》未曾著录,亦见其难得也。"此集后附明万历丙戌(1586)十一月初一日蓝思继跋。由跋可知,此集初由蓝思绍搜辑蓝田遗稿而成,并请校于同邑黄作孚、杨盐、王邦直等人;又由时任苏州府同知的即墨黄嘉善携至苏州,请长洲人张献翼再加去取、编次而成。万历丁亥年(1587)春,蓝思继为此集作序后,蓝思绍携至姑苏,先向潘允端、张献翼请序,然后才刊刻行世。另据张献翼序,此集"仅存其十分之一",则知黄嘉善携至苏州之稿当在30卷以上,而《续修四库全书总目提要》提出的为何无奏疏之疑,当与张氏的去取有关。今有明万历丁亥蓝思绍刻本,5册,9行20字,白口,左右双边;前有潘允端、张献翼二序,后有蓝思继跋。杭州大学图书馆、重庆市图书馆等均有收藏,《四库全书存目丛书》(齐鲁书社1997年版)据以影印于集部第83册。另有抄本一部,然仅二卷,9行25字,无格;有清周亮工评语和寿光赵愚轩跋,收藏于山东省博物馆,《山东文献集成》据以影印于第2辑第27册。

《北泉草堂诗集》,二卷,蓝启肃辑,存。此集乃蓝田五世孙蓝启肃在同邑杨还吉家藏"《燕山漫稿》一册"的基础上,"益以卷册图画又十余首"而成。《燕山漫稿》又称《燕山稿》,乃蓝田"弘治乙丑下第时都门所作",其中有诗有文。而蓝启肃编选《北泉草堂诗集》时,仅"取集(《燕山漫稿》)中诗,与今所增入,分为上下卷",文则"别有专集"。[①]全书按体编排,上卷录拟古、四言古、五言古、七言古、五言律、五言排律、七言律7体,下卷录五言绝句、七言绝句2体,共收诗270首。今有清抄本,9行25字,前有杨还吉康熙癸酉(1693)撰《重校蓝北泉先生诗集序》,收藏于复旦大学图书馆。《四库全书存目丛书》(齐鲁书社

---

① 杨还吉:《重校蓝北泉先生诗集序》,载蓝田《北泉草堂诗集》,第291页。

1997年版）据以影印于集部第83册。[①]

《北泉文集》，五卷，编选者未详，存。同治《即墨县志·艺文》《钦定续通志·艺文》均有著录。全集共收文159篇：卷一收疏、书、记，卷二收序，卷三收题、传、书后、跋、铭、记、说、箴、颂、纪，卷四收阡表、志铭、行状，卷五收祭文、尺牍、帐词、上梁文。今有清抄本，五卷5册，9行25字，无格，书名依目录而题，复旦大学图书馆、天津图书馆均有收藏。《四库全书存目丛书》据天津图书馆藏本影印于集部第83册，后附刻《四库全书总目提要·〈北泉集〉提要》。另有蓝水1938年整理刊印本、蓝孝惠2003年重印本二种。

《蓝田诗选》，今人肖冰、孙鹏、江志礼等选编，青岛出版社1992年出版。此集按体编排，分四言古篇、五言律篇、七言古篇、联句篇等11部分，其中增蓝水新辑52首，并附入蓝水所编《先御史公年谱》。

最后，李开先为撰墓志铭中提及，蓝田"每一下第，辄改一经，久而五经俱遍矣"。则其会试中第之前，当有不少经学著作。然其今存诸作中无一经学之作，殊为可疑，尚待来者。

二 八阵有《图说》

《八阵合变图说》，是蓝章生前刊刻行世的唯一一部著作，也是署有即墨蓝氏成员名姓的首部著作，更是我国古代军事史上可用于实战的一部重要兵书。该书演绎诸葛武侯八阵之法，成书于正德年间蓝章受命巡抚陕西之际，彰显了文官出身的蓝章的军事才能。

今有明正德十一年（1516）蓝章、高朝用刻本，国家图书馆藏有一本，善本书号为13120。中国科学院图书馆、中国社会科学院历史研究所、河北省图书馆、贵州省图书馆、台湾"中央国书馆"、即墨市档案馆等地也各有收藏。此本署作"即墨蓝章学 武都龙正参"，8行16字，白口，四周双边；前有徐昂识语，后附蓝章跋。正文分号令、图说、赞三部分，共计八阵号令、八阵图说、天覆阵图说、地载阵图说、风扬阵图说、云垂阵赞、龙飞阵赞、虎翼阵赞、鸟翔阵赞、蛇蟠阵赞10篇。

[①] 另据《中国古籍善本书目》，是集有明万历十五年（1587）、蓝田之孙蓝思绍所刻十卷本，收藏于重庆市图书馆；疑其为《蓝侍御集》，而《中国古籍善本书目》误作《北泉文集》，然未得其详，姑存疑。

蓝章跋作于"正德八年（1513）癸酉仲夏既望"，已收入清初胶州人张谦宜选校的《蓝司寇公劳山遗稿》、同治《即墨县志·艺文志》等中。其中记载此书编写过程曰：

> 诸葛武侯推演兵法，作《八阵图》。……图之迹有四，一在沔阳，一在新都，一在鱼复，一在南市。予尝至沔阳，拜武侯之墓而访其旧垒，已不可识。闻新都、南市者，亦残破不可考。惟鱼复者，迄今如故。予使人图而观之。……顷者，蜀寇弄兵，予奉诏致讨，督师驻汉中，因取八阵图而推演之。自六十四垒分内外前后四隅，又变而为八阵，纵横开阖，钩联蟠屈，各有条理。以之驯练，而行伍始严整可观矣。三复考订，命武都人龙正图之而注其左，付郡守杨秉衡刻梓。自将领以至士卒，人给一本，诵而习之。……

因知蓝章早慕诸葛亮八阵之法，至陕西后，曾亲往沔阳寻访而不得，后又派人至四川鱼复县（今属重庆奉节）而得绘其遗迹。正德五年（1510）巡抚陕西、督师汉中期间，为练兵计，他又取八阵遗迹图而详加推演，终于编排出可用于实战的新布阵之法。在多次考订之后，他又命下属、武都（今属甘肃成县）人龙正绘制成图并加注语，让汉中郡郡守杨秉衡雕版刊刻，然后分发给将士，人手一册，令熟诵后据以训练。蓝章据诸葛武侯八阵遗迹图"而绎之，而步之，而算之，而推之，而演之"的新八阵，不仅"比旧加详"，且极具实战效果。不久以后，他所统率的陕西官军已能娴熟地按令排阵，其兵阵"若起若伏，若动若静，若发若收，若虚而实之，若断而联之，若乱而整之，若却而击之"[1]，应战能力也大为提高，在抵御四川起义民众的战斗中发挥了重要作用。

徐昂[2]识语撰写于"正德丙子（1516）春二月吉旦"，其中亦载此书编写及初版与再版过程：

> 此吾东莱蓝公以大都宪典兵汉中之时，所以景慕诸葛武侯，遣使鱼复，图其犹在之垒石而谛观之，加以推演。询问、讲究之久，一

---

[1] 宋琏：《明南京刑部侍郎大崂山翁蓝章传》，详见《蓝氏家乘》，即墨蓝氏家印本。

[2] 徐昂：字文举，扬州泰兴人，明弘治九年（1496）进士，正德元年官兵部给事中时，因得罪刘瑾而被罢官，后累官至广东布政司右参议。

旦，恍然似有以得其指要者。复得武都士人龙姓正名者，谙练阵图；与语，吻合，深加赏识。遂命取小石于厅事后，布以合之，起以变之；其合其变，应手而成。于是，以其法教诸将士，验其可与有为也，遂著之图说。比旧加详，而摆阵、变阵之举，实发所未发也。刊以成书，自将领以至士卒，人给一本，诵而习之。无何，精熟，敌忾之气十倍寻常矣。乃制为冲阵之法，遴选勇锐以冲之，冲则见擒，无能脱者。将士欣跃，思欲一逞。由是，威武奋扬，屡战屡获。汉南搗贼，相次授首，斩获降散，无虑数万计。汉中乂安，班师奏凯，论功推擢。虽公之忠贞智勇有过人者，何莫而不自《八阵图说》中来邪！惜其刊于汉中者，传希未广。今公以少司寇兼都宪，清理两淮等处盐法，而士大夫之道经者，咨访阵图之说。往过来续，烦于应酬，爰命两淮运司同知高君朝用翻刊原本，冀代应酬，且广其传。高君承命，偕其僚佐，属叙于余。余虽不佞，而稔闻汉中之功成于阵图之习，阵图之习成于蓝公之教，而亟羡其人存政举也云尔。①

据此则知，正德九年（1514）川陕之乱平定后，蓝章以都察院左佥都御史调往南京，清理两淮盐政。当地士大夫听闻其以八阵练兵平乱诸事后，便屡屡打听探问八阵详情；疲于应酬和解说的蓝章，乃命下属、两淮运司同知高朝用翻刻初刻于陕西汉中的《八阵合变图说》。

综上可知，《八阵合变图说》的成书过程中，身为陕西巡抚的蓝章起到关键作用。他不仅是新八阵的推演创制者，还是此书的编纂负责者与推行者。而作为蓝章下属的龙正，奉命绘制八阵之图并撰写注语，对此书的成书也做出了卓越贡献。此书可谓蓝、龙二人合作成果，但相比而言，蓝章的智力贡献应占更大比重。此外，蓝章生前曾两次督责此书的刊刻事宜。一是正德五年至八年间（1510—1513），令郡守杨秉衡刊刻于陕西汉中，此本应仅有蓝章跋，而无徐昂识。二是正德丙子（1516），令两淮盐运使司同知高朝用刊刻于使司所在地——扬州，前加徐昂识语，后有蓝章跋，前述国图、即墨市档案馆等地所藏之本，当即此次所刻。

《八阵合变图说》刻成后，对江浙沿海一带的军事防御曾产生过一定影响，并成为各种兵法丛书的收录对象。如明张岳《八阵合变图说序》

---

① 蓝润辑：《余泽录》第2册，第19—20页。

中提及：

> 《鱼腹阵图》世多有，而演绎翻变以求合于天地风云龙虎鸟蛇之说。某所见者凡数家，为法各异。嘉靖己亥（1539）夏六月，侍御、湛塘王君奉玺书清戎两浙，出其《八阵合变图说》，以示藩臬诸司。盖取故都宪东莱蓝公旧本，稍为订定发挥。前此谭八阵，未有能及之者。……侍御君既叙其意，命刊布诸武官，使各以是法训练，而某特为推其法之所从来者如此。若夫分合奇正之变，则本图说尽矣，兹故弗及云。①

因知明嘉靖十八年（1539）六月，距《八阵合变图说》高朝用刻本印行仅23年之际，督理两浙兵事的"王君"即对蓝章旧本重加"订定发挥"，并刊刻印行，发给众武官，命依法练兵。可见此书在当时曾产生过一定影响。至清初，此书仍为带兵者重视，如清翰林学士、河南遂平人魏天赏曾称，蓝章所著"《八阵图说》，师武家多诵数之"。②

此外，明黄邦彦③刊刻于万历年间（1573—1620）的《诸葛武侯心书》，收录了《八阵合变图说》。今国家图书馆收藏有《诸葛武侯心书》明刻本（善本书号05024）一套，上册为《诸葛武侯心书》，下册即《八阵合变图说》，然无封面和篇名，亦无作者名氏。正文前有白帝城图、武侯祠图和徐昂《八阵合变图说叙》（叙后有徐昂署名及其"文举""丙辰进士"二印），后有蓝章跋语（跋后附"劳山翁""文绣""御史中丞"三印）及黄邦彦《诸葛武侯心书跋》。然此本中的徐序、蓝跋均为手写体，与今存高朝用刻本的雕版体截然不同。今《四库全书存目丛书》据此影印收入子部兵家类第30册第806—822页，但删除了白帝城图和黄邦彦《诸葛武侯心书跋》，附入《四库全书总目·八阵合变图说提要》，并不知据何而署作"明龙正撰"。

---

① 张岳著，林海权、徐启庭点校：《小山类稿》卷十一，福建人民出版社2000年版，第207—208页。

② 魏天赏：《贺蓝老先生（再茂）七十有一初度序》，载蓝润辑《余泽录》第4册，第37—40页。

③ 黄邦彦：字治徵，明新都（今属四川成都）人，曾于万历十七年（1589）校刻《孙子集注》，其他不详。

明末清初，著名藏书家黄虞稷曾著录说："蓝章《八阵合变图说》一卷，龙正《八阵图演注》一卷。"①然至乾隆五十九年（1794），四库馆臣撰写《四库全书总目》时，已如此著录此书：

《八阵合变图说》，无卷数，两淮盐政采进本。明龙正撰。正，武都人。正德中，莱阳蓝章巡抚四川，驻兵汉中，遣人至鱼复江，图八阵垒石。正时在章幕中，遂推演为图说，刊于蜀中。②

因疑四库馆臣署作"明龙正撰"之误，当源自进献此书的两淮盐政。如《四库采进书目》所列"两淮盐政李续送"的470种书目中，有《八阵合变图说》一本，然已注作"一卷，明龙正撰"。③且此提要中，另有三处失误。一是误以即墨蓝章为莱阳人，明清时即墨与莱阳为平行的行政区划，同属莱州府。二是误以蓝章"巡抚四川"，实则"巡抚陕西"。三是误以此书初刊于"蜀中"，实为陕西"汉中"。

此外，《八阵合变图说》还收录于清张海鹏编刻的《学津讨原》丛书第十集中，但已承四库馆臣之误，署作"明龙正撰"，且删除了蓝章跋文的署名。今《丛书集成初编》据以排印。

三　异曲而同工

前文已述，今存蓝章《劳山遗稿》17文中，《送范希道之云南序》等6文同时又收录于后人所辑蓝田《北泉文集》中，但题名与正文字句稍有不同，且有注曰"司寇公命作"。因知此6文乃蓝田代作，蓝章使用时曾作修改。比较此6文在二集中的不同之处，可以发现蓝章、蓝田文风的大相径庭。此仅录文字差别最大的下文，以见其父子文风之异：

旧鼓腔记（司寇公命作）
予谪判抚州，寻有关中臬司之擢。促装北往，欲求一鼓置舟中以司更漏。适同寅太冲别驾以旧鼓腔遗之。视之，浑然天成，略无斧凿

---

① 黄虞稷著，瞿凤起、潘景郑整理：《千顷堂书目（附索引）》卷十三，上海古籍出版社2001年版，第355页。
② 永瑢等：《四库全书总目》卷一百，中华书局1965年版，第833页。
③ 吴慰祖校订：《四库采进书目》，商务印书馆1960年版，第65页。

痕。盖一段樟木斫之，径二尺五寸许，长二尺六寸许。其中有志"永乐十三年五月望重擓"，又"正统九年重擓"，盖浮屠旧物也。工人曰："计钉孔，已六擓矣。"愚叹曰：此物非宋人即元人所创，山林之产有如是耶！体轻而香异，岁久而质完，诚不易得之良材也。余患其重，上下裁四寸，中斫一寸，以便举动；命工画擓，颇完美；遣厮持归故乡，以为宴乐佳宾之具。意！寺僧固俗人，不识此而弗用；前太守刘师惠爱之，欲完饰而弗果；范公亦爱之，不自取而遗之于予。则物之得遇于人也，亦难矣。盖天地之间，凡事有自然之遇。其大者，吕望之遇周、伊尹之遇汤、管仲之遇桓公；即小，而明珠之遇隋侯、良骥之遇伯乐、美玉之遇卞和，无非自然而然者。今此物见弃于僧，弗果于刘，且爱于范公，而取之自予，岂非遭际有完而无假人为也哉？夫人之出处，一听其自然，则天理顺，人心安，而俯仰无愧怍矣。不敢不以此自勉，因识之于腔中。他日，革弊齐（当为"漆"）昏，子孙又将重修，读此文，知此物遭际之难而不忍轻弃之，因知予亦爱惜此旧物云。①

旧鼓腔记

予谪判抚州，寻有关中臬司之擢。促装将北往，欲求一鼓置舟中以司更漏。适同寅太冲范别驾闻而遗以旧鼓腔，曰："此前太守刘师惠欲饰而未果者。"视之，浑然天成，略无斧凿痕，始知一段樟木斫之。径二尺五寸许，长二尺六寸许。其中有志："永乐十三年五月望重鞔"，又"正统九年重鞔"，盖浮屠物也。工人曰："计钉孔，已鞔六次矣。"体轻而香异，岁久而璧完，诚不易得之良材也。余患其重，上下裁四寸，中斫一寸，以便举动。命工画鞔，颇完美，持归故乡，以为宴乐佳宾之具。噫！寺僧不识而弗用，刘公爱之欲完饰弗果，范公亦爱之，不自取而遗之于予，则物之得遇于人也，亦有定数矣。因识之于腔中。他日，革弊漆昏，子孙重修，当知予爱惜之意云。②

---

① 蓝田：《北泉文集》，第344页。
② 蓝章：《蓝司寇公劳山遗稿》，第19页。

蓝田之文重在托物言志，直抒胸臆，在质朴之中尽显豪放不羁、汪洋恣肆之风。蓝章修改后之文，则重于直叙其事，在质朴之中尽显简洁凝练、严谨不苟特色。具体而言，蓝田结合旧鼓腔之遭际，提出了"物之得遇于人也，亦难矣"的观点，并对此观点详加阐发，借以志其自勉之意，从而使其文增添了浓郁的哲理色彩。蓝章则意在借叙事表达对旧鼓腔的珍爱之意，因而首先对蓝田文中比较偏激的"物遇人之难"观点进行了大力纠正，使其变得温和而中庸："物之得遇于人也，亦有定数矣。"接着，又大刀阔斧地直接删除蓝田关于"难遇"的诸多议论，从而使全文仅聚焦于对旧鼓腔收藏过程与珍爱之意的表述。最后，又增加了"范别驾闻而遗以旧鼓腔，曰'此前太守刘师惠欲饰而未果者'"等语，既交代旧鼓腔之来历，也暗抒对范氏珍爱并馈赠鼓腔的感谢之意，使前后文意贯通一致。

考察此文撰写时二人经历，则可发现其文风迥然有异的根本原因。此文作于正德二年。其时，步入仕途20余年的蓝章已官至都察院左佥都御史（正四品），却一仍其清廉自守、耿直不阿的为官原则，因不肯苟且变通、曲意逢迎新当权宦官刘瑾等人而被诬下狱，虽经友人多方营救，仍被罚米500石，并贬官外放。离京赴任前，因感于友人的赠以樟木旧鼓腔，蓝章乃命蓝田作文为记。而16岁即登乡荐、成举人、以文名天下的蓝田，却因不肯俯就科场时文而五试春闱仍不第，只能在父亲身边做些辅助性工作。因此，撰此文时，他托物言志，借旧鼓腔的难遇于人抒其屡试不第之慨。而熟知官场规则的蓝章已历下狱之厄，愈知人心之险恶，只想为文以记事，因而只简洁交代旧鼓腔来历，明述望子孙珍爱之意，暗含对友人感谢之意。由此可见二人文风之异，亦可见蓝章对蓝田的督责和砥砺。

其实，早在蓝田初得文名之时，蓝章就曾时加督戒，教其为文为人之法。如蓝思继《书先侍御集后》载：

  公年甫垂髫，即能为古文词。……侍郎公（蓝章）时勖之曰："丈夫生而当振拔流俗，雕虫小艺，壮夫所耻，汝其勉之。"因益感奋自励。[①]

[①] 蓝田：《蓝侍御集》，第290页。

而蓝田首次会试落榜之后，蓝章就开始命他代做文章，有意磨砺其少年锐气，约束其豪放文风。如蓝田17岁时，蓝章即命其代作《潜山便民仓记》；18年时，又命其代作《潜山县宗丞祠记》；22岁时，又命代作《杨先生（泽）七十初度诗序》；等等。对这些代做之文，蓝章都像《旧鼓腔记》一文一样，稍作修改之后才采用。可以想见，蓝章修改诸文时，蓝田应随侍在身边。其教子、望子之情，亦可想而知。因此，少年蓝田的诗文虽有张扬恣肆之风，但也一承蓝章诗文的平实朴素本色。

此外，对于蓝田究竟有无参与海岱诗会一事，古今学界一直存有争议。因为今存《海岱会集》中未录蓝田一诗一赋，今存蓝田集中，仅在刘澄甫所作行状中提及海岱会，却亦未提及蓝田与会之事：

（刘澄甫辞官后）闭门紬绎旧书，不复接见当路。……与乡大夫退居者，若石太守敬夫、冯宪使伯顺、杨太守文焕、黄方伯某，结海岱文会，每月再集于精舍，诗赋之出，一时竞传。胡都宪世父序之。①

据蓝田此文，则"海岱文会"仅有刘澄甫、石存礼、冯裕、杨应奎、黄卿5人参与，"每月再集"；文会作品有诗有赋，"一时竞传"，后结集成册，时任山东巡抚的胡缵宗②曾为作序。然李开先为撰墓志铭中载，蓝田晚年"同冯闾山、刘山泉诸君作海岱会于青州，虽数百里外，有时亲至，有时走使领诗题，诗未有过期不就者"。今存《海岱会集》中收录有冯裕《长至日海岱会集序》一文，其中也明确记载：嘉靖十四年（1535）冬至日，已经59岁的蓝田与石存礼、冯裕、刘澄甫、陈经、刘渊甫、黄卿、杨应奎等"相与会，寻诗盟也"，各赋诗，蓝田"赋远游，言不远东海以汇征也"。而且蓝田与刘澄甫少时为友，后又结为儿女亲家（其一女之夫即刘澄甫之子刘士会），应有时至青州探亲之可能。则其借探亲之机而访友而参与诗会，亦是可能之事。

蓝田与会诗文的不存，应与其晚年下狱经历及对自己诗作的态度有

---

① 蓝田：《故朝列大夫、山西布政司参议刘君（澄甫）行状》，载《北泉文集》，第427页。
② 胡缵宗（1480—1560）：即蓝田文中的"胡都宪世父"，字世甫，号可泉，又号鸟鼠山人，甘肃天水人，曾于嘉靖十五年（1536）底至嘉靖十八年（1539）三月期间巡抚山东，总理河道事宜。今存蓝田集中，另有为其所作《书东巡十韵后》《题胡可泉乐府》二文。

关。如其孙蓝思继记载:

> (蓝田)晚年与青郡山泉刘公、间山冯公辈立海岱尚友会,命题分作,因事倡和,几无隙月。笺筒相属,不啻万有余言矣。客有求览者,辄应之曰:"吾所作不过口占遣情耳,何足以烦口吻也。"率弃去不存。①

也许正是这种以己作为"口占遣情"、不"足以烦口吻"的态度和"率弃去不存"的做法,导致了蓝田"不啻万有余言"的海岱会诗的荡然无存。也或许,正是这种率性而作、不刻意为之的态度,造成了蓝田诗歌"语不经意而兴象幽然"②的浑然天成特色。而这种对己诗"率弃去不存"的做法,与蓝田此前的下狱经历应有直接关系。如前所述,蓝田于嘉靖十年(1531)因陈洸案牵连而被逮下济南狱,虽经刘澄甫叔父等人营救而出狱,仍受到削职为民的处罚。此事使他彻底看清官场的腐败与险恶,也彻底改变了"学而优则仕"的人生观。为避免因"不合时宜"的言行再招致祸患,此后五六年内,他极少参与社交活动,就连岳母葬礼也没有参加。而且他不仅自嘲为"腐儒",自焚"谏草",且屡屡以"可畏"之语劝诫后人。如清人张怡记载:

> 蓝玉甫田云:"一时快意可略也,前辈影样之多,后人是非之论,可畏也。一时私情可略也,天下指视之严,史氏纪载之公,可畏也。一时极荣极富极贵可略也,每日光阴之易去,过者不可复补,百年岁月之无多,往者未必可追,可畏也。"③

这种以"一时快意""一时私情""一时极荣极富极贵"为"可略"的观点,应是蓝田在目睹蓝章30年官场起伏、亲历30年会试艰辛和两年短暂仕途所致两次牢狱之灾后的切身体会,也是导致其随性而为诗文、从不刻意收藏保存的主要原因。因此,被削职为民的蓝田虽参与青州友人的

---

① 蓝思继:《书先侍御集后》,载蓝田《蓝侍御集》,第290页。
② 杨还吉:《重校北泉先生(蓝田)诗集序》,载蓝田《北泉草堂诗集》,第291—292页。
③ 张怡撰:《玉光剑气集》卷二十四《嘉言》,魏连科点校,中华书局2006年版,第854—855页。

海岱诗会，却不保存、也不让人收录其与会诗文。

最后，对蓝章、蓝田父子的诗文及贡献，当代学者王小舒曾给以合理评价，此仅借以作结：

> 正德、嘉靖年间，蓝家以文学著称者推蓝章、蓝田父子。……蓝章、蓝田父子的诗歌特点是：标示君子人格，忧虑民生、边患。政治上他们与同时的李梦阳、李攀龙等前后七子派相近，但诗歌风格却又不走模拟一路，比较朴实平直，实为山左诗坛跟主流文学有所不同的一个支脉。（即墨）黄氏家族受其影响，也成为此支脉的成员。①

第三节　蓝氏子弟其他著述

清末蓝氏后人蓝志茀在《玠侄来索先稿拟行辑录喜而书此》诗的开头即说："世业青缃旧，居恒念在兹。"该诗意在赞美其侄蓝人玠对家族先人著述成果的整理之功，也间接反映了读书至上理念影响下即墨蓝氏代有著述传世的事实。本节即扼要介绍该家族其他成员的著述及存佚情况，借以体味这个文化世家"世业青缃旧"之盛况。

一　明代蓝氏著述

《巨峰诗集》一卷，明蓝困撰，已佚。蓝困字深甫，号南泉，又号巨峰，蓝章次子，明嘉靖年间选贡生，一生未仕。同治《即墨县志·艺文》作"一卷"，崂山区史志办公室主办的《崂山春秋》第4期载为"二卷"。

《京兆诗集》一卷，明蓝因撰，已佚。蓝因字征甫，号东泉，蓝章季子，以父荫官江宁知县，终庆阳府通判，"居官清严，人莫敢干以私"。蓝因好书法，长于诗文，文名与两兄齐，并有"蓝氏三凤"之称，事迹见录于同治《即墨县志·人物·文学》。另据蓝田文，蓝因嗜石，晚年于"先庐别业，精葺堂宇"以藏，曰"与石为伍"；又好收藏，"法帖名画、旧琴瓦砚、周彝汉鼎、玉轴牙签，赏鉴批阅，殆忘饮食"。②

---

① 王小舒：《明清之际即墨黄氏家族的政治劫难及其诗风转变》，《文史哲》2016年第3期。

② 蓝田：《祭季弟通判东泉征甫氏文》，载《北泉文集》，第431页。

《东泉诗集》无卷数,明蓝因撰,已佚。

《少泉遗诗》一卷,明蓝柱孙撰,已佚。蓝柱孙原名葵,号少泉,蓝国第六子,出嗣为蓝田长子,选贡生。蓝柱孙博学能文,初试莱郡,督学拔置十庠第一,然英年早逝,士论惜之。同治《即墨县志·艺文》讹作"守泉遗诗",此据《蓝氏家乘》改。

《四朝恩命录》,明蓝田辑,蓝史孙补辑,已佚。蓝史孙字汝直,号守泉,蓝田子,明选贡生,例当就吏部铨,然不愿官。归里后唯饮酒赋诗,非大事不出门;年不永,世皆惜之。此集意在"崇圣典,表先德,传后世,期永报"①,初乃蓝田辑蓝章成化、弘治、正德、嘉靖四世所受任命、嘉奖文书等而成,蓝史孙又增辑蓝田所受"恩典"之文,拟刊刻,然未及付梓而离世。至明万历丙戌年(1586),蓝史孙之子蓝思继重加校订,并请序于同邑杨盐;后由蓝思绪誊录,蓝思绍持而梓刻于姑苏(今江苏苏州)。②见录于清同治《即墨县志·艺文志》,今仅杨盐撰《四朝恩命录序》收录于《余泽录》中。

《守泉遗诗》一卷,明蓝史孙撰,已佚。蓝史孙能诗,《蓝氏家乘》录其诗20余首,同治《即墨县志·艺文》仅收其中二首。一为《淮涉寺》:"山势东来翠欲流,溪声西下泛沙鸥。孤城隐雾三春曙,危塔呼风六月秋。僧趁晚凉依绿树,客携春酒笑红楼。墨民未必知淮涉,唐宋朝时通越瓯。"一为《送戴道人入崂山》:"领略青山今有主,白云曾许等闲居。分泉洗钵烹灵剂,就石支床看道书。风入古松轩常乐,月窥春洞化人庐。日长漫作餐霞计,桔井丹炉却是余。"同治《即墨县志·艺文》讹作"蓝柱孙著",今据《蓝氏家乘》改。

《实政录》,明蓝再茂撰,今有残本。蓝再茂字青初,号雨苍,蓝史孙长子,明崇祯二年(1629)己巳科贡生,选授南皮知县,崇祯乙亥(1635)以故辞官,乡居而终。事见同治《即墨县志·人物》及乾隆《莱州府志·人物》。同治《即墨县志·艺文》著录为"四卷",《中国古籍善本书目》载上海图书馆藏有二卷本。

《谳牍初刻》二卷,明蓝再茂撰,已佚。谳牍即审狱判案的文书。相传蓝再茂官南皮知县时断案如神,因疑此编乃其官南皮时断案文书之集

---

① 蓝思继:《书〈四朝恩命录〉后》,详见《蓝氏家乘》,即墨蓝氏家印本。
② 杨盐:《四朝恩命录序》,载蓝润辑《余泽录》第3册,第2—4页。

锦。同治《即墨县志·艺文》著录。

《世廌堂集》，明蓝再茂撰，已佚。蓝再茂能诗，诗风闲适恬淡，意境深远。如《秋日禅院偶成》："山阁自凝眸，梧桐依静秋。鸟飞黄叶下，人渡古溪头。俯仰空三界，苍茫动十洲。凭凌思羽化，更欲拂云游。"另如《山居即事》："春入数峰晴，河流户外声。高怀云淡落，静目水空明。草木宜清适，安闲足达生。卑藏成后老，不用杖浮名。"此集又作《世廌堂稿》，当为诗文合集，然未见录于同治《即墨县志·艺文》。

《纪事》一卷，明蓝再茂撰，存。未见录于同治《即墨县志·艺文》，今有明崇祯八年（1635）刻本，收藏于上海图书馆。据《中国古籍善本书目》著录。

《蓝氏家谱》2册，明蓝再茂纂，存。未见录于同治《即墨县志·艺文》，今有清嘉庆九年（1804）刻本，收藏于中国科学院图书馆。据《中国古籍善本书目》著录。

《耐寒斋诗稿》一卷，明蓝漪撰，已佚。蓝漪字德充，号沧溟，明诸生，一生未仕，以吟咏自适，《蓝氏诗乘》收其诗20余首。诗风清新自然，如《金山寺》："闻道江南胜，金山旧有名。禅林通曲径，花雨暗香城。浪涌千岚积，舟飘数叶轻。何须忙举棹，且此憩蓬瀛。"同治《即墨县志·艺文》作"《耐寒斋诗》"，应为未刊稿。

二　清以来的蓝氏著述

《聿修堂集》，不分卷，清蓝润撰，今存。蓝润字海重，初名滋，因顺治皇帝赐名而改；清顺治三年（1646）首科进士，官至湖广布政使（未实任）。清《皇朝文献通考》卷二三一、《四库全书总目提要》卷一八一均有著录。《四库全书总目提要》曰："《聿修堂集》，一卷，山东巡抚采进本同，国朝蓝润撰。……初名滋，故国学进士题名碑及馆选录旧本皆作蓝滋，后官侍讲时乃赐今名。……此集为其子孙钞传，诗古文寥寥数首，皆应酬之作，殆非所长。"此集为诗文合集，先诗后文，诗分玉署吟、东郊吟两部分，文则按草、疏、序、引、记、檄文、约、墓志、传、铭、祭文、书启、家言15体编排，共计收诗95首、文136篇。今有清抄本，不分卷，4册，8行20字，无格，中国国家图书馆有藏本，善本书号为17494。《四库全书存目丛书》（齐鲁书社1997年版）据以影印，收于集部第213册。

《视学录》，无卷数，清蓝润撰，已佚。乃蓝润辑录顺治十年（1653）九月至十二年（1655）正月间以内翰林弘文院侍读提督江南、江安等处学政时的公文而成之作。今存蓝润《聿修堂集》中的《甲午科江南考卷清风序》《甲午科江南大题文正序》《甲午科江南拔贡齿录序》《甲午科江南岁贡齿录序》《甲午科江南解元朱亮工稿序》《甲午科江南经魁程北海稿序》等文，疑即摘录自《视学录》。据《四库全书总目提要》著录。

《视闽纪略》，无卷数，清蓝润撰，存。吕济民主编《古籍善本》载，此集今有"清顺治十三年（1656）刻本"，一函二册，前有蓝润《视闽纪略小引》，钤"沈钦韩印"方印、"香山草堂藏书记"长方印，因断其为"清藏书家沈钦韩旧藏"。①蓝润《视闽纪略小引》则载，此集辑自顺治十三年（1656）四至七月期间官福建右参政时之文。其时，蓝润已告假"丁忧"，将归乡守制，却猝遇海寇围攻福州城而困于城内20余日，因于无事之际辑录所"上台宪檄书札及申详报验督饷文移各稿"的"十分之一"，编成《视闽纪略》一册，以纪"供应军前之苦心"。② 因知《古籍善本》中对沈钦韩藏本刊刻年代的判断可能是错误的。

《入粤条议》，无卷数，清蓝润撰，今存。应为蓝润顺治十六年（1659）夏至十七年正月间任广东左参政时所上公文之集锦。今有清顺治十八年（1661）蓝氏自刊本，8行18字，抬头19字；白口，四周单边；白绵纸，刻印极工丽，用方体字，极似顺治内府刻本，纸墨刻印亦不输之。卷末钤"乌程蒋祖诒藏书记"朱文方印，知其曾为浙江藏书家蒋汝藻收藏，今为浙江一藏家所有。

《臬政纪略》，无卷数，清蓝润撰，今存。应为顺治十七年（1660）蓝润官江南按察司使、审理江南陈积旧案时的案牍集锦。今有清顺治十八年蓝氏自刊本，版本、收藏等情况同于《入粤条议》。

《余泽录》四卷，清蓝润辑，今存。《续修四库全书总目提要》著录为清康熙刊本："是编乃就其父再茂所辑之《家乘》中择其先世之功业勋名、昭著于世者录出，删其芜词，订其异同，汇辑而成者。全书所录，大半皆其高、曾以下之事迹。或录《家传》，或抄《行状》，皆为注出。盖其父再茂曾因显扬祖烈，于文献故家搜求遗迹，间得之市上，如获拱璧而

---

① 吕济民主编：《古籍善本》，线装书局2006年版，第210页。
② 蓝润：《聿修堂集》，第50—51页。

珍藏之。润继其志而成是书也。蓝氏于明清两代,多显宦……至润父再茂,则以选贡生官南皮。明末李自成之乱,曾守城有功。书中叙述又详,书首有沙澄序及润自记……其所谓'司寇公'即蓝章,'侍御'即蓝田,至'太史公'则其父蓝再茂也。沙澄序则谓:'读是书者,悚然如见文绣、北泉两先生居官之大节。'……"今国家图书馆藏有清顺治十六年(1659)即墨蓝氏刻本,善本书号为02433。4册,8行20字,白口,四周单边、单鱼尾;署作"即墨蓝润海重甫辑录,长兄深毓宗甫编次,男启亮、侄启晃仝校梓"。正文乃他人为撰蓝氏先人(自蓝福盛至蓝再茂)墓志、碑记、诗歌、序文等,前有蓝润"清顺治十四年(1657)丁酉良月十八日"撰《余泽录记》及顺治十六年(1659)沙澄、文元征、冯溥、魏象枢、宋继澄等人所撰六序及胡顺忠跋,后附冯铨撰《海重字说》《又书字说卷后》、李世臣撰《重修句容县文庙碑记》、蓝润撰《蓝氏祠堂碑记》《房社约》五文及洪琮《恭读蓝祖宪恩台〈余泽录〉,奉赋五言排律二十六韵呈政》一诗。山东省博物馆另有残本二卷,王绍曾先生据以误断为"明末刻本"[①]。

《东庄遗诗》一卷,清蓝润撰,存。乃蓝润后人辑其辞官归乡后诗作而成。蓝润于清顺治十八年(1661)因任江南按察司使时所审案件牵连而辞官归乡,次年八月,即于墨邑之东家族庄园东庄内督建场圃。第三年春夏间,又于东庄兴建农舍以自居。今有清乾隆三十三年(1768)蓝中璨抄本,但题作《东庄遗迹诗》,藏于山东省博物馆。据《中国古籍善本书目》著录。

《重镌朱子年谱》三卷,清蓝润重辑,已佚。疑乃蓝润在其先祖蓝章所编《朱子年谱》基础上补编而成。《续修四库全书总目提要》著录有清康熙癸卯年(1663)刊本,今佚。

《诗稿》一卷,清蓝溎撰,已佚。蓝溎字吉水,康熙己未年(1679)岁贡生。据即墨《蓝氏诗乘》著录。

《素轩诗集》一卷,清蓝湄撰,存。蓝湄字伊水,号素轩,清康熙三十八年(1699)乙卯科贡生,官曲阜县训导。蓝湄为文古奥,诗则冲淡和雅,极受寓居即墨的莱阳名士宋继澄的赞赏。同治《即墨县志·艺文》

---

① 王绍曾:《〈山东文献书目〉编纂始末——兼评(光绪)〈山东通志·艺文志〉》,载山东大学古籍整理研究所编《古籍整理研究论丛》,山东大学出版社1991年版,第23页。

收录其五律一首,即《山行》:"策蹇劳山道,俯看万壑低。眼前黄叶满,杖底白云齐。鸟雀迎相狎,海天望弗迷。何来钟磬远,矫首日沉西。"此集清同治《即墨县志·艺文》、即墨《蓝氏诗乘》均有著录,今有蓝信宁新刊本。前有清康熙乙酉(1705)其族孙蓝重穀序,曰:"吾族祖素轩公诗集,尝见赏于宋澄岚先生。澄岚昌阳耆宿,倡明诗学,而公尤以五言近体见许。及今读之,雍容而宽厚,冲淡而和雅,拟之于唐,得乎初盛。至七言律及古体,各臻其妙;曲阜诸作,愈淡愈老。恨余从公受业时,未获领略其一二。今公往矣,而生平行诣,余犹能言之。公少失父母,备尝艰苦,癸甲之际,至自行汲,而克自攻苦,为文古奥。入卫庠,食饩,未获大售,以曲阜训导终。去城市,卜宅元代祖居,乐田园,课子孙。丧偶不复娶,言动不苟,俭朴自安。盖其天性然也。公殆本刚方之性,发为和平之音者乎?略述梗概,以志佩服之素云。"

《文印堂语录》一卷,清蓝启晃撰,已佚。蓝启晃字复元,号惺庵,蓝润次子,出为蓝深嗣子,康熙十三年(1674)甲寅科贡生,官蒙阴训导。蓝启晃性孝友,曾于女姑庄置义田,收族人之失业者,并撰有《义庄记》记其事。此集见录于同治《即墨县志·艺文》。

《清贻居集》四卷,清蓝启肃撰,存。蓝启肃字恭元,初名启冕,字符恭,号惕庵,又号竹林逸士,蓝深之子。年九岁即以叔蓝润之荫而成荫监生,然弃弗就,凭己力考中康熙二十三年(1684)甲子科举人,家居而逝。蓝启肃善诗工书,同邑杨玠以为:其诗"切声律""抒写性灵",其书法"作三折笔,往往秀拔",其文"光怪充牣,文采风流,照映乡邦"。民国徐世昌《晚晴簃诗汇》录此集作"《清贻居诗集》",并收其《送郭华野中丞总制湖广》诗。《续修四库全书总目提要》亦著录此集,略云:"是集共诗三百余首,分体编次。……其为诗素主杜工部,而出入于白乐天。其《送郭华野总制湖广》云:'中旨才传出汉宫,直教欢喜到儿童。如闻元祐征司马,未许东山卧谢公。列郡应多投墨绶,当朝谁不避青骢。澄青岂但荆襄路,伫见吁谟沃宸衷。'又《鳌山晚发》云:'驱车薄暮望,萧瑟动林垌。日落晚峰翠,云浓归路暝。人声依远浦,渔火聚寒灯。更有河洲雁,哀鸣不可听。'等篇,皆为集中之至佳者。冯文炌序其集,谓'体近于香山而风雅过之,沐浴于少陵而天才踔厉,绝尘而驰,则尤不受其笼络'云云。于启肃诗,诚为确论。"同治《即墨县志·艺文》亦著录此集,并收其《观海》《鳌山晚发》二诗。旧有残稿本,今有蓝信宁辑、即墨蓝氏族谱编委会 2012 年印本，然已非诗集原貌，而是杂辑今存启肃诗词文而成。其前所附雍正元年（1723）同邑冯文炌序曰："呜呼！墨自诗案①而后，贴括之士摇手嗫口，相与不言诗者数十年。先生起，而以古文词自任，网罗百氏，摘风撡雅，卒能卓然成一家言，为后学倡，岂不伟哉！……先生倡绝学于数十年举世不为之日，炌读先生诗于数十年屡请不获之时。文章兴废，离合之故，殆亦有数乎哉？尝伏而论之：先生之诗，不规规于一格，而秀逸淡宕，矢口成吟，期于发抒性灵而止。盖体近于香山而风雅过之，沐浴于少陵而天才踔厉，绝尘而驰，则尤不受其笼络者也。其文质实疏畅，不为赝古聱牙佶崛之习，如济南之优孟秦汉者，而气味神脉逼真古人。盖袭糟粕而遗精神，无古非今；实根株而发菁华，无今非古。先生纯孝之性，礼法提躬，造次弗离，故其发为文词，无意求工，而忠孝油然，百世感之。呜呼！先生之成一家言而为后学倡也，岂无故哉？"

《延陵文集》，无卷数，清蓝启延撰，已佚。蓝启延字益元，号延陵，又号退庵，蓝润第四子，少孤。康熙二十六年（1687）丁卯科举人，康熙三十九年（1700）庚辰科进士，初为乳源知县，后补西和（今甘肃省陇南市西和县）知县，值西陲用兵，奉命调督军饷，卒于官。蓝启延洁己爱民，兴利除弊，振兴文教，在乳源不期年而民亲爱之。据即墨《蓝氏诗乘》著录。

《西和县志稿》，清蓝启延撰，稿本，已佚。清乾隆《西和县志》邱大英序中有曰："有出前令蓝君《志稿》相质者，寥寥数纸，体裁草创，记载简略。""蓝君"即蓝启延，则知此稿乃其康熙五十四年至五十六年（1715—1717）官西和知县时纂修，然仅属"草创"，未成书而卒。

《省可轩遗诗》，无卷数，清蓝启亮撰，已佚。蓝启亮字纯元，号寅庵，蓝润第三子，清廪生。据即墨《蓝氏诗乘》著录。

《逸筠轩集》一卷，清蓝启蘂撰，存。蓝启蘂字子开，号元方，清诸生，少孤，事母以孝闻，扶弱弟使俱成立。蓝启蘂能文，善诗书，好收藏，而享年不永。此集见录于同治《即墨县志·艺文》，《蓝氏诗乘》作"《逸筠轩诗集》"，并录莱阳名士宋继澄《逸筠轩诗序》。宋序中有曰：

---

① 诗案：此特指清康熙五年（1666）爆发的江北最大文字狱案——即墨黄培（1604—1669）案，详可参阅周至元《即墨黄培文字狱资料》，《山东省志资料》1962 年第 2 辑。

"元方兄弟世家子，然所处贫。元方好博古，鉴别书画器物每不爽毫末。尤善书与诗，著笔高雅，于古人不少逊。余尝过其斋，仅可容一二人，所布置砚楮琴书及花草玩物，皆有别致。"其五律《天井山》尤为高古："登临爱此地，俯仰许相从。列坐随秋草，开樽对巨峰。清风如我至，黄菊为谁客。莫漫舒长啸，恐惊潭底龙。"民国间有蓝人玠抄本，今有蓝信宁新刊本，然多阙如。

《余堂文集》四卷，清蓝启华撰，已佚。蓝启华字子美，号季方，清诸生。蓝启华好诗文，曾与其舅黄培、莱阳名士宋继澄等诗文唱酬，同治《即墨县志·艺文》收其五律《小蓬莱》一首。蓝启华又工书法，善作斗大书。鄞县董晓山《即墨五友记》载曰："余晤子厚（黄坦）前一日，坐季方（蓝启华）书室，上下今古，且以诗、古文示予。盖闻其少即了了，弱不胜衣，而一足稍病跛，顾腕力独健，能作斗大书。"此集见录于同治《即墨县志·艺文》，《蓝氏诗乘》作"《余堂集》"。

《学步吟》，无卷数，清蓝启华撰，存。旧有清康熙癸卯（1663）春刊本，莱阳宋继澄为作序，略曰："蓝季方年最少，以余与其舅氏封岳（黄培）日事倡和，奋然笃好，旬日中即具作者气概。谈言之下，辄多领悟。半岁来，高深雅粹，凌时追古，所建之旗鼓未易当也。近体造盛唐，古体亦骎骎欲求汉魏。吾以许之，人亦信之，何其速成哉！以为诗有别才，固有然者；以为非关学也，则非学无然矣。"据即墨《蓝氏诗乘》著录。今有蓝信宁新刊本，然已杂入他人之作。

《白石居诗稿》，无卷数，清蓝启华撰，已佚。据即墨《蓝氏诗乘》著录。

《蓬莱遗诗》，无卷数，清蓝重祜撰，已佚。蓝重祜字承锡，号淡成，又号蓬莱居士，廪贡生，正红旗教习，考授知县。据即墨《蓝氏诗乘》著录。

《即墨蓝氏哀启》一卷，清蓝重祜撰，存。今有清抄本，藏于山东省博物馆。

《蓝氏家藏志稿》八卷，清蓝重毂辑，已佚。蓝重毂字念贻，号息斋，清诸生，以子蓝中玳赠堂邑县训导，与同邑胡翔瀛交厚。此集乃蓝重毂在叔父蓝启肃督促下，自康熙庚辰（1700）至雍正戊申（1728）辑录即墨史实而成。至乾隆庚申（1740）夏即墨县官修县志时，曾被征作参考，并有"蓝志"之别称。蓝重蕃《即墨志稿跋》载其始末曰："乾隆癸亥（1743），余老友冯素斋（冯文炌）纂修县志稿成。其佐之者，范君莘田（范九皋）也。余幼而失学，近益荒落，未敢与于斯举。第念先子中翰公（蓝启肃）有志修明，尝慨然于县志之久废也，每与先伯兄念贻（蓝重毂）商榷其事，遇书之有关即墨者辄手录置笥中，所志不遂，奄忽捐馆。先伯兄因是留心旧闻，自康熙庚辰至雍正戊申，日纂月辑，三十年而成帙，名之曰《蓝氏家藏志稿》，未敢以示人也。戊申，先伯兄殁。及今又十六年，宪副严公修郡志，檄取此书，因之以补邑缺。然征考文献自多依据，而编次繁杂，或伤体要，不有如椽之笔，何以成一家言、乘千秋史哉？余与素斋共论斯事久矣，第素斋糊口四方，皇皇无暇晷。余虽隐念先志而芜陋不文，时一续辑，自顾未安，中怀恒惕惕也。壬戌（1742）秋，素斋复有剑南之游，余急为留驾，期卒其事。范君复出其手钞诸志及他所编集者，共为赞襄，凡为卷十有二。余既乐观厥成，而又幸先子之志至今日而克毕也，爰书终始以志不忘云。"① 惜其始终未得刊刻印行，今已佚失。

《余泽续录》，无卷数，清蓝重毂辑，已佚。当为续补蓝润辑《余泽录》之作。据同治《即墨县志·艺文》著录。

《即墨节妇录》，无卷数，清蓝重毂辑，已佚。据同治《即墨县志·艺文》著录。

《东厓杂说》，无卷数，清蓝重蕃撰，已佚。蓝重蕃字念宗，号半园，蓝启肃子，附监生，年十四而孤，以德孝闻乡里，事见同治《即墨县志·人物·懿行》。此集见录于同治《即墨县志·艺文》。《蓝氏诗乘》有"《东厓杂著》"，当为同书。

《蓝氏家乘》二卷，清蓝重蕃辑，已佚。据同治《即墨县志·艺文》著录。

《即墨志稿》十二卷，清蓝重蕃、冯文炌、范九皋等纂辑，已佚。此集乃蓝重蕃等三人在蓝重毂纂《蓝氏家藏志稿》八卷本基础上，以范九皋搜集的数十种郡县志增补而成。今有蓝重蕃《即墨志稿跋》及冯文炌、范九皋《即墨志稿序》等文，可资参考。冯序中有曰："庚申（1740）夏，宪副严公纂修郡志，延余佐校者数月。志之大义，窃所略闻。今秋，将为蜀南之游，友人蓝念宗固留止之，而馆余于别墅。一日，出县志八册

---

① 同治《即墨县志》，第955—956页。

告余曰：'此先仲兄念贻所辑也，子盍为我修之?'而范君莘田亦出其手录通志、郡志及旧县志各数十种，并以付余，怂恿其事。余览之骇然，曰：'难哉！此严宪副号为'蓝志'而以补邑缺者也。炘何人斯？敢当斯任？且府县诸志，莘田既集有成书矣。一辞旁赞，将毋赘瘤。况吾与子皆县人也，以本县人修本县志，启衅召怨，于是乎在昔人之所难，而谓吾易之耶？'念宗、莘田合辞而进，曰：'是殆不然。修本县志固难，而今并非修之谓，其谓撮取诸志及念贻所备辑者，而删其繁芜，订其谬疑，存一稿而俟修明也。志载亦载，志否亦否。吾既无所矜心作意于其间，又何难之与有？且使志难本县，念贻已先之矣。子其无辞，吾且佐子。'于是，余乃辴然而笑曰：'二君殆真为其难者哉！'遂相与互订，汇为一书，名之曰《县志稿存》。而并述其语于简端，又以见夫本县之志难于修而不难于存也。"① 范序则云："吾墨旧无成志。志之修，始于明万历间，杜学博、许令君实主之。而例称因范、周、解、孙之笔，不知此四家者合为一编与？抑各有专集也？由明迄今，罕有续者，不特百年典章旷而不举，即其所刊旧本，印板模糊，字迹漫漶，有数页不辨一字者。余尝购得善本，喜而录之，因并抄通志、郡志及他遗书凡关吾墨者，合辑成册。此于考异、辨误、搜罗、寻绎，或亦不无微衷。然修明之任，固留以有待也。吾老友冯君素斋，今殚心于此，综三长之鸿笔，传一邑之旧闻，其为功良非浅鲜。然素斋之续斯编也，亦自有因有主。先是，鳌峰蓝念贻有探辑邑中事迹八卷，原委悉具，厥弟念宗每思笔削其书以备掌故。至是，馆素斋于家，参互考订，复邀余以佐之。故吾既多素斋之删订，而蓝氏兄弟之留心文献，尤叹为不可及也。抑余更有感焉。素斋与杜学博，均有所因而成书者也。然素斋所因者念贻，今其本固藏于家，而严宪副修郡乘时呼为蓝志，则其人固已彰彰矣。至杜所因之范、周、解、孙诸家书，既失传，名亦不著，茫茫上下百十余年，徒于凡例中一见姓氏也，湮没之感又可胜道哉！"②

《上禄草》，无卷数，清蓝重煜撰，已佚。蓝重煜字宪武，清诸生。据即墨《蓝氏诗乘》著录。

《西岩遗集》一卷，清蓝昌后撰，已佚。蓝昌后字斯贻，号西岩，蓝

---

① 同治《即墨县志》，第944—947页。
② 同上书，第947—949页。

世茂孙，清康熙二十六年（1687）丁卯科举人，官德州学正，殁于官。蓝昌后居官时常周济寒士，一时门下多名士。据同治《即墨县志·艺文》著录，即墨《蓝氏诗乘》作"《西岩遗诗》"。

《静愉斋诗》一卷，清蓝昌伦撰，已佚。蓝昌伦字斯广，号彝庵，蓝昌后从弟，清康熙五十五年（1716）丙申科岁贡生，授寿张县训导，殁于官。蓝昌伦幼孤，事母以孝；善文词，工吟咏，而绘事尤为擅长。论者谓其气魄沈雄，当不在法黄山（胶州名士法若真）之下，然因殁于官而传者甚少。据同治《即墨县志·艺文》著录，即墨《蓝氏诗乘》作"《静愉斋诗草》"。

《依云居诗稿》，无卷数，清蓝中璨撰，已佚。蓝中璨字瑾玉，号芸圃，清乾隆甲午（1774）岁贡生。曾抄录其祖蓝润《东庄遗迹诗》，今山东省博物馆有藏本。据即墨《蓝氏诗乘》著录。

《匣外诗草》，无卷数，清蓝中玮撰，存。蓝中玮字奎荟，号墨谿山人，清乾隆庚辰（1760）贡生，以教读而终。此集旧有抄本，今有蓝信宁新刊本，然已题作"《匣外集》"。前有乾隆壬寅年（1784）《自序》，略曰："余非诗人也，故以匣外名集。匣外者，弃之也。盖考诗道之传，忠孝二者而已矣。三百篇勿论已，历汉魏以迄今兹，代有其人。非书破万卷，不得为诗人。即书破万卷，亦非书（尽）诗人。然则诗人极耳目心思之用，成温柔敦厚之教，岂徒事风云月露，遂足称一代诗人哉！少陵《孟氏》诗，昌黎《董生行》，皆言孝子之养也。二公以不得致养为念，故于良友之孝于其亲者，殷殷乎有余慕焉。诗人之用意，盖亦苦矣。……拾此散草若干……俾尔曹知余年逾七十，所作五七字句，尚未自成一家言。是行不能以自立，言不能以足志，里歌巷谣，何轻言诗也！夫太上立德，其次立功，其次立言。而诗亦言中之一，非殚一生精力、寝食于古忠臣孝子之林，不能体诸身而发诸言，若所云韩、杜两公致羡于孟氏、董生者。昔安德萧侍读自叙其诗集以诫后人，尚有碌碌终身之叹，况此壮而不学、老而无成者乎！吾子若孙，如其才也，尤当为戒耳。"

《竹窗录》，无卷数，清蓝中琮撰，已佚。蓝中琮，蓝重蕃第三子，清庠生。据同治《即墨县志·艺文》著录。

《紫云阁诗集》，无卷数，清蓝中珪撰，存。蓝中珪字汝封，蓝重蕃第四子，清乾隆庚子（1780）贡生，官高苑县训导。此集又作"《紫云阁诗》"，一卷，有清乾隆年间蓝氏自刻本，今山东省博物馆、山东省艺术学校图书馆均有收藏。

《带经堂诗集》，无卷数，清蓝中璈撰，已佚。蓝中璈，蓝重祜长子，附监生，曾官齐河县训导。据即墨《蓝氏诗乘》著录。

《海庄诗集》，无卷数，清蓝中高撰，存。蓝中高字季登，号海庄，蓝重蕃第五子，清乾隆十八年（1753）癸酉科拔贡，官日照教谕，卒于官。蓝中高居乡时睦亲和族，常不计有无资助同族贫者；为官时廉正无私，课诸生黜华崇实，卒归日，士林挽送至百里外。此集今有二本。一为清乾隆乙未（1775）春作者手稿本，但题作"《海庄集》"，录乾隆十一年（1746）至乾隆四十年（1775）间200余首诗，按年编排，未分卷。二为蓝氏族人新刊本，然有阙如，且与《南游草》所录诗合刊，前有蓝水、蓝信宁二序。

《南游草》，无卷数，清蓝中高撰，存。乃蓝中高乾隆丙寅年（1746）至甲申年（1764）间诗集，按年编排。今有作者手稿本，部分诗作录入其族人新刊之《海庄诗集》中。

《梅园遗诗》，无卷数，清蓝用和撰，存。蓝用和字介轩，号长村，又号柳下居人，清乾隆二十一年（1756）丙子科举人，初为齐河县教谕，后官广东龙门县知县，以疾告归。蓝用和居家孝悌廉洁，其弟四子，己仅一子，然析家产时五分之；居官廉介公正，辞官告归时至无路费，赖当地缙绅义赠之，乃得归。其诗端雅质朴，有感而发，如《客夜读〈长生殿〉剧书后二首》："千里乡思对短檠，聊将雅剧散幽情。无端更惹伤心泪，一夜寒蛩响到明。""御气蓬莱事有无，马嵬长见一坟孤。夕阳影里森香草，略写春风释恨图。"此集乃后人辑录而成，今有蓝信宁新刊本。

《柳下文集》，无卷数，清蓝用和撰，已佚。据即墨《蓝氏诗乘》著录。

《芸窗闲吟》，无卷数，清蓝荣炜撰，已佚。蓝荣炜号彤轩，清诸生。据即墨《蓝氏诗乘》著录。

《南溪诗草》，无卷数，清蓝均撰，已佚。蓝均字平如，号南溪，蓝用和子，清庠生。据即墨《蓝氏诗乘》著录。

《醉梦吟小草》，无卷数，清蓝墱撰，存。蓝墱字仙居，号小楼，清末庠生。此集乃其诗集，收录各体诗200首。今有蓝氏族人新刊本，前有蓝水1938年序。

《菉猗亭诗草》，无卷数，清蓝恒耋撰，已佚。蓝恒耋字翼文，号凤池，蓝均之子，清诸生。据即墨《蓝氏诗乘》著录。

《下车录》，无卷数，清蓝恒矩撰，存。蓝恒矩字子静，清廪生，以教读而终。蓝恒矩工书法，善诗赋，诗文崇尚自然。如其《文似看山不喜平》说："大抵看山者，临奇不喜平。文章应峭拔，眉宇本光明。两山崎岖立，三峰错落行。非嫌词惨淡，惟爱气峥嵘。烟自毫端起，雪莲断峡生。奇岚排纸秀，妙句本天成。局讶千岩崎，神行一代横。笔花曾几放，春暖写蓬瀛。"此集乃其诗集，旧有抄本，今有蓝信宁新刊本，末附《吊海印寺故址赋》一文。

《诗草》一卷，清蓝志苁撰，佚。蓝志苁字伯华，号悯臣，清咸丰辛酉（1861）科拔贡，同治壬戌（1862）恩科顺天籍举人，选授蒙阴县教谕。据即墨《蓝氏诗乘》著录。

《诗集》一卷，清蓝志蕴撰，已佚。蓝志蕴字仲藻，号璞臣，光绪乙亥（1875）恩科举人，拣选知县。据即墨《蓝氏诗乘》著录。

《带经堂诗草》，无卷数，清蓝志茀撰，已佚。蓝志茀字健甫，光绪壬寅（1902）科岁贡，候选训导，改江苏候补县丞。据即墨《蓝氏诗乘》著录。

《诗集》一卷，清蓝人铎撰，已佚。蓝人铎字振声，鳌山卫廪贡生，试用教谕，例授修职郎。据即墨《蓝氏诗乘》著录。

《崂山古今谈》，无卷数，蓝水著。蓝水原名蓝桢之，又名夫水，中年后改今名，自号山泉、东厓等，清末廪生蓝恒矩之子。少从父学于蓝氏东厓书院，后师事墨邑名儒王锡极①，于经史子集无不娴熟，尤擅文章诗赋，著有诗文集多部。蓝水年少时即兴游崂之好，屡与同邑周至元等同游崂山；1935年萌生撰写《崂乘》之志，并写定初稿。然直至1982年，始加修订，并附入新作之诗，定名为《我与崂山》；1985年，交由崂山县志办公室印行，并改为今名。此书约14万字，分崂山古今、崂山百咏、崂山琐谈三部分。"古今"部分又分山脉、名胜、物产、人物、艺文五类，述及崂山山川风物、逸闻掌故、释道名流、诗歌文赋等多方面内容，其中有考核，有述闻，可补历代崂志之阙遗。"百咏"部分全录己作数百首咏崂诗歌，主要是1935年游崂时所作百余首及1982年秋至1983年秋间连

---

① 王锡极（1867—1937）：号卓泉，又号蛰庵，即墨县里仁乡城阳社紫芧村（今属青岛市城阳区流亭街道办南城阳村）人，清末廪生、明经进士，清亡后于即墨城设馆授徒而终；通五经，精诗赋，兼擅书法，著有《卓泉诗集》《蛰庵赋集》《游崂山文集》等。

续七次游崂所作。"琐谈"部分篇幅最小，仅详述三处古迹并对五个传说提出质疑，另泛述建筑、文物、山村、道教、佛教等，确符"琐"之义。今有崂山县志办公室1985年内部印行本。

《北游草》，蓝水著。此乃蓝水自辑1961—1973年客居东北时之诗集，定稿于1974年初春。蓝水有《编次北游草讫赋诗》记其事："羁身极塞十三年，赢得诗成四百篇。强半越吟怀故国，撷拾风土入新编。有情何苦任人笑，无病而呻亦自怜。藉此权当备忘录，一番披阅一凄然。"今有即墨蓝氏家印本。

《崂山志》，蓝水著。此集乃1996年蓝水增补《崂山古今谈》而成之作，有即墨蓝氏家印本。

《东厓诗集》，蓝水著。有即墨蓝氏家印本。

《五杂俎》，蓝水著。有即墨蓝氏家印本。

《反光集》，蓝水著。有即墨蓝氏家印本。

《可止编》，蓝水著。有即墨蓝氏家印本。

综上可知，今存清同治《即墨县志·艺文志》收录蓝氏诗文22首（篇），著录蓝氏著述27部。而综考《即墨县志》《蓝氏诗乘》等可知，明清时期即墨蓝氏有诗文传世者达42人，留有著作60余部，其中蓝田《蓝侍御集》《北泉文集》、蓝润《聿修堂集》等还被收录于《四库全书存目丛书》中。可见，自明中叶以来，蓝氏子弟已日渐坚守一种读书至上、诗书继世的家族理念；在这一理念的指引下，蓝氏子弟渐以诗文著述相沿相习，并日渐奠定了蓝氏在山左文坛的特殊地位。一方面，能诗善文的即墨蓝氏为后世留下了诸多文坛佳话，并对山左文坛产生了一定影响。如蓝田下第东归前与好友杨慎、刘澄甫的一夜而成诗百首，尽显其文人才气、儒生高风；晚年罢官归乡后，日与子侄及杨盐等同乡好友的吟诗弄文，并与刘澄甫、冯裕、石存礼等诗友的结海岱文会，对即墨及山左文坛诗风都产生较大影响。另一方面，自蓝章、蓝田父子首开诗文著述之路以来，数十位蓝氏后人相继笔耕不辍，留诗文于世，既为明清山左诗文的发展繁荣作出应有贡献，也为蓝氏的跻身山左文化世家之列奠定基础。

第四章

即墨蓝氏的孝义理念

君子务本，本立而道生。孝弟也者，其为仁之本与？

这是《论语·学而》关于君子人格的著名论断。君子，历来是中华民族独具特色的道德崇拜对象；君子人格，则是历代中华儿女梦寐以求的理想人格。因此，中华儿女又对此论断不断发展，衍生出"孝为仁之本""义为孝之实"等新论断以及仁孝、孝义等新评判标准，使中华优秀传统文化宝库不断充实、日益丰富，也使中华民族理想的君子人格更趋完善、更具现实指导意义。

据邢世英《盟旺山祖林碑记》，早在蒙元时期，即墨蓝氏即秉承中华传统的仁孝理念，意在达到一种道德上的"君子"境地：世以"孝慈节俭，忠恕廉平"为训，对"祖先遗训，敬之如饴"，对长辈"生事死葬，祭之绵绵"。明清时期的即墨蓝氏，又对"孝"之外延深加拓展，使其与"义"结合，以孝义传家的新理念将蓝氏家族的道德追求提升至一个更高明的境地。本章即结合相关文献，主要考察明清时期即墨蓝氏的孝义理念。

第一节 即墨蓝氏的孝行

自先秦以来，孝即是深受中华儿女重视的优秀传统之一。它是人们衡量个人品德、行为的标准之一，甚至一度成为国家衡量和选拔政治人才的重要标准。对于怎样才称得上孝，儒家先贤孔子曾从多方面进行解说，其中概括最为全面的当数《论语·为政》中的这一句："生，事之以礼；死，葬之以礼，祭之以礼。"此语从生、死两方面对孝进行界定，并提出约之以"礼"的基本标准。对此，《孝经·纪孝行章》又进一步阐发说："孝子之事亲也，居则致其敬，养则致其乐，病则致其忧，丧则致其哀，祭则致其严。"此后，中华儿女一直从生事、死葬两方面传承和丰富着中华孝亲理念，逐渐形成了独具中华特色的以孝为评价个人品德、衡量家族声望、治理国家方略重要标准的传统，以及目连救母、"二十四孝"等众多至今流传的孝亲故事。

早在蒙元时期，深受中华孝亲文化影响的即墨蓝氏，即以孝而闻名乡里。如《盟旺山祖林碑记》中曾这样称扬蓝氏子弟的"善为人子"："孝哉春等，善为人子。祖先遗训，敬之如始。生事死葬，祭之绵绵。三者既备，孝子终焉。"这里提出的蓝氏之孝的三方面内容，一是敬守祖先遗训，二是生事父母长辈，三是死祭先人魂魄；与《论语》以来的中华孝文化可谓一脉相承。入明以来，蓝氏也大致秉承并发扬了这种传统孝亲理念；蓝芝、蓝国、蓝思继等人，更以其特有的"庐墓"行为刺激了传统孝文化在山左一带的传承。

一　亲在致其乐

传统二十四孝故事中，子路百里负米的故事流传甚广。父母在时，子路不肯出仕，天天侍奉在跟前；但因为家贫，他不得不时常赶往百里之外的地方去买父母喜欢吃的米，然后步行将米背回家。背米的行程很辛苦，但想到能满足父母的嗜好，子路很快乐，也很满足！父母去世后，子路出仕为官，天天过着锦衣玉食的富足生活，却再也体味不到当年背米供养父母时的快乐和满足！这个历经2000余年仍盛传不衰的故事，对比鲜明地宣讲了及时行孝的重要性，也深切反映了及时行孝观念在中华文化中的根深蒂固。

（一）蓝章、蓝竟之孝父

深受这种观念影响的即墨蓝氏，对在世父母始终坚持"居则致其敬，养则致其乐，病则致其忧"的孝亲标准，而且尤为重视精神上的解亲忧、致亲乐。由于文献缺失，蒙元时期即墨蓝氏的孝亲情况，今已无从详考。而据入明以来的相关文献可知，即墨蓝氏中最早践行居致敬、养致乐、病致忧孝亲观的，应是蓝铜之子蓝章和蓝竟。

成化二十二年（1486）秋至弘治二年（1489）十月间，蓝章出任婺源知县；其间，他两度迎养蓝铜于婺源官邸。第一次是成化二十三年春，季弟蓝奇夫妇随至。秋八月，因蓝铜思乡而归，将还乡之际，婺源人汪舜民为作《送蓝处士还即墨序》。第二次是弘治元年（1488），具体时间未详，然直住至蓝章婺源任期已满、将述职于朝的次年十月。此次迎养，季弟蓝奇夫妇再度随同前来，并于婺源生女①。而如前所述，蓝铜早在年轻时期，就凭务农经商之才而使蓝氏成为"甲于一邑"的富家大户；至成化二十二年，又因"辇粟若干石以输"官府而获"授七品散官"。可见，蓝章的迎养，非为养其口腹之欲，实为顺其心、娱其意、致其乐！

一方面，蓝铜对蓝章寄望颇深，期望他能以读书科举而光大蓝氏。蓝章8岁时，蓝铜就认为"此儿不凡"，亲自教其读书识字。20岁时，又令他跟随乡里先生从学，并日夜督责不休。25岁时，蓝章考中举人，蓝铜又鼓励说："丈夫立志，当期远大，无以此足也。"而深知老父苦心的蓝章，也努力读书，最终考中进士，步入仕途，实现老父之愿。据此可知，蓝章的迎养，不为像百里负米的子路一样满足父母的口腹之欲，而是让父亲体味出仕为官的儿子所带来的荣耀和满足！另一方面，蓝章两次迎养蓝铜，均同时接季弟蓝奇夫妇同至，这一行为当中也隐含着"致父乐"的成分。俗话说：皇帝爱长子，百姓爱幺儿。蓝铜妻于氏去世时，长子蓝章8岁，次子蓝竟4岁，季子蓝奇年未详。对骤失母爱的三个儿子，尤其是年龄最小的蓝奇，蓝铜定有竭尽全力以宠爱之、弥补之的想法！对这一点，年龄最长的蓝章应深有体会。因此，他迎养老父并接季弟夫妇同至的行为，实有顺父志、娱父心之意。

蓝铜次子蓝竟也极为孝顺，他不仅孝事老父，还敬顺兄嫂。如蓝田为撰墓志中记载："我大父侍郎公（蓝铜）御家严厉，叔父（蓝竟）为之甚谨饬。或遭谴责，跪伏受责，不敢少忤，俟色霁方起。"蓝铜去世后，蓝竟与妻刘氏又移事父事母情怀而至长兄长嫂："其事我大人资善公（蓝章），得其欢心，犹事我大父也。叔母刘孺人之事我母徐淑人，阃内之政，不敢少有专焉，曰：'我移其事姑者以事姒也。'"②

（二）蓝田之事父理念

最能全面体现即墨蓝氏事父母以敬、以乐理念的，应是蓝章长子蓝

---

① 蓝田：《亡从妹墓志铭》，载《北泉文集》，第423页。
② 蓝田：《先叔父宣义郎蓝公（竟）墓志铭》，载《蓝侍御集》，第243—244页。

田。今存蓝田集中,有《刲骨引》《孝思图》二诗咏及孝亲之事。前者咏割股疗亲之行,赞美割股者"但祈母疾翻然瘥,儿身毁伤何足忧"的真情,提出"世间真乐惟慕亲"的孝亲观。后者赞庐墓之行,以枝头乌的"飞飞辛苦日返哺,小巢母子足欢娱"作对比,渲染了庐墓者"俯仰乾坤真穷者"的思亲之悲。① 由此可见蓝田孝心之一斑。明李开先为撰墓志铭中,则记载了蓝田的孝亲实行:

> 资善公(蓝章)以忤庵瑾系狱,谪判抚州。又值宸濠之叛,公周旋其间,年方三十有一,以忧劳而须发半白。及瑾诛而濠平,资善升陕西佥事,须发复如故。后资善以三品考满,例应荫子或嫡孙,公乃让于弟因。既不私其身,又不私其子。……资善闲居,足可度日,公犹分俸养之,以乐其心。乙酉(1425),巡按陕西,资善先曾巡抚其地,有平乱安民功德,汉中、固城、金县皆立生祠。公取道瞻拜,复修其旧政,款具边务所当兴革者十余疏,上皆可之。②

据此可知,蓝田的孝亲行为可概括为三方面:

一是解亲难,分亲忧。这是蓝田孝事蓝章的最重要表现方式。先是正德二年(1507),时任都察院左佥都御史的蓝章,因不肯阿附专权宦官刘瑾而被以莫须有的罪名逮入锦衣卫大狱。一向随侍在蓝章身边的蓝田,四处奔走,竭力营救,最终使蓝章仅受罚俸、贬官处罚而脱离牢狱之灾。接着,出狱后的蓝章,从位居四品、纠劾百官的中央要吏被远贬至僻在一隅的江西抚州,担任帮助知州处理琐事的通判(正六品)。通判一职需承担的政务极为繁杂,如粮运、水利、诉讼等杂务,以及处理与当地官吏、王府的种种关系。而抚州所处之地,正在暗与刘瑾勾结、早有反叛之心的宁王朱宸濠封地内。朱氏在江西一带肆意妄为,做尽强占民田、劫掠商贾、收养盗匪、随意逐杀朝廷官员和无辜平民等恶事。在此情况下,帮助父亲分理杂务的蓝田殚精竭虑,日夜操劳,唯恐累及老父。年仅31岁的他,竟因忧劳过度以致"须发半白"。

二是显亲声,扬亲名。这是儒家尤为重视的孝亲内容之一,也是蓝田

---

① 蓝田:《蓝侍御集》,第195、196页。
② 李开先:《文林郎河南道监察御史北泉蓝公墓志铭》,载蓝润辑《余泽录》第3册,第74—82页。

努力践行的孝亲方式。一方面，蓝田一直以科举得第为目标，以期显扬老父教子有方、后继有人之美名。为此，他忍受了长达30年的10次会试落第打击，于第11次与试后得第，并成为即墨蓝氏又一著名的监察御史。那曾经高高树立在即墨县城的"父子进士坊""父子御史坊"，虽浸透了蓝田30年的辛酸，却也无时无刻不在诉说蓝章的教子有方和蓝田的孝亲有道！出仕后的蓝田，又一承其父耿介不阿、清廉自守、以国计民生为上的为官原则，宁肯逆龙麟、受廷杖、遭罢免，也不曲阿逢迎，从而使其父子耿介亢直之名传遍天下！另一方面，当蓝章步入老年时，蓝田开始搜集、整理能够愉悦其心志、宣扬其声名的文稿，并亲自传播、显扬其父盛名。如正德九年（1514），已经62岁的蓝章升任南京刑部右侍郎，将离陕西之际，汉中等地为立生祠，作去思碑及记文、乐歌等；蓝田将这些碑记、乐歌等裒为一卷，并请父亲同僚杨一清为作跋文。另如蓝章辞官乡居后，蓝田又因其寿辰向乔宇、杨慎等人求寿诗、寿文，以娱父心志。这些或记载蓝章功绩、或颂扬蓝章事迹的诗文，充分显示了蓝田对蓝章的孝心，也通过对蓝章声名的宣扬娱乐了蓝章心志。为更深入地显示蓝田娱亲心、扬亲名之行，此列今存蓝田搜集整理或请人撰写的相关篇目（今均收录于蓝润辑《余泽录》中）如下：

（明）汪舜民：《瑞桂诗序（附诗）》
（明）乔宇：《题并蒂莲》《题东厓书屋并蒂牡丹》
（明）钱福：《东厓书屋记》
（明）杨循吉：《东厓书屋诗序（附诗）》
（明）朱应登：《北泉草堂记》
（明）康海：《巡抚都御史蓝公（章）汉中生祠记》
（明）王九思：《都御史蓝公（章）生祠记》
（明）段炅：《巡抚蓝公（章）平利县生祠记》
（明）杨一清：《跋都御史蓝公（章）生祠记乐歌去思碑卷》
（明）康海：《奉赠刑部侍郎蓝公（章）往南京序》
（明）张嘉谟：《少司寇蓝公（章）汉中去思碑》
（明）闻人贤：《少司寇蓝老先生（章）劳山记》
（明）杨慎：《寿少司寇兼御史中丞蓝公（章）七十一序》

此外，嘉靖四年（1525）奉命巡按陕西时，蓝田曾特地取道瞻拜汉中、金县等地百姓为蓝章设立的生祠，并大力推广蓝章先前施行的利民旧政，又连上十余疏，论及从民生角度出发应当兴革的多项事情。他一仍蓝章治陕方略的做法，使陕人非常高兴，以至于这首歌颂其父子功绩的歌谣迅速流传开来："一按一抚，一子一父；房不犯边，民得安堵。"可见，蓝田巡按陕西时的所作所为，既慰其父之心，又使其父子官声誉满天下，可谓拓展了蓝氏孝亲理念的新内涵。

三是娱亲心，畅亲意。这是蓝田从父亲那里继承的孝亲方式。蓝章在婺源任上迎养蓝铜时，蓝田已经十一二岁。父亲友爱叔父、娱悦祖父一事，应对他产生了深刻的影响。因此，当蓝章获得"荫子"奖励时，于情于理均为受荫第一人选的长子蓝田，却毫不犹豫地将此机会让给了最小的弟弟蓝因。此外，如前所述，蓝田深知蓝章的最大心愿是三子能承其绪、继其后，将蓝氏的科举仕宦之路拓展得更为宽广，因而虽历10次会试失败打击却仍不放弃，终于在年已47岁时考中进士，实现了蓝章之愿。更值称扬的是，蓝田为官后，还主动分出俸禄的一部分以为蓝章养老之资。其时蓝章虽已致仕，却仍有较高的禄银，根本不需要蓝田的养老钱。但蓝田之意，就像蓝章接蓝铜到官邸奉养一样，不在厚其养，而在娱其心、乐其志也。

蓝田之后，即墨蓝氏也屡有以孝而名者。其中，移事父母之心而至兄弟姊妹的蓝启肃，最以孝称。前文已述，蓝启肃出生时，其父蓝深已48岁，为实现老父的科举之愿，他多次赴京应试。然命运不济，此愿至死未得实现。他临终绝笔"功名至此心方歇"一语中所蕴含的不能报亲之憾，至今读来，仍令人唏嘘不已。蓝深去世后，蓝启肃又移事亲之心而至嗣兄和长姊。如杨玠《中翰蓝公（启肃）传》中记载：

> 事兄如严父，居丧期年。……犹子四人，各赡以已产，计八九处，割契让之。笃爱其姊，殁齿不衰。姊丧，衣衾棺椁，不以关所出。其姊有女，夫佣书学官，偶案牍舛误，或挟之罪，且不测。公恐伤姊心，捐石银河林木一区为其人寿，遂得寝。已而，事良已，即以斯产为姊男膏火资，姊男转售得直，一弗问。其厚德如此。①

---

① 详见《蓝氏家乘》，即墨蓝氏家印本。

可见，对嗣兄蓝启晃，蓝深始终非常恭敬；蓝启晃去世后，他毫不犹豫地将自己家产分为五份，平均分给四个侄子和独子蓝重蕃。对已经出嫁的姐姐，他也没有受传统重男轻女观念的影响，视姐姐为"嫁出去的女儿泼出去的水"，而是尽心尽力地照顾姐姐及其子女。为解姐姐之忧，他不仅到处找人请托，且送出自家林地作为礼物。即使姐姐之子将林地变卖，他也概不过问。因此，蓝启肃备受称赞，也成为即墨蓝氏的又一孝亲典范。

他如蓝再茂"事继母以孝闻，让产于弟"；蓝启亮"抚庶弟启延，饮食教训逾于诸子"；蓝昌伦"事母极孝，姊及女甥依以终身"；"三岁而孤"的蓝润季子蓝启延"奉母至孝"，为娱其母之心，"迎母之官"时还将早殁之妹"所遗子女悉携至任所，延师课读如已子"① 等等，均是蓝氏子弟移孝亲之情而至兄弟姊妹的典范。

而且蓝氏子弟中还屡有以亲侍父母之疾而闻名者。如蓝再茂染病时，长子蓝深年已五旬，却仍"日夜视汤药，积旬月不懈"。当偶然听说尝粪味甘苦可知病情好转与否时，他竟毫不犹豫地揸粪而尝，尝而忧之，祈以身代。②另如蓝重蕃族侄蓝中璈"得翻胃疾，医方用牛乳"，其子蓝仕宷（字官九）"夜起饭牛，寝不安席者累年"。③ 此二人与蓝氏其他孝亲典范一样，共同谱就了即墨蓝氏孝养父母的华丽篇章。

二 亲亡扬其名

关于孝亲，《韩诗外传》卷九还记载了这样一个影响深远的故事：孔子携弟子出行，听到路旁有非常伤心的哭泣声，原来是刚知父母去世消息的皋鱼在哭：皋鱼"少而好学，周游诸侯"，不料学成归来时，父母已双双离世，他再也得不到侍亲行孝、报答父母养育之恩的机会了！皋鱼不由发出"树欲静而风不止，子欲养而亲不待"的悲叹，其故事深深打动了孔子门人，"辞归养亲者十有三人"。这个故事虽意在宣扬及时行孝的重要性，却也引出了对已去世父母如何行孝的问题。对这个问题，孔子其实早有答案："父没，观其行，三年无改于父之道，可谓孝矣。"对"三年

---

① 谢永贞：《司训蓝公（启晃）传》；钱陈群：《西和知县蓝公启延传》；均见《蓝氏家乘》，即墨蓝氏家印本。
② 陶元淳：《临淮令蓝公（深）传》，详见《蓝氏家乘》，即墨蓝氏家印本。
③ 同治《即墨县志》，第570、600、606页。

无改于父之道"一语，尽管历代解释有所不同，但对其中隐含的继承先人遗志、光大先人德业方可称"孝"这一点，却向无异议。今存即墨蓝氏孝行的相关文献中，记载最多的就是对先人名声、德业的弘扬和光大。梳理这些文献可以发现，即墨蓝氏对儒家传统的"葬之以礼，祭之以礼"原则，有着极为清醒而且独特的理解和认识，那就是：重视对先人事迹、德业等的阐述和传承，不能使先人名声湮没不传，以致留下"不明不仁"[①]的不孝之名。概括而言，即墨蓝氏显亲扬名的方式大致可分为三种。

（一）立碑作铭，传先人事迹于不朽

自古以来，我国就有为逝者立坟以葬的传统。两汉时期，又在此基础上，逐渐兴起为去世者立碑并作墓志铭、行状、传记等以彰显其生前事迹和功德的做法。如成书于东汉末年的《释名》中载："碑，被也，此本葬时所设也。施鹿卢（同"辘轳"），以绳被其上，引以下棺也。臣子追述君父之功，美以书其上，后人因焉。无（物）故建于道陌之头显见之处，名其文就，谓之碑也。"因此，《孝经》《礼记》等早期儒家典籍均未曾对此做过规定。此后，为先人立碑作铭以述其一生事迹、彰其功勋德业，渐成为表达子女哀思、凝聚家族力量、传承家族文化的重要方式。

受此传统影响的即墨蓝氏，自蒙元时期即开始为先人立碑作铭。如据本书屡有征引的《盟旺山祖林碑记》可知，蓝氏后人于1324年立碑于盟旺山，并请时任胶州学正的邢世英为撰碑文，其中历数蓝氏自"峚山"高祖以来的创业者和有成者，既述家族之传承，又彰先人之功业，成为后人了解蒙元时期蓝氏家族的重要史料。但相比而言，这篇概述蓝氏七代人谱系和功业的碑记极为简略，不能全面展示蓝氏先人德业，也难以充分体现蓝氏后人之"孝"。而明中叶以来的蓝氏后人，则开始有意弥补这些不足。

明中叶以来，首位重视和倡导为先人立碑作铭、弘扬先人德业声望者，是蓝氏科举仕宦声望的首创者——蓝章。其父蓝铜去世后，他不仅精心挑选墓地，兴建了规模庞大、占地"2亩多，遍植松柏"的墓园，其"墓封土，高约3米，墓碑高约2米，碑两旁排列石人、石马、石羊、石

[①] 蓝章：《先大父赠侍郎公家传》，载《蓝司寇公劳山遗稿》，第11页。

狮各1对，神道前置石坊1座"①；还请友人、平度进士官贤为撰行状，业师、礼部右侍郎兼翰林院学士刘健为撰墓志铭，充分展现了对弘扬先人德业之孝的认知。为父守丧期满后，蓝章借入京候补之机，遍请京城同僚为作祭文、挽诗，并集而成册，又请大学士毛纪为作《挽诗序》，意在藏于家，传于子孙，使后人永记其父之名之功业。其中，毛纪《挽诗序》中"大惧先德弗闻"一语，切实道出了蓝章对"显亲扬名"之孝的理解。

正德十年（1515），蓝章凭借自己巡抚陕西时的文韬武略，为父亲、祖父俱博封赠之荣，因而撰写了记述祖父德业的《先大父、赠侍郎公（蓝福盛）家传》。其中，他一再申诉：

> 先大父隐德甚多，其具体时闻诸先人及乡里长者之口，今不能一一传之，传其大且概者，不明不仁之过，庶几其免矣。章常窃怪世俗好诬其先祖，心甚悲之，故述先大父之事多不尽者，竞竞然，恐为君子之所耻也。

可见，在蓝章眼中，为先人立碑作铭，是宣扬和传承先人德业、彰显子孙后人之孝的最好方式。因此，稍后，他命季子蓝因持所作《家传》往请前国子监祭酒、南阳王鸿儒为作神道碑铭，并于正德十二年（1517）仲春望日，将此铭刻碑树立于祖父墓前。此外，蓝章功成名就之后，还曾将家族谱系远溯至蒙元时期，自称为蓝琛"远孙"，并为蓝琛立"武义将军碑"。

这种为先人立碑作铭以彰显其事迹、德业、声名的做法，在蓝章之后，渐成为即墨蓝氏常用的显亲孝亲方式。其中，蓝再茂次子、官至湖广布政使的蓝润，尤为此方式的光大者。蓝润24岁时，始从蓝再茂之督责而读书向学；36岁时考中进士，实现蓝再茂心愿，却也从此步入仕途，为官四方，极少在父亲跟前侍候行孝。但长年仕宦在外的他，却发扬了另外一种行孝方式——显亲扬名。不能在老父身边践行孝道的他，每值父亲寿辰，总要邀请同僚为作寿诗、寿序等，以娱亲心、扬亲名。如今存《蓝氏家乘》中，保留有傅以渐顺治丁亥（1647）作《贺蓝老年伯（再茂）初度序》、王铎顺治戊子（1648）作《贺蓝老年翁

---

① 青岛市史志办公室编：《新编青岛地方志简本》，五洲传播出版社2002年版，第322页。

(再茂)初度序》、高尔俨顺治庚寅（1650）作《贺蓝老父母（再茂）初度序》、魏天赏顺治癸巳（1653）作《贺蓝老先生（再茂）七十有一初度序》等文，这些祝寿之文都是蓝润为官时邀请同僚为作。另如官江南江安等处学政时，南皮县官吏提出要为曾任其地县令的老父蓝再茂建立生祠，蓝润得此消息后，亲自邀请时任内翰林弘文院侍讲学士的同僚吕缵祖为撰祠记。当老父去世后，蓝润不仅按常规为建墓地，且亲自设计图样、增建牌坊，并致信负责督建工作的三子蓝启亮，反复叮嘱要不计工时、务为久远之计：

> 茔内建坊，工期已迫。开基之日，并工图维，筑之弥坚，务为久远之计。日不足则计以月，必躬必亲，勿令工匠偷安误事也。器具早备，饮食留心，则人乐于赴功，自无难事矣。①

而他本人，则趁候补于京之机，多方请人为撰墓志、碑铭、挽诗等。今存《蓝氏家乘》《余泽录》中收录的众多诗文，如傅以渐为撰墓志铭、沙澄为撰墓表、陈爌等撰40余首挽诗等，均系应蓝润之请而作。蓝润的孝亲扬亲之情，由此可见一斑。

蓝润也极为重视对祖先德业的显扬。提督江南学政时，他亲往瞻拜先祖蓝章多处遗迹。如其《余泽录序》中载：

> 往某视学江表，逾黄山，游皖城、婺源、潜山，皆先司寇公过化之地也。父老所传、志书所载、功在民社者，阅百五十余年，犹啧啧人口。乃重建生祠，虽云子来之谊，趋事赴功，两邑宰之修举，亦不可忘者。至汉南生祠，焕然维新。董之者，宁羌州牧、胶西赵君电渭；首其事者，汉南太守毛公，今之海右道公祖也。先人灵爽，实式凭之，尤当佩服无数。若此者，后人见而知之乎？闻而知之乎？良可浩叹。②

据此及其《答婺源令张含贞》《答潜山令郑恪庵》等文可知，蓝润任

---

① 蓝润：《乙亥都门寄子启亮》，载《聿修堂集》，第97页。
② 蓝润：《聿修堂集》，第42—43页。

江南学政时，其辖下的婺源、潜山、汉南三地官吏如张含贞、郑恪庵、毛公祖等，主持了对蓝章生祠的重修工作。他们或亲自、或请人撰写了碑文以记重修之事，从而使蓝章和蓝氏盛名伟绩再度彰显和流传。

　　蓝润之后，蓝氏后人也屡有以显亲扬亲而知名者。如蓝启延（1663—1715?），字益元，号延陵，蓝润季子，康熙丁卯（1687）科举人，庚辰（1700）科进士。康熙癸酉（1693）夏，他摹录、整理了蓝氏《盟旺山祖林碑记》，试图将明清时期的蓝氏谱系与元代的联系起来；又编订蓝章年谱，以使后人知其先祖荣光。这篇关于蒙元时期即墨蓝氏的唯一文字资料，若非蓝启延的有心整理，恐亦湮没无传。他编次的蓝章年谱虽已失传，但这种刻意光大先祖声名的行为对蓝氏后人起到了很好的表率作用。另如其侄蓝重蕃，字念宗，蓝启肃独子，年十四而孤，偶于康熙癸未（1703）发现亡父遗稿，其中有自撰于康熙丙寅（1686）仲春的未完年谱，便持而求叔父蓝启延续补为完稿，"将为之志墓中铭，以垂不朽"。后来，他又"谨按先府君自序，并四叔父（蓝启延）所续先府君年谱，暨宗族之传闻、里巷所称道者"，亲为亡父撰《行状》，并持之而请同邑名士周毓正、杨炌为撰墓志、传记等，以求光大亡父事迹。蓝重蕃光大其母周氏声名一事，尤值称扬。周氏在蓝启肃去世后，孀居30余年，艰难持家，并精心督抚蓝重蕃长大成人。蓝重蕃深感周氏的独力抚育之恩，在其生前即大力宣扬其声名。他不仅多次对友朋讲述老母日常教子言行与冀子有成之心，且于雍正辛亥（1731）周氏八十寿诞之际，为其设宴祝寿，并请同邑名士冯文炌为撰《寿序》（今存即墨《蓝氏家乘》中），从而使周氏成为蓝氏族人中第一位获赠祝寿文的女性。周氏去世后，蓝重蕃又请周毓正为作《传》，开即墨蓝氏女性独立传记[①]之先例。蓝重蕃对先人德业的显扬和传诵，可谓不遗余力，以至于《即墨县志》的编纂者盛赞他的"以德孝闻名乡里"。

　　近现代以来的即墨蓝氏，仍秉承此显亲扬名传统。其中，蓝水、蓝信宁祖孙二人的编撰之功，尤为显著。蓝水编撰有《先侍郎公（蓝章）年谱》《先侍郎公（蓝章）传》《跋先侍御（蓝田）集后》等多文，蓝信宁亦编撰有《先御史公（田）传》《先七世祖守泉公（史孙）小传》《明南

---

　　① 《蓝氏家乘》中，今有明周如砥于万历十六年（1588）所作《七世贞节栾孺人、八世孝行公（思继）合传》，其中已述及蓝思继母栾氏之德行，然系母子合传。

京神威营都司蓝浡小传》《革命烈士蓝仁和小传》《济南军区空军司令部军务处处长蓝仁锡传略》《先祖父蓝水传略》《先祖父蓝水（桢之）公年谱》《即墨〈蓝氏家乘〉序》《即墨蓝氏述略》数文。凡此种种，皆可见蓝氏后人秉持至今的显亲扬亲方式，亦可知蓝氏一族至今齐心协力、凝聚不散之因。

（二）整理、刊刻先人遗稿，发扬、光大先人遗志

这是明以来的即墨蓝氏发扬、光大先人遗志的又一重要方式。这一方式的始倡者，应是蓝田。如蓝田在《题〈东皋诗札〉后》中说：

> 《小弁》有之："维桑与梓，必恭敬止。"……恭敬者何？先世之所植以遗我后人也。后人见其树则思其先，思其先则爱其所树，是故必恭必敬也。夫桑与梓者，先世之所植也，犹必恭必敬，而况于先世之诗什墨迹出乎心思精神之微者乎？诵其诗什，玩其墨迹，孝子慈孙，其敢慢易也乎！①

《东皋诗札》是时任鳌山卫教授、上海人胡子负祖父的遗作。胡子负祖父自号东皋，性好吟诗弄文，然因得子较晚，卒后诗稿散逸。胡子负长大后，始将其集而成册，"珍装宝藏"，并趁任职于即墨鳌山卫之机，请蓝田为作跋文。蓝田此跋，开篇即引《诗经·小雅·小弁》之句，借以阐发子孙后人对祖先遗稿遗墨应持有的态度；继而，盛赞胡子负对先祖遗志的发扬光大，以为他能"把前辈之风流，保先世之守泽"，可谓真正的"孝子慈孙"。可见，在蓝田看来，真正的孝子应能整理、保存先人遗稿，并使其声名传承下去。因此，对蓝章遗稿，蓝田也采取了细心整理、精心保存的做法。如前引李开先文载，蓝田整理蓝章"《四朝恩命录》《南征题稿》《行稿》《西巡题稿》《八阵图》"等作，"俱藏于家"。其中，《四朝恩命录》一稿，其实是蓝田辑录的官方任命、表彰蓝章的公文，由此可见其对父亲功绩、德业、名声的光大之意。另如蓝田《与南溪书》提及：

> 又来索先大父通海道奏疏，不觉泣下沾襟。先大夫投疏后未久即

---

① 蓝田：《北泉文集》，第386页。

去国。行勘之时，有求赂于盐场者不遂，是以未行。识者至今惜之。今若以台下之力建白举行，是使后世有杨子云矣。疏稿及《海道经》偶为胶守借录，兹就托录一本奉览。①

可见，蓝田曾珍藏其父倡议疏通海道奏疏及所著《海道经》一书，并广为传扬，以期促成蓝章未竟之业。因此，当友人王献于嘉靖十四年（1535）来官山东按察副使时，蓝田全力协助他完成了新开胶州马濠、疏浚海道等事。这其中虽有建设家乡目的，更多的应是促成先父遗愿、光大先父声名意图。

蓝田之后，蓝氏子弟开始重视先人遗稿的整理、刊刻事宜，并视其为发扬、光大先人遗志的新路径。其中，首次将先人遗稿刊刻行世的，是蓝田之孙蓝思绍、蓝思继。杨盐记载：

> 母栾氏孺人卒……述泉（蓝思继）结庵庐其侧，寝苦以居……邑侯马翁嘉其行，尝抵庐问之，如泉（蓝思绍）曰："此墓傍有吾弟在，吾父母暨吾先人之灵其有妥乎。独虑吾先大父北泉公为名直指，声绩俱著于朝，俾吾曾祖司寇公之名赖以大显于没世，孝矣。虽其当年行事至今烈烈不泯，而其生平著作未得传布宇内。先父守泉公（蓝史孙）珍藏在箧，欲拟就刻，未竟所至而没，此抱恨终天者也。吾独无继述之思乎？"一旦，即茔墓哭奠而辞，乃赍先大父侍御公（蓝田）文稿走吴下，礼聘名家张长洲次序其列，而付之梓。锓即竣，如泉喜曰："文籍不传，子孙之过也。今而后，吾先君子之恨庶几可释于地下。而海内慕吾先大父名者，观是集，亦少慰乎。"②

因知蓝田去世后，其子蓝史孙珍藏遗稿，有刊刻以传之意，不料其志未竟而斯人已逝！幸得蓝史孙妻栾氏苦节抚孤，使诸子各得成立。栾氏去世后，次子蓝思继（号述泉）以庐墓三年之行而扬其名，长子蓝思绍（号如泉）则决定继父遗志、整理刊刻蓝田遗稿以扬蓝氏之名。因携遗稿至吴地，聘请张献翼选编为《蓝侍御集》，并于万历丁亥年（1587）刊

---

① 蓝田：《蓝侍御集》，第278页；又见《北泉文集》，第436页。
② 杨盐：《八世赠按察公（思绍）、孝行公（思继）、指挥公（思绪）合传》，载《蓝氏家乘》，即墨蓝氏家印本。

刻，至今流传。对蓝思绍兄弟继成先父遗志、光大先人名声的做法，张献翼极为赞赏：

> 余展卷三复，岂惟知公业之不死哉，重感公素履忠孝，宛然"收涕叩阍，母氏矜乎孟博；刺血污牍，令子甚于缇萦"，今昔同慨矣。①

他引用明人皇甫汸《冯侍御刍荛录序》中之语，赞美蓝思绍兄弟的孝行真堪与西汉游侠剧孟、孝女缇萦相提并论。

蓝史孙生前，还曾将其续补的《四朝恩命录》"誊黄集为一卷"，亦"未及梓"而卒；此后，蓝思绍兄弟也对此书加以整理、校刻。先是蓝思继在为母守丧期间，"检是录，于封土暇重订校"，并为作跋。继由蓝思绪"更录"，蓝思绍"持于姑苏就梓，始成先君遗志"。在跋文中，蓝思继阐述了对辑刻先人遗稿、弘扬先人名声的看法：

> 梓成，俾吾子孙世世知君恩深厚与先公矢志辑传，当仰图报效已也；且俾四方目睹圣朝优礼臣工，典泽盛渥。凡有志于国家君子，孰不期竭忠以膺褒封？大孝是心！虽不因录而始有，未必不因录而奋也。此岂特为吾蓝氏昭前劝后意哉？亦未必非风化四方一少助焉耳！②

可见，蓝思绍兄弟不仅视此举为"大孝"，可为蓝氏"昭前劝后"；且以此举为大义，可使"君子""竭忠以膺褒封"，有助于"风化四方"！因此，之后的蓝氏子弟，凡有能力者，往往会竭力以行此孝。如蓝思绍之子蓝再茂，于崇祯五年（1632）正月入京候选时，即携先祖蓝田与杨慎、刘澄甫唱和之作《东归倡和集》，请友人梁招孟为作序，然后印行之。蓝思绍之孙蓝润，则不仅亲自整理先祖遗稿，汇辑他人记叙蓝氏先人之文而成《余泽录》一书，还在《余泽录序》中反复申述这种孝亲之举的重要性：

---

① 张献翼：《蓝侍御集选序》，载蓝田《蓝侍御集》，第190页。
② 蓝思继：《书〈四朝恩命录〉后》，详见《蓝氏家乘》，即墨蓝氏家印本。

呜呼！规模弘远，先人之基业也；简明焜耀，先人之功德也；充栋连云，先人之书香也。继述守成，难言之矣。……某卧疴苦次，于哀毁之余，拣先大人笥中旧籍册页数本、手卷数祯，诵法服习，史不胜书，知先人之明德远矣。某自夏徂冬，心腕拮据，一日而录数叶，或风疾举发，数日不能竟一叶。兹方汇辑成轶，订为四卷，命之曰《余泽录》。先大人服官居乡之业，并纪于是焉。若先司寇公两世遗迹，嗣容访之文献故家续入也。呜呼，代远人湮，功烈著于不灭，睹先业而兴思，用以示后之人。①

蓝润认为，刊刻先人遗稿、辑录先人事迹的做法，不仅可使先人"功烈著于不灭"，而且可使后人"睹先业而兴思"而"继述""守成"！

蓝润这种对孝亲方式和内容的独特认识，更加刺激了蓝氏后人整理、刊刻先人遗稿的行为。其中，蓝章、蓝田遗稿尤为蓝氏后人加意整理、刊刻的目标。如蓝启肃在"数年来或考诸国史，或求之碑版，或访之故家之传写"的基础上，编辑蓝章遗稿而成《劳山遗稿》一册，并于康熙二十九年（1690）请序于同邑杨还吉。康熙三十二年（1693）仲春，他又在杨还吉帮助下，以杨氏家藏《燕山漫稿》为基础，"益以卷册图画又十余首"，辑蓝田逸诗而成《北泉草堂诗集》，并请杨还吉承担校订事宜。②对此，同邑杨玠大加称扬：

> 远祖少司寇暨侍御北泉先生，为正嘉中名臣。侍御文名与康德涵、杨用修颉颃荣拂。司寇《八阵图说》彪炳艺林，而余制不概见。侍御刊有专集，多阙略，间讹窜。公极力捃摭，集司寇文为一编，刻之。得余家所藏庋侍御诗文数百首，晨昏排缵。于是先人百年遗稿，灿然具备。③

蓝启肃去世后，其子蓝重蕃再度刊刻他编辑整理的《劳山遗稿》，并为作识语："先司寇祖《劳山遗稿》，先父中翰公（蓝启肃）纂辑成轶。雍正癸卯（1723），胶西张稚松先生重加选订。乾隆丙寅（1746），冯素

---

① 蓝润：《聿修堂集》，第42—43页。
② 杨还吉：《重校北泉先生诗集序》，载蓝田《北泉先生诗集》，第292页。
③ 杨玠：《中翰蓝公（启肃）传》，详见《蓝氏家乘》，即墨蓝氏家印本。

斋先生复为参较。乾隆辛巳（1761）敬梓。七世孙重蕃谨识。"据此则知，对蓝章的《劳山遗稿》，蓝氏后人不仅亲加搜集整理，还曾聘请当时名士如胶州张谦宜、即墨冯文炌等两加选校，可见其对先人遗稿的慎重之情和光大之志。

民国时期，蓝氏子弟仍有辑刻先人诗作之举。如今存《蓝氏诗乘》中有蓝志茀《玠侄来索先稿拟行辑录喜而书此》一诗，据诗题可知，其侄蓝人玠曾兴编辑、刊刻蓝氏先人遗稿之意。另由诗中"千秋忠孝事，担负莫离披"二句，可见蓝志茀对此举的赞赏和激励。至今，以蓝水、蓝信宁为代表的蓝氏后人，仍致力于对先人遗稿的整理刊刻工作。如前章所列署作"蓝氏家印本"的多种著述，即是蓝信宁等当代蓝氏后人所为。

（三）庐墓三年，誓报春晖

庐墓是一种比较特殊的行孝方式，专指子女于父母墓旁搭建棚屋、居住守护的行为。由于所处时代、社会、文化等客观因素的影响，即墨蓝氏也践行了这种极其迂腐的孝亲方式，这也是入明以来蓝氏之孝闻名一邑并屡受官方褒奖的一种方式。

相传，庐墓行为源于子贡。他于孔子去世后，"筑室于场，独居三年"（《孟子·许行》）。按古代丧礼，父母去世后，子女要守丧三年，其间禁止各种享乐活动，如喝酒、吃荤、听音乐、看歌舞、与妻妾同房、外出赴宴交友等。对大多数人而言，此规定已极为严苛，很难严格履行；庐墓三年的行为，更是常人无法接受，也难以履行的。因此，庐墓行为向不被提倡，先秦文献中仅见子贡一例。但两汉以来，统治者大力推行以孝治国策略，采取以孝选人用人、以孝旌表惩处等多种措施。这些措施不仅促进了中华优秀孝文化的良性传承，也刺激了割股疗亲、庐墓事亲、为亲复仇等愚孝过孝行为的片面发展。其中，割股疗亲、为亲复仇等愚孝行为，因伤生害己、悖于律法等而极少受官方褒奖和民间追捧；庐墓三年的过孝行为，却往往能获得官方表彰和民间肯定。如《汉书·游侠传》载，当时民间"少行三年丧者"，原涉却在父亲去世后"庐冢三年，由是显名京师"。原涉"庐冢三年"之行，不仅使其当时即获"显名京师"之誉，且使其后来获载名史册之荣。而《汉书》编撰者的录其事例，虽有对"少行三年丧"现状的"矫枉"，却也无意中刺激了这种过孝行为在民间的传承，以至于其后的史书方志等屡屡著录孝子庐墓之事。

入明以来的蓝氏子弟，亦有凭此孝行而闻名一时或载入方志者。其中，最早庐墓而居者，为蓝田之侄蓝芝。蓝芝，字子瑞，号鹤山，蓝国子、蓝田嗣子蓝柱孙兄，官阴阳学训术①。其庐墓孝亲的行为，见于《即墨县志·人物·懿行》："母卒，葬鹤山，庐墓三年。"《蓝氏家乘》所录周如砥《七世贞节栾孺人、八世孝行公（蓝思继）合传》一文亦曾提及：

> 至公（蓝田）从子芝，行服墓次，孝闻东诸侯国，时已谓其不忝忠臣之裔。矧越五十年，而复有仲子者承之哉！

据此则知，蓝芝于母卒后庐墓三年，孝闻山左；其后 50 年，其侄蓝思继亦庐于母墓三年。蓝思继之母栾氏卒于万历乙酉年（1585），周传作于万历十六年（1588），因知蓝芝庐墓行为应在嘉靖十七年（1538）前后。蓝芝孝行应未受官方褒奖，但在民间产生过较大影响。他的入录《即墨县志》、"孝闻东诸侯国"以及周如砥的"不忝忠臣之裔"评价等，都显示了这一点。

最直接地受到蓝芝庐墓孝行的影响者，应系蓝氏一族。对庐墓行为，作为当时家族长辈的蓝田，是持支持态度的。如其《孝思图》一诗中说："瀛海孝哉季夫子，天乎乃尔丧考妣。哀号泣血何时已？茅庐爰结坟之东。朝奠暮奠神忡忡，藉草枕块恒梦梦。"这个"藉草枕块"、结茅庐于"坟之东"的瀛海"季夫子"，与蓝芝何其相似！蓝田对庐墓孝亲行为的支持尤其是蓝芝的亲身实践，对蓝氏子弟产生了深远影响，以至于蓝氏后人中屡有践此孝行者。首先就是周如砥文中提及的蓝田孙、蓝芝堂侄蓝思继。蓝思继字克志，号述泉，蓝史孙次子，太学生。蓝史孙去世不久，嗣兄柱孙也辞世，蓝田一脉的抚孤、撑家重任便落在了蓝史孙之妻栾氏身上。栾氏即前述蓝田曾有诗及之的胶州名士栾简斋之妹，她也是明代蓝氏一族传承进程中的重要人物，下文有述，此不赘及。蓝思继从 9 岁失父以来，目睹栾氏之劳，耳闻栾氏之教，日夜思"进身"（出仕）以报母恩，以振家声。不料他终生未得"进身"，当慈母去世之际，其恨可想而知！因此，蓝思继决定效堂叔蓝芝庐墓孝行以彰显慈母之名。

蓝思继的庐墓行为，除前引杨盐所作其兄弟合传外，周如砥记载

---

① 阴阳学训术：明初开始在县级行政单位设置的行政长官，一般由一人掌管一县诸事，但其官无品级，也无俸禄。

尤详：

> 蓝母捐馆舍三岁矣。盖蓝仲子庐墓焉。饭干鬻，衣冬夏一襄，昕夕操锸掘土覆墓上，而卧不设裯簟，茕茕薪境，三岁未已也。邑大夫安邑马侯闻而心嘉其人焉，且甚怜其苦节，时临存属茨间。属隆冬，风雪凄厉，而仲子一襄外无它袭，衣故焦毁。及是，益辛楚不胜，粟起于面，冷可掬。马侯恻然动，顾左右绵之，则给之绵若干。仲子起而揽涕拜赐，未忍服也，第戚戚持之泣。马侯曰："子休矣。人子者将显扬之，为岂一节行也？"仲子泣数行下，曰："嗟！继也愚不肖，敢不唯命。顾念母早岁遘慜，徒以予藐诸孤，不获从先君子地下，称'未亡人'者三十年毋论。母子伶仃，形影相吊，抚摩煦育，劬劳万端。自王父、父相递殒世，门祚中衰，维时继兄弟越在襁褓，不克问家人产，而二庶子弗恃，伯之二遗孤女亦未有所适，诸难骈兴，不啻鞅掌。母独从阃内经营之，神瘁于纷拏，形瘁乎一切，亦惟予兄弟之故。乃今响像杳矣，而乌养竟阙，春晖靡报。此而即安母，乃泪也。"盖马侯自是始闻蓝母之节也。①

这里的"马侯"，即万历十五年（1587）前后任即墨令的安邑人马登高。他听说蓝思继庐墓孝行之后，多次亲至墓地慰问。一次，正值风雪交加的严冬时节，蓝思继仍是单衣薄衫外仅有一袭蓑衣，脸上已冻起了一层小米粒般的硬疙瘩；而陪县令前往者，皆着轻软暖和的棉衣。马县令非常感慨，因赠棉衣、棉被等物，并劝他不要如此自苦。蓝思继接过衣物，却不肯穿用，只是哭泣着诉说母亲守寡30年、独力抚孤、艰难支撑蓝氏门户的辛酸往事，诉说着子欲养而亲不待、只能以庐墓苦行而报母恩、扬母名的伤心与无奈！此文虽未详述马县令之后的反应，但一句"自是始闻蓝母之节"已足以证明：蓝思继以其过孝之行达到了"显扬"母名的目的。

另据记载，栾氏后来获"奉旨旌表"②，蓝思继本人则"以庐太夫人

---

① 周如砥：《七世贞节栾孺人、八世孝行公（思继）合传》，详见《蓝氏家乘》，即墨蓝氏家印本。

② 同治《即墨县志》，第655页。

墓为当道表闾，一身风化所关"①，并入录《即墨县志·人物·孝义》②。可见，蓝思继的庐墓实行，不仅使栾氏慈母之名远近知晓，且使蓝思继本人获得"表闾"、入录方志之荣，使蓝氏之孝名闻天下、传于后人，还对即墨一邑之"风化"起到积极促进作用。如《即墨县志》还记载，蓝思继去世后，其子蓝再茂也曾"庐墓三年"，即墨乃至山左的"庐墓"孝亲者也日渐增多。

此外，即墨蓝氏也以践行儒家传统的"葬之以礼，祭之以礼"孝行而闻名。如在蓝再茂去世后，蓝深"哀毁擗踊，水浆不入口三日……每遇忌日，必哭于墓所乃去，终其身未尝间也"；"朔望必趋墓省视，或泣继之"，"推其心，以为吾庭帏求之不得其于魄之降者，而尽吾心乎。往者吾晨昏奉之，而犹未敢即安也；今渐远而至朔望一月之间仅两即亲侧矣，乃视听之无从，是以泣下耳"。③另如蓝深嗣子蓝启晃，在蓝深知临淮县时，"每当簿书旁午、檄诏倥偬时，耆宾老吏束手以为难处"，他"区置周旋，靡有遗策，务期不贻毓宗老先生忧"。蓝深辞官归乡而居时，他又"服劳奉养，凡所以娱其口体而承其心志者，无所不至"。蓝深去世后，他则"充充如不欲生；卒哭而葬，哀感路人，迄今犹啧啧称道于不绝"。④深受儒家传统礼孝影响的蓝氏子弟，就这样以亲身实行完美诠释了儒家生事、死葬、卒祭均以礼中节的孝亲理念。

综观明清时期即墨蓝氏的孝亲行为，可以发现，蓝氏子弟基本遵循了儒家生事、死葬的孝亲传统，并形成了以彰显、传承先人声名德业为至高孝行的独有理念。蓝润所撰《房社约》序言中的这段话，应是对这一理念的最好总结：

> 祖宗德业光昌，垂裕后昆，历元明以迄今日，阅四百余载，福泽可谓厚矣。凡系孙枝，席久大之庇，谁无报本之思？报本维何？心术之光明也，行谊之端方也，忠厚之缵承也。体斯三者，以式家训，是

---

① 周如锦：《祭蓝述泉太学（思继）文》，详见《蓝氏家乘》，即墨蓝氏家印本。
② 同治《即墨县志》，第589—590页。
③ 陶元淳：《临淮令蓝公（深）传》；宋琬：《临淮令蓝公（深）传》；均见《蓝氏家乘》，即墨蓝氏家印本。
④ 谢永贞：《司训蓝公（启晃）传》，详见《蓝氏家乘》，即墨蓝氏家印本。

谓仁孝之志。①

可见，所谓"报本"，就是秉持君子般的"心术""行谊""忠厚"，严守家训，践行"仁孝"，使"祖宗德业光昌"，使蓝氏传承不衰、声名不绝！

第二节 即墨蓝氏的义举

义与利孰轻孰重？二者对立时，该如何选择？这是自先秦以来各门各派无数思想者不断探讨和争辩的话题。作为社会主流的儒家学者，在"君子喻于义，小人喻于利"（《论语·里仁》）"义，人之正路也"（《孟子·离娄上》）等认识论基础上，提出了"义以为上"（《论语·阳货》）、生与义不可兼得时则"舍生而取义"（《孟子·告子上》）的观点。数千年来，尽管不同时代、不同社会的人们对"义"之具体内容有着千差万别的认识，但"义以为上""舍生取义"观念已成为历代中华儿女的行为准则。据今存文献可知，入明以来崛起于山左的即墨蓝氏，也一直以其子弟的亲身实行默默阐释、传承着他们所认可的"义"。扼要而言，即墨蓝氏的义行可大致概括为以下方面。

一 救灾赈荒，护卫家园

今存即墨蓝氏文献中，最早以义而名乡里的，是率兄弟子侄以务农起家的蓝福盛。他最为乡邻称道的，是"唐赛儿之变"时勇救一城于水火之中却不居功以邀名禄的大义之行。《即墨县志》《蓝氏家乘》等均载此事，而王鸿儒《大明赠通议大夫南京刑部右侍郎蓝公神道碑铭》所载尤详：

> 永乐中，妖贼唐赛儿之变，来攻即墨，邑人皆溃，城遂陷。公愤然曰："一城水火，吾可不援之乎！"乃走鳌山卫，告于指挥王真曰："贼猖狂若是，君为将领，忍坐视耶？"真曰："君欲平贼，请君先

---

① 蓝润：《聿修堂集》，第68页。

之，何如？"公曰："诺。"驰马荷戈，追贼于泊石桥，率兵士直犯其营，大战破之。贼党遂平。后真奏捷，惟曰"蓝某，乡导也"。真得都指挥。公得巡检，力辞不受；赏钞一千贯，受之。或曰："妖贼之平，公之功也，而真何力焉？赏不当功，请为公讼之。"公曰："吾知安吾邑人而已，功非吾所知也。"人以是尤重之，咸称曰"义士义士"云。[①]

据此可知，永乐十八年（1420）的唐赛儿起义曾波及即墨。当时，山东半岛连年灾荒，民不聊生，因此，当唐赛儿以白莲教圣母名义在青州振臂而呼时，数千名贫无可依的农民从之而起，大败毫无防备的青州卫官军。安丘、寿光、诸城、莒县、胶州、即墨等地农民获知消息后，也纷纷揭竿而起，起义队伍不断壮大，大有锐不可当之势。但由于缺乏强有力的领导集团、明确的政治主张、严格的组织纪律、有效的舆论宣传等因素，起义大军难以得到广大民众的普遍支持，不久便陷入对外的攻杀抢掠和内部的权力争夺之中。攻陷即墨之战，就是在这一背景下发生的。据载，即墨城被围时，守城官兵早就躲得无影无踪，起义军顺利入城，并在开仓取粮后放火焚烧县衙，城里一片混乱。作为一介平民的蓝福盛却挺身而出，前往担负守御即墨职责的鳌山卫，找到指挥使王真，希望他能率军平乱卫民。王真却拥兵自卫，不肯出战，并用揶揄的口气说："君欲平贼，请君先之，何如？"蓝福盛顾不得生气，率领一群自愿保卫家园的士兵和乡亲，追击已经离开硝烟滚滚的即墨城的起义军。

此时，唐赛儿起义军主力正在攻打安丘城，与驻守的当地官兵及明廷增派的中央官兵打得热火朝天。顺利攻克即墨的这支起义军便转身离开，毫不设防、浩浩荡荡地奔向安丘。适逢山东都指挥佥事卫青率领的山东官军也已赶到安丘，准备偷袭起义军。蓝福盛得知情况后，立即将跟随兵众分作左、右两队，配合卫青官军突袭而出。在卫青所率山东军队和蓝福盛所率即墨兵勇的突然偷袭下，攻打安丘的起义军阵脚大乱。更兼守城中央官军和安丘地方守军的反扑，起义大军不久即被彻底打败。可见，安丘一役中明军的获胜，当归功于卫青所率山东官军和蓝福盛所率鳌山卫兵众的突袭，而此役对明军平定唐赛儿起义军的意义，也不言而喻。因此，《明

---

① 蓝润辑：《余泽录》第1册，第47—50页。

史》《山东通志》《即墨县志》等史籍方志，都记载了这次战役。但这些官方文献均记载，此役中督率鳌山卫兵众的将领为指挥使王真，事后受到明廷嘉奖和提拔的也是指挥使王真。对此役鳌山卫兵众的真正指挥者、即墨平民蓝福盛，均只字未提！

在很长一段时间内，蓝福盛身为平民却于危难之际挺身而出、勇救一城水火的大义之事，仅保存于其乡党族人的口耳相传之中。直到其孙蓝章友人王鸿儒为撰《神道碑铭》，才得以载诸文字、传于世人。而对于蓝福盛"赏不当功"的原因，王氏碑铭中已露端倪：在上报文书中，王真仅称蓝福盛为"向导"，而非率领者和指挥者。因此，蓝福盛仅以"向导"身份获授从九品"巡检"之职和"赏钞一千贯"[1]的奖励！对此，了解内情者大都愤愤不平，有人甚至提出"请为公讼之"的建议。蓝福盛却以为：其率军参战的初衷只是保卫家乡，使乡亲们生活安定；建功立业、博取利禄，并不是他想要的。家乡邦国危难之际则挺身而出，难定功成之后则全身而退，这其中既洋溢着儒家"治国平天下"的豪迈，也渗透着道家"全身""缮性"的智慧。而从乡人连口不绝的"义士义士"之誉中也可看出，蓝福盛看重的，其实还有蓝氏一族以义而行于乡里、传于后世的美名！

蓝福盛之后，蓝氏一族继其遗风，每当乡里逢难遇乱之际，总是责无旁贷、勇往直前地承担起拯救之任。如蓝竟长子蓝国字京甫，号谦斋，官职卑微，仅为即墨县阴阳学训术[2]，然当正德六七年间（1511—1512）农民起义军攻打即墨时，他挺身而出，率众抵抗。当时，河北霸州农民刘六、刘七因不堪重压而率众起义，起义军后转战山东，已攻克日照、曲阜、泰安等20余州县。攻打即墨的这支起义军，成员主要来自登州、莱州，已攻克登州、莱州、平度三城。时任即墨知县、山西太原人高允中组织全城兵众，奋力抵抗。蓝国虽为身为文职人员，也主动请缨，"督乡兵守西门，七昼夜不倦"，"城赖以安"。[3] 另如曾官南皮知县的蓝再茂，在崇祯十七年（1644）时以花甲之年率众抵御黄大夏、郭尔标领导的围城

---

[1] 据研究，明宣德七年（1432）时，"银一两折钞100贯"，而至正统年间，一两银可兑换450—1000贯钞（详见叶世昌等《中国古近代金融史》，复旦大学出版社2001年版，第99—100页）；则知蓝福盛所受到的"钞1000贯"奖赏，最多可折算为银10两，实不算多。

[2] 蓝田：《祭从弟谦斋训术京甫氏文》，载《蓝侍御集》，第267页。

[3] 同治《即墨县志》，第555页。

之战。时当清兵南下之际，兵荒马乱，难以为生的即墨农民乃在黄大夏、郭尔标的领导下揭竿而起，围困即墨城长达40余日。承担即墨城治安之责的明廷官兵早已弃城而逃，蓝再茂乃勇挑重担，"率众固守"。解围之后，他又主动"出粟百石"，作为"鳌山卫兵众战守之资"，①为蓝氏后人树立了勇救乡难的新榜样。

即墨蓝氏的居乡之义，不仅体现在兵荒马乱之际的挺身而出、护卫家园，还体现在岁歉灾荒之年的主动承担赈济之责。首以此举闻名的，当是蓝福盛次子蓝铜。蓝铜年轻时即凭经商而使城里蓝氏富甲一邑，但他"仗义疏财"，从不贪鄙吝啬。如前所述，明成化丙午年（1486），"岁大祲"，全国多地缺粮，官方乃号召储粮大户捐纳粮食；蓝铜毫不犹豫地"辇粟若干石"，以资赈济。当即墨本地遇到天灾、庄稼歉收、民众断粮时，蓝铜更是主动打开家族仓廪，"出粟千石，贷邻里"。更令人感动的是，当第二年农作物小有收成、弟兄们提出收回所贷之粮时，蓝铜却以为："人甫回生，何忍为此？"最终动员蓝氏兄弟一致同意"焚其券"，免除了乡邻的全部债务。②这一出粟救助并焚券免债的义举，使蓝氏一族获得了邑人"至今颂之不衰"的盛誉。

此后的蓝氏子弟也大都在继其先祖善"治生"之才的同时，继承了他们勇解乡难的大义之举。如蓝铜次子蓝竟，于成化甲辰（1484）"岁大祲"之际，"输粟于官，以佐赈济"；此后，"每祲，随廪食多寡以贷乡邻；贷而不能偿者，辄焚其券"。也正因这种天长日久的义行，蓝竟赢得了乡邻们的真心敬佩："邑大夫行乡饮酒礼"之时，身为平民的他也被邀请为座上宾。③另如前述自发率众守城于危难之际的蓝再茂，也曾多次主动"出粟赋饥民，活千余人，捐地捐木以惠贫不能自给者"。崇祯庚辰（1640），即墨一邑"奇荒"，"积谷之家"悉因米贵而"成巨富"，蓝再茂更是"倾囊赈济"，虽"施予一空"也在所不惜！④此类义举，其例甚多。蓝氏一族虽屡因出粟赈纾乡难而"施予一空"，却也因此屡获赞誉，成为当地著名的仁义之家。

---

① 沙澄：《前南皮令蓝公墓表》，载蓝润辑《余泽录》第4册，第60—65页。
② 同治《即墨县志》，第588页。
③ 蓝田：《先叔父宣义郎蓝公（竟）墓志铭》，载《蓝侍御集》，第243—244页。
④ 王铎：《贺蓝老年翁（再茂）初度序》，载蓝润辑《余泽录》第4册，第19—22页。

二 恤贫倡学，安乡惠民

即墨蓝氏的以义而名乡里，不仅凭借危难之际的救灾赈荒，还凭借和平宁定时期的恤弱助贫、兴学助教。这种恤弱助贫，最早见于文字资料的，也当始于蓝福盛。据载，蓝福盛移居即墨城里后，凭负贩经营而"以资雄于一邑"。但经商致富的他，并不唯利是图，而是经常"斥其赢余，周贫恤孤，负者亦不计也"。蓝福盛这种"周贫恤孤"的做法，深深影响了家族后人。如据载，其次子蓝铜一向乐于济贫助弱，每见他人遇难逢危，总会援手相助；"尝出游，见一人卧风雪中，垂毙，脱所服狐裘衣之，扶至村落，饮以汤粥，俟苏乃去"。[1] 对垂将毙命的陌生人，他毫不犹豫地"脱所服狐裘衣之"，并"饮以汤粥，俟苏而去"。其恤弱之情由此可知一二！而且蓝铜"性峻直"，因而屡获乡邻信赖："里有斗者，率质于铜，铜以理判其曲直，皆帖然。"因此，虽为一介布衣，蓝铜却被载入《即墨县志·人物志》"孝义"类。此后，在蓝章、蓝田等的带领下，蓝氏一族又将居乡之义拓展出更为丰富的内容和更为多样的形式。

（一）创设义冢，收葬无主尸骸

自古以来，中华民族就非常重视丧葬事宜，对逝者讲究入土为安。但由于战争、瘟疫、旱涝等人祸天灾，各地往往会出现无主尸骸无人安葬现象，也会有无人管理的乱坟岗、乱葬岗之类。即墨也不例外。元末明初以来的战乱、灾荒、疾疫等，使城外时常有"白骨露于野"的现象。这一现象，至嘉靖年间蓝章创设"义冢"，始得消弭。《即墨县志》卷二《建置·冢墓》载："义冢，在县西南沙岭，明嘉靖元年邑侍郎蓝章捐置数处，计地二十余亩。"[2] 另结合蓝氏族谱、家乘等可知，嘉靖元年（1522），已经辞官乡居5年的蓝章，看到无主尸骸裸露于野现状后，非常痛心，乃捐出位于即墨城西南沙岭一带的20余亩地，设置"义冢"，收葬无主尸骸，从而成为即墨有文字记录以来的首位"义冢"捐建者。

蓝田虽未像其父蓝章一样捐建"义冢"，却也为那些因家贫而难以"入土为安"的逝者作出了仁义之举。如李开先为撰墓志中载："岁歉"之年、民不聊生之时，蓝田每每慨然解囊，"生者给粟，死者给棺，无葬

---

[1] 同治《即墨县志》，第588页。

[2] 同治《即墨县志》，第210页。

所者，出负郭田二十亩。募工聚葬者，岁千人，且为文以祭之"。① 据此则知蓝田捐给贫无葬所者的墓地，是靠近即墨县城（即"负郭"）的良田。这种允许别人在自家良田上安葬的行为，实已等同于捐设"义冢"。在蓝章、蓝田父子的影响下，即墨自此代有创设义冢以葬贫弱者的行为。至清同治时期，即墨民间所设"义冢"计有86处，占地"二顷四十六亩"。而捐建者中，不仅有蓝重蕃、黄熙世、宋德慎等来自知名家族的乡绅，还有胡瑞卿、谭世荣等普通民众。由此可见蓝氏首建"义冢"之举的号召力和影响力。

（二）捐修文庙，倡学助教

"文庙"是民间对供奉儒家先贤孔子的"先师庙"的俗称，也称"圣庙"。即墨先师庙始建于元至正七年（1347），入明后屡经修葺和拓建。主持修葺和拓建事宜的，往往是时任即墨知县或县丞。首破此例者，当是明清蓝氏的首位仕宦者——蓝章。如《即墨县志》卷三《学校志·庙制》记载：弘治五年（1492），"邑侍郎蓝章买庙前生员王续、居民杨和地，辟为神路"。此时正值蓝章"丁父忧"、归乡守制期将满之际。作为即墨近百年来的首位进士，他为父守丧期间增修文庙"神路"的行为，对即墨一邑读书科举事业的发展具有明显的推进作用，更直接激发了蓝氏后人及即墨士人对文化教育事业的重视。如据记载，蓝章之后，蓝田"以儒学地狭，棂星门坏，遂捐金广其地，而易以石门，兼建启圣祠三楹"。古代"儒学"一般特指县学，即官办学校，向无个人捐资修建记录。这里的"儒学"，是即墨民间对"文庙"的另一称呼，如《即墨县志》载此事曰："（嘉靖）十五年（1536），邑御史蓝田修棂星门，易以石坊，题曰'圣门'。"值得注意的是，蓝田重修棂星门一事，发生在他因陈洸案而下济南狱之后，可见陈洸案虽沉重打击了他治国平天下之志，却并未消磨尽他热爱、关心家乡文教事业之情。

蓝章、蓝田之后，蓝氏继有与修文庙者。如《即墨县志》又载："崇正（祯）十年（1637），邑南皮令蓝再茂捐赀重修（文庙石坊）。……（康熙）二十六年（1687），邑贡生蓝启晃重修戟门。"② 《即墨县志》还

---

① 李开先：《文林郎河南道监察御史北泉蓝公墓志铭》，载蓝润辑《余泽录》第3册，第74—82页。

② 同治《即墨县志》，第215—216页。

记载了其他一些重修或增修即墨文庙者,如"邑诸生杜从周""邑浦江令黄坦""邑总制郭琇"等,可见蓝氏倡修文庙之举对即墨文化教育事业带来的积极影响。

(三)纾忧解难,安定乡里

相比而言,在和平安定年代里,即墨蓝氏做得最多的,还是继其先人余绪的纾忧解难、安定乡里。其中首位以此而著者,当是前述以庐墓而扬母名的蓝思继。如同邑周如锦为撰祭文中载:

> 次公(蓝思继)虽渺然介士,而州郡及邑大夫有事,辄造庐而请。微次公心计,莫办也。至天旱则茹素,随邑大夫露祷;连年大祲,捧邑檄,足迹偏茅屋,劝赈焉;皆拘儒所避忌,而不难为桑梓冒行之。……又,次公精岐扁术,闻人疾苦,不待恳请辄赴。咸里有吉凶、仪节,无远近,必躬周旋。仇怨不解者,次公到则涣然冰释。有过失,曰次公得无闻之。……而次公弃宾客之日,宾客闻之,无不奔走彷徨,失声痛悼。百里之内,一时惊忧,无论知与不知,皆罢市而服缟,何修而得此也! [1]

可见,蓝思继虽是一个终生未能获取功名的儒生,却凭其博学之才、大义之志,不仅时常为管理一邑事务的官吏、士大夫们出谋划策,还积极参与求雨、劝赈等向为正统儒者鄙弃之事。不仅如此,他还精于医术,明晓丧葬事宜,长于解难解争,并积极参与为乡人治病疗疾、主持丧葬礼仪、调解争议纠纷等杂务。他的多才多艺、勇于担当、热心民事,为他在民间赢得至上声誉,以至去世之日,人"皆罢市而服缟"!

游宦多年、仕至湖广布政使的清初蓝润,也时刻不忘以安乡惠民为己任。辞官归乡后,为避结党营私之嫌,他极少与官场友人交往。但其今存文集中,却留有一封致时辖即墨政事的同僚的私人书信,其中说:

> 向以莱山吴水,久惭疏逖。……敬启者,治生素凛功令,何敢与闻外事?惟是邑中父老有至情欲呼吁,向治生迫切言之,似不能默默已者。如均地一法,原为清欺隐、正赋税也。敝邑僻处陬澨,不及他

---

[1] 周如锦:《祭蓝述泉太学(思继)文》,详见《蓝氏家乘》,即墨蓝氏家印本。

邑。自昔万历年间步弓四尺，前按台冯公祖定额三尺有八，视明季而已损公上之求，犹未至于病民。近闻众口共称新给步弓仅三尺有二，则履亩而计之，凋瘵之余，恐所病不特在民矣。仰祈老公祖详酌公呈，轸恤残黎，共视福一方，即所以培邦本也。统希慈照，临颖激切。①

此信是关于土地丈量工作的。其中提及的"步弓"，也称弓或步，既是丈量土地的器具，也是计算土地亩数的最小单位。据《明史·食货志》，明代以"五尺为步，步二百四十为亩"。清革明鼎之初，大致沿袭明代的土地计量法。至顺治十二年（1655），为全面掌握天下田亩之数以便于征税，乃"部铸弓尺颁行天下"，要求各地按新弓尺丈量土地，但仍沿袭明代"五尺为步，步二百四十为亩"的传统。表面看，这种按统一弓尺丈量土地、征收赋税的做法极为公正，应能推广开来。但实际上，土地肥瘠、所处区域等的差异，往往会导致年产量的不同。因此，民间各地一直习惯于采用因地而异的计量标准，或者弓步标准不一，或者每亩所计弓步数不一，如"山东、河南、山西、江苏、安徽、福建、浙江、西安等地，或以三尺二三寸、或以四尺五寸、或以六尺五寸、或以七尺五寸为一弓；或以260弓或以720弓为一弓。长芦盐场三尺八寸为一弓；或360弓或600弓或690弓为一亩"②。此信中，蓝润先是非常谦卑地以"治生"自称，致以简单的客套语之后，便直接提出致信目的：希望昔日同僚能结合即墨实际情况和民间传统做法，根据地域差异调整步弓数，合理核实田亩数，以免引起民乱，导致纠纷。蓝润的请求，显然并非为其个人或家族私利，而是为即墨一邑之百姓，充分展现了蓝氏安乡惠民的愿望。

大致说来，明清时期的蓝氏子弟，无论为民还是为官，往往凭其个人所长，勇敢承担起安乡惠民之任。如蓝启肃当乡亲"串纷纠"之际"力为排解"，值"邑有大利害，长吏疑不能决"之时，则"开陈详切，了若指掌"，使"官与民皆便之"；蓝重蕃当"事之关宗祀、涉敦睦者，以身先之"，"戚友之贫不能葬者，必躬任焉"；蓝中高对"族中有不举火者"，"以资相助，不计有无"；……义行种种，不胜枚举。

---

① 蓝润：《候海右道》，载《聿修堂集》，第86页。
② 张研：《清代经济简史》，中州古籍出版社1998年版，第117—118页。

三 兄友弟爱，振家兴族

即墨蓝氏之义，不仅体现在对家园、乡邻的卫护，还体现为对家庭乃至阖族兄弟的友爱无私。对于兄弟之义，中华民族自古以来就极为重视。今存最早的诗歌总集《诗经》中，即已出现了歌咏兄弟之情的《常棣》一诗，其中提出了"凡今之人，莫如兄弟""宜尔室家，乐尔妻孥"等影响深远的观点。入明以来再度崛起的即墨蓝氏，也深受这一优秀传统的影响，始终重视对蓝氏兄弟团结友爱、和乐一心之情的发扬。

今存关于即墨蓝氏兄弟之情的最早文字资料，也来自明代蓝氏三世祖蓝福盛。据载，身为长兄的他，不仅处处时时以身作则，率领兄弟振兴家业；还时刻以兄弟友爱为重，从不计较个人利益得失。当兄弟提出分家析居要求时，他立即将祖上所传房屋、田产全部让给兄弟，自己则赤手空拳地迁居到举目无亲的即墨城里，凭其经商之能为蓝氏后人开拓出一片全新的生存空间。其后，蓝氏后人大都秉先人余绪，坚守了这种兄弟友爱之义，见诸文字的除前述蓝铜"处昆弟，友于谆切"、蓝章接季弟夫妇同住、蓝田让"荫子"机会于季弟等事外，最为典型的当属清初振兴了蓝氏一族的蓝深、蓝润兄弟。据载，顺治甲午（1654）春，时已49岁的蓝深携蓝润长子、侄蓝启先同赴京城，参加会试。不料"方试棘闱"，蓝启先猝然染病离世，蓝深遂"不复措意功名，哭泣守视，治棺衾、含殓，持其丧归"。这种叔侄深情之中，反映的还有对长年仕宦在外的弟弟蓝润的关照、体谅之情。更令人敬佩的是，顺治十六年（1659）春，已经54岁的蓝深"以恩贡进士除临淮知县"，终于得到施展其治国理政之才的机会。然而，次年四月，蓝润即以"宏文院侍读"而被简拔为"江南按察司使"，而临淮县正隶属于江南省的凤阳府。为避嫌，初登仕途的蓝深乃辞职归乡，从此再未出仕。①这种置兄弟之义于个人前途、利益之前的做法，一直令蓝润感愧不已。因此，当顺治十八年（1661）获得荫子机会时，他毫不犹豫地将时仅9岁的蓝深之子蓝启冕（后更名蓝启肃）的名字报了上去。蓝深、蓝润二人就这样以实际行动阐释了他们对传统兄弟情义的理解，成为倡导兄弟大义的蓝氏典范。

值得注意的是，蓝田以来的即墨蓝氏还大加拓展，将这种原本仅限

---

① 陶元淳：《临淮令蓝公（深）传》，详见《蓝氏家乘》，即墨蓝氏家印本。

于家庭内部的兄弟情义扩展至阖族兄弟，既使蓝氏一族兄弟同心，又使蓝氏义名盛传乡里。概括而言，蓝氏后人发扬这种兄弟大义主要有两种做法。

（一）复兴祖产，惠及阖族

古往今来，中华大地上出现过众多传承数百年的知名家族。综考可知，以田地为表征的家族产业，是大多数知名家族传承不衰的基本经济保障；失去基本经济保障的家族，往往不久便销声匿迹于浩瀚历史中。因此，一些希图促进家族兴盛传承的有识之士，往往会首先承担起振兴家族产业的重任。蓝氏一族在即墨的传承不衰，也离不开此类有识之士的挺身而出与无私奉献。其中，少年失父的蓝思继，可谓明代蓝氏中兴的第一人。蓝思继成年时，蓝氏已"家业中衰"。但他"朝夕拮据"，不懈努力，终使蓝章创建的世鴈堂焕然一新，并使蓝氏家族田产"稍稍连阡陌矣，非久即恢故物"。而蓝思继之侄蓝再茂，则于危急之际挺身而出，以一己之力保住了蓝氏家族田产，且精心经营，严加管理，使家族田产的经济收入惠及阖族子弟，从而极大地拓展了蓝氏兄弟之义的外延，也使其本人以此大义之举而被载入《即墨县志·人物志》"孝义"类。对此，后人为撰墓志、墓表等中所载尤详：

> 栾道明等纠党聚众，辄欲夺崂山数处之遗产而甘心焉。公乃毅然身当质讼，司台履境亲验，置道明于法，不逞之徒惊服其胆智。而公志气弥厉，谓："不涉世，不可以入道。"于是奋图祖业，刚柔并用，即有风波诟谇，而豪强究未得遂其吞并，诸兄弟坐享其利。如从弟之废万金产而无尺寸土，公赡恤其家，抚其诸子，终身如一日。父母养老，公产尽让幼弟。敦宗睦族，每当岁时伏腊，输粟捐资，赖以举火者不一而足。——傅以渐《前南皮令青初蓝公（再茂）暨元配孙氏继配崔氏墓志铭》

> 且负义气，赴急难，人以非道相加，不与校，而豪强辈亦不敢侵。先世崂山遗产，为道士栾道明等占夺。公毅然辩理，复返如初，而道明等遂伏法。诸兄弟或荡徙世业，公赡养其家，抚其诸子，终身一日。由是而族党以及疏属待以举火者比比。——沙澄《皇清敕封文林郎、内翰林国史院检讨加一级、诏赠中大夫、前南皮令蓝公

(再茂）墓表》①

由此可知，蓝再茂为蓝氏族人做了两件非常重要的事情。一是"身当质讼"，夺回被栾道明等恶道霸占的崂山数处田产。二是"刚柔并用"地管理家族田产，使阖族兄弟"坐享其利"。自古以来，"身当质讼"就是普通民众所畏惧、儒家学者所批评之事。而蓝再茂不仅身为读书之人，且是即墨一邑"三代钜宦"、数代书香之族的代表人物，竟因争夺田产而提起诉讼！更兼他控告的对象，是以栾道明为代表的历来被民间奉若神明的崂山道教势力！关于这场官司的文字资料，今已荡然无存，但可猜知：蓝再茂的提起诉讼，应招致诸多非议与嘲讽，他也因此承受了来自家族内部和外部的多方面压力。因而，他的顶住压力、打赢官司、保住族产，在当时应引起很大轰动。而稍后，为追逐更高的经济利益，他更是不顾儒家礼教之鄙视，以"刚柔并用"的方法管理蓝氏公有田产，使家族子弟"赖以举火者不一而足"，其本人则成为拯家族之业、振家族之风、凝聚家族力量的核心人物。

其后，蓝润、蓝启亮、蓝启延、蓝重蕃等蓝氏后人，也往往不计名利，任劳任怨地或管理、或振兴家族产业，以其利惠及阖族子弟，从而传承了蓝再茂以来的兄弟大义。

（二）创设义田，凝聚族心

这是蓝深嗣子（蓝润次子）蓝启晃为蓝氏一族所开拓的另类兄弟大义。清人谢永贞为作传记中载：

> 又尝仿范文正公故事，置义田三顷，以收族人之失业者。而义学之设，良师之聘，不独恤其生，且以成其材，则又文正公之所未及者也。……戚党庆吊，必躬必亲，盛夏隆冬，不惮劳也。他如分人以地，周人以财；舍义冢而泽及枯骨，施庙地而惠及僧道；药饵饮食以救生，棺椁灰石以恤死；种种善行，未可枚举。②

"范文正公"即以"先天下之忧而忧，后天下之乐而乐"而闻名的北

---

① 详见蓝润辑《余泽录》第4册，第60—65页。
② 谢永贞：《司训蓝公（启晃）传》，详见《蓝氏家乘》，即墨蓝氏家印本。

宋名臣范仲淹。他幼年时随母改嫁朱氏，成年后仕至高位，俸禄甚丰，却自奉克俭，以所积之资在家乡杭州买地上千亩，作为家族"义庄"之"义田"；并亲自制定"养济群族之人"的《义庄规矩十三条》，希望族人遵守执行，使义田之制延续不绝。①范仲淹的这一做法，开创了我国古代家族慈善事业之先例，也奠定了古代知名家族传承大业的经济基础。而尤值称扬的是，范氏后人一直坚守这一传统。至清末，范氏义田已达八千亩，赖以存活的范氏族人不计其数。因此，范氏义田之事，在古代影响很大。即墨蓝氏自蓝再茂、蓝深之时，即兴效法之意，然因财力不足而弃置之。蓝启晃从小即知祖辈、父辈之意，兼慕范氏之事。因此，当晚年财力有余后，他便督其子孙，于女姑山庄（今属青岛市城阳区流亭街道办事处）一带购地300亩，作为即墨蓝氏的义田；又倡导贫无所依的族人往居之，终于建起蓝氏自己的"义庄"。为督促后人沿袭义庄之行，他又作《义庄记》专记其事：

  宋范文正公置义庄以赡族人，千古盛事也。闻处公之后、行公之行者，代不乏人，然皆未如公之周悉尽善也。惟我蓝世自昌阳徙居即墨，其家世载诸元代祖林碑记中，兹不详书。及我九世祖兄弟二人，长则我赠侍郎祖（蓝福盛），次则城外我九世叔祖也，两支子孙迄今益蕃，但无居址有之，无地土者有之。我祖封太史公（蓝再茂）、我父临淮公（蓝深），每遇婚嫁丧葬、食贫不能自给者，恒济助焉。若置义庄一节，有志而未逮。今不孝承前人余荫，办税、祀先之外，间一周恤之，惜无厚蓄多藏、遍为照顾也。今将自置女姑山庄暂荒地三顷，指为义庄。凡我同宗，不拘远近，愿开耕者，即往开耕，三年后按亩入荒田纳税。愿盖房屋者，即往岭南大井北择地修理居住。愿种树木者，即往择荒场栽植。庶几少助衣食之万一，以聚我族人贫之散处者。勿典勿卖，俾子孙世守之。然此亦略完我两世先人之志愿耳。如云效范文正公之盛事，不孝晃则未之敢当也。特书数语记之。不孝宗子、贡生启晃率男禀生重桂、重庆、重穀、重颐、孙璨记②

---

① 钱公辅：《义田记》，载殷义祥注《古文观止新注》，人民文学出版社2003年版，第531页。

② 蓝启晃：《义庄记》，详见《蓝氏家乘》，即墨蓝氏家印本。

据此而知，此义庄乃蓝启晃率其四子一孙而置建。"勿典勿卖，俾子孙世守之"的嘱托之中，寄予了他对蓝氏后人世代相承、绵延不绝的厚望。此义庄规模虽远不及范仲淹创建的范氏义庄，且仅收置蓝福盛、蓝福进两支系的贫而无依者，但其"聚我族人"、传于后世之意则同。因此兴建义庄、恤助族人之举，蓝启晃不仅在乡里获善人之誉，且被推举为"乡饮大宾"，载入《即墨县志·人物志》"孝义"类①。

因文献的缺失，蓝氏义庄的后续发展情况，今已难以详考。但结合即墨蓝氏至今凝聚一心、传承不衰的事实，可以推知，此义庄当在较长一段时间对蓝氏一族的发展传承起到了较好的推动作用。

四　助友知友，弘扬友道

中华民族向来重视友道，并总结了诸多关于友道的理论。其中，《论语·季氏》的这一论述，尤为深入人心："益者三友……友直，友谅，友多闻，益矣。"2000多年来，正直公正、诚实守信、博学多识，已成为中华儿女至高的择友标准和为友之道。自蓝章始即以读书而闻名的即墨蓝氏，也深受这种友道观的影响，屡屡以亲身实行弘扬和传承这一中华优秀传统文化。此仅择数例略述如下。

（一）尚友轻财的蓝田

从小饱读圣贤书的蓝田，少有直接论述友道的言论，却以实际行动诠释了至诚守信、财物与共、相知相赏的待友之道，开启了即墨蓝氏重友尚义的传统。如李开先为撰墓志记载了他与刘英、周秀相交之事：

> 莱州刘英为宁州守，寄其囊箧，人无知者。赴任，举家沉于江。公召其从弟，还之，封识如故。历下同年周秀，居官清苦，殁后家贫，乃携其子养而教之，见在即墨为庠生。②

刘英，莱州掖县人，明成化二十二年（1486）举人，弘治十二年（1499）进士。因可推知，他与参加过1493年、1496年、1499年三届会试的莱州即墨人蓝田，应在考中进士之前就已相识并相交。刘英考中进士

---

① 同治《即墨县志》，第596页。
② 李开先：《文林郎河南道监察御史北泉蓝公墓志铭》，载蓝润辑《余泽录》第3册，第74—82页。

后，按惯例在中央行政部门"观政"，"观政"期满后，始获授宁州（今云南省华宁县宁州镇）知州。因疑此事发生于蓝章仍在京城任职、仍未中第的蓝田亦随侍在京的弘治十六年（1503）前后。正因蓝田的居京侍父，刘英才得以在携家人远赴宁州前，将暂时不便携带的物品寄存于蓝田处。不料，刘英阖家竟在赴任途中不幸遇难！噩耗传来，蓝田伤悼之余，又费尽周折地找到对寄存一事毫不知情的刘英堂弟，悉数归还友人所存之物。由此可见，蓝田崇尚并践行了诚实守信的待友之道。

周秀字公全，济南历城人，与蓝田同为明弘治五年（1492）举人，也屡屡与试而屡屡不第，终因家贫，不得不"就部铨"，初授为蒙城知县，终怀庆府同知。周秀博学多才，早有文名，杨廷和、蓝章等功成名就者均服其才，"折行辈"而与之交。蓝章更是主动与其结为儿女亲家，命次子蓝囦娶周秀季女为妻。一直在父亲身边长大的蓝田，也与周秀私交甚厚。赴京赶考路过济南时，蓝田曾住其家，有《宿济南同年周公全舍》诗记其事。其中的"酒尽灯残话未休，半窗明月上帘钩"一联，说尽二人的志同道合。周秀为人也耿介不阿，因而屡忤于权宦和上官，一直备受打压，不得重用。嘉靖甲申年（1524）三月十八日，怀才不遇的周秀因抑郁劳瘁，卒于怀庆任所。其时，蓝田终于结束长达30年的会试之路，成为一名阶仅七品的监察御史。对这个早有文名却一直抑郁不得志的年长老友，蓝田深为叹惋，因而亲撰墓志，并将其长子周都①接至即墨，使就读于县学。②周都成年后，曾归乡葬其先人，蓝田为作《济南周氏三世阡表》。周都又哀集边贡、刘天民与其父周秀、伯周程、叔周导的往来书札，蓝田又为作跋。③对于周秀，蓝田不仅铭其墓，彰其声；而且抚其子，传其后。种种行为中显示的，不仅有他对朋友的相知相惜之情，更有对朋友的"通财之义"。④

今存文献中最能体现蓝田待友之道的，还有他与张凤翔之间那种如同

---

① 据蓝田撰周秀墓志铭，周秀有二子，次子周昆"娶而殇"。
② 蓝田：《明故奉议大夫怀庆府同知周君墓志铭》，载《蓝侍御集》，第244—246页。
③ 蓝田：《济南周氏三世阡表》《跋边刘二公与周氏兄弟书札》，载《北泉文集》，第396—397、389页。
④ 通财之义：是古代儒家学者所倡导、称颂的一种共享或分享财物的朋友关系。如《论语·乡党》载："朋友死，无所归，曰：'于我殡。'……朋友之馈，虽车马，非祭肉，不拜。"《论语·公冶长》亦载子路语曰："愿车马衣轻裘，与朋友共，敝之而无憾。"

钟子期、俞伯牙般的相知相赏。张凤翔字光世，号伎陵子，洵阳（今陕西省旬阳县）人，弘治五年（1492）举人，弘治十二年（1499）进士，官至户部云南司主事。张凤翔自幼患眼疾，畏光惧日，然博学多才，落笔成章，深得武英殿大学士杨一清赏识。不过，他出仕后不久，即因病告假，年未三十而卒于京师。张凤翔与蓝田相识于弘治十年（1497），后因志趣相投而相知相交。张凤翔考中进士时，早有文名的蓝田因不肯俯就于科场时文而仍名落孙山。张凤翔因作长序送之，并在序中真诚相劝，可见二人之莫逆。张凤翔于京城去世时，老母年逾七旬，弱子仅7岁，一妻一妾唯知相对而泣，幸得李梦阳等同僚友筹资经办丧葬及其家人归养等事宜。其时，蓝田仍未得第，因而无缘参与这些助友事宜。但考中进士后不久，蓝田即着手于张凤翔遗稿的整理刊刻事宜。如有"前七子"之誉的文学家边贡在致杨一清信中曾说：

> 光世（张凤翰）诗文草，计十有二册。癸未（1523）夏，蓝君玉父（蓝田）寔托鄙人以修葺之。一则坐其丛杂无序，脉络难寻。二则坐贡冗懒多病，意绪荒落，暇日披检，辄多中辍，藏之巾笥且两年矣。顷遵严教，极力整顿，真若理乱丝之纠结也。各依体制，厘为六卷，名曰《户曹张伎陵集》，缮写成帙，附呈台瞩。①

这些连边贡也感叹为"丛杂无序，脉络难寻"的张凤翔遗稿，是蓝田于1523年夏委托边贡编辑的。边贡历经两年时光"极力整顿"，始编成"各依体制"的六卷本《户曹张伎陵集》。此稿的编成，足以慰解蓝田对张凤翔的相知相交之情。可惜的是，这部凝聚了多人心血的书稿，未及刊刻而毁佚于书坊之火。如今存蓝田致张凤翔独子张子开一信中载：

> 子开一身，宗祀所系，节哀自重，是故旧之所频望也。尊翁手稿十册，向在李崆峒处，边华泉取而归之于仆，托仆选校。仆选校成编后，付之华泉刻梓，不意未成。华泉东归，仆往索之，答云："书楼值回禄之厄，此集已化为乌有矣！"为之叹惋不置。昨见舍弟，云：

---

① 边贡：《复蓬庵杨相公书》，载许金榜、米寿顺选注《边贡诗文选》，济南出版社1994年版，第190页。

"会崔岱屏都尉,言及东岩手稿华泉处已无。岱屏云:孙平泉太史处有东岩手稿,向曾见之。"平泉没后,其所载书集皆归于族人孙堪。堪,武举,都指挥,今坐京营。子开来京时,可托索之。珠光剑气,宇宙间至宝,自不容掩没也。《古文苑》,东岩子旧曾借观,时有批注;又图书八方,旧遗于舍下,皆尊翁手泽所在也。今检出并以奉上,以为子开传家之宝。①

这里的"李崆峒",即曾主办张凤翔丧葬事宜的李梦阳,字献吉,号崆峒(也作空同);"边华泉",即边贡,字庭实,号华泉;"舍弟",即蓝田季弟蓝因;"崔岱屏",即驸马都尉、山西代州人崔元,字懋仁,号岱屏;"孙平泉",即张凤翔同年友、浙江余姚人孙清,字直卿,号平泉;孙堪(1483—1553),字志健,号伯泉,嘉靖丙戌(1526)科武状元;"东岩",应是张凤翔别号。其时,蓝田已因陈洸案而削职家居,然在得知张凤翔寡妻去世消息后,仍立即致信其已长大成人的独子,抚慰劝喻之后,嘱以搜寻其父遗稿之事。

另据此信,张凤翔遗稿乃蓝田选校,并委托边贡刊刻,不幸而焚于书坊之火灾。此虽与边贡所记龃龉,然均可看出蓝田对友人的念念不忘之情。据此亦可推知,当获知友人遗稿偶失于火消息之时,蓝田该是何等的遗憾、何等的懊恼!在蓝田看来,张凤翔诗文犹如"珠光剑气,宇宙间至宝,自不容掩没也"。因此,在张氏去世后的近20年时光里,他一直珍藏其"手泽"遗迹,期望有朝一日能还其子孙,期望有朝一日张凤翰诗文能结集成册、传于后世。而当得知友人遗稿消息后,他立即致信友人之子,详细告知,并嘱其索而藏之。其对友人的拳拳之情,跃然纸上,令后之读此文者,不能不油然而生叹敬之情。

(二)尚义重德的蓝再茂、蓝深父子

与友交,尚德信,轻钱财,重相知,这是蓝田用其实行诠释的蓝氏为友之道。其后人蓝再茂、蓝深父子,则诠释了他们所理解的待友以义传统。

据《即墨县志》,蓝再茂"倜傥尚气节",为诸生时,曾"集十学

---

① 蓝田:《与子开》,载《北泉文集》,第437—438页。

士"而为招远诸生王赐珮、刘见龙申冤。① 傅以渐为撰墓志中载此事曰：

> 有招远县庠生王赐珮、刘见龙二侠士，因条陈利弊，为衙蠹中伤，耸知县申文革黜，将加极刑。公义愤不平，立纠十学诸生，谒学宪项公梦原，代为申雪。赐珮复学，给庐舍，居之即墨。其济人之急，拯人之难，慷慨周挚，大率若此。②

招远县，明清时期隶属于山东登州府。庠生，即民间俗称的"秀才"。王赐珮、刘见龙二人生平不详，仅据此可知二人曾因指陈招远县事而遭县中恶吏中伤，被革免"庠生"身份，并将处以刑罚。仅为"秀才"的蓝再茂知晓此事后，义愤填膺，纠集登、莱二府为主的"十学"（包括州学和县学）秀才，直奔济南，拜见山东督学，为王、刘二人申雪冤情。这里的"项公梦原"，即时任山东学宪的浙江秀水人项梦原，初名德棻，字希宪，万历四十七年（1619）进士，于天启六年（1626）前后提学山东。蓝再茂为王、刘二秀才鸣不平一事，当发生于此年前后。其时，蓝再茂已年逾不惑，长期的莱州府秀才身份，使他极可能与毗邻的登州府王、刘二人相识，且在山东秀才中拥有一定的知名度和号召力。更兼少年时即有"身当质讼"、从崂山恶道手中争回族产的成功经验，因而他的纠集众人、面见督学、为二人申冤之举，完全可以理解。尤为可贵的是，为王、刘二人申雪冤情后，蓝再茂又出面协调，将已在招远县无法立足的王赐珮一家安置在即墨生活，充分体现了为友人洗雪冤情的大义之举和不吝财物以接济友人的"通财之义"。

蓝再茂长子蓝深，则以以德报怨的大义之举赢得了时人称颂。如陶元淳、宋琬为作传记中均曾记载他待王效忠之事：

> 公为诸生时，知县王效忠受人指使，窘辱公备至。王后被论去官，人无恤之者，公遇之转厚。当在临淮时，王衣葛，冒风雪请见，病甚。公执弟子礼甚谨，饮食医药之，为致路粮，护之归。③

---

① 同治《即墨县志》，第564页。
② 傅以渐：《前南皮令青初蓝公（再茂）暨元配孙氏继配崔氏墓志铭》，载蓝润辑《余泽录》第4册，第54页。
③ 陶元淳：《临淮令蓝公（深）传》，详见《蓝氏家乘》，即墨蓝氏家印本。

先生为诸生时，邑侯王效忠者，数以窘辱至。人谓当官而不礼于士、士受之不报者，屈于势耳；势去，未有不报也。已而，效忠罢，而且礼事之又加厚焉。及任临淮，效忠亦若忘其尝为我窘辱者也，衣葛衣，风雪至焉，病且甚，知其必无憾耳。先生不惟无憾，且谓是知我者，恪谨备至，视病已而大为归，许为快心焉。……嗟乎！名臣之后，数世而下必有似其祖者，信然夫。①

王效忠，天水人，清顺治五六年间（1648—1649）任即墨知县②时，曾屡次当众羞辱时为诸生的蓝深。然而，当王效忠罢官后，蓝深非但没有如常人一样报之而后快，反而更加以礼相待。顺治十六年（1659）冬，蓝深官临淮（今安徽凤阳县一带）知县，被罢免的王效忠既病且困，无以归乡，只好厚着脸皮去找蓝深求助！当此之时，人皆以为乃回报当年之辱的最好时机，胸怀阔大的蓝深却毫不计较，不仅仍执弟子之礼，且为其请医看病，又准备钱粮、派人将他送回老家。王效忠虽称不上蓝深友人，但对曾经羞辱自己的前任县令尚能如此以德报怨，对友人必当更胜于此。莱阳名士宋琏的高度评价、时人的"长者"之誉等，均可证明这一点。

其他蓝氏子弟，也多能继其先祖遗风，每以喜交游、好宾客、乐助人而闻名。如蓝启晃家中常"穷亲故友"满座，曾将因"逋赋之累"而流落至即墨的莱阳人谢永贞收养于家中两年③；蓝启肃养病于"距城五十余里"的蓝氏崂山华阳书院时，"宾客从之者屡满户外"④；蓝重祜家居之时，常召故人会饮，"非大风雨，户外屡常满"⑤；蓝中璇慷慨好客，"座上客常满"⑥；等等。

五　爱民惜生，为官之义

"当官不为民作主，不如回家卖红薯。"这句来自民间戏曲《唐知县审诰命》（又称《七品芝麻官》）的俗语，形象反映了广大民众衡量以治

---

① 宋琏：《临淮令蓝公（深）传》，详见《蓝氏家乘》，即墨蓝氏家印本。
② 同治《即墨县志》，第360页。
③ 谢永贞：《司训蓝公（启晃）传》，详见《蓝氏家乘》，即墨蓝氏家印本。
④ 周毓正：《蓝母周孺人传》，详见《蓝氏家乘》，即墨蓝氏家印本。
⑤ 周祚显：《蓝母吕孺人八十寿序》，详见《蓝氏家乘》，即墨蓝氏家印本。
⑥ 黄植：《十三世祖母孺人周氏传》，详见《蓝氏家乘》，即墨蓝氏家印本。

民牧民为业的官吏们的唯一标准——能否为民作主。而能够"为民作主",往往是那些名垂史册的清官名吏们的共同特点。随着蓝章考中进士、步入仕途,即墨蓝氏这个逐渐以仕宦闻名的名家大族,也开始谱写其以义而行的新篇章——为官以义。这个义,是"为民作主",就是舍弃个人私利而以百姓和国家利益为上的大义。

(一)民利为上的蓝章

早在为婺源知县期间,蓝章就做了诸多以民利为上的好事,其中之一是督促重修婺源县学宫:

> 婺源儒学在县西山麓,……学者病之。成化丙午(1487)之岁,进士即墨蓝君章受命来知县事。盖期季而政成,乃以次修大成殿及两庑并学门及藏修之居,饰明伦堂而新之。……盖学宫去水远,无所从出,惟冲山有活水可取道而至,有识者虽计之而力莫为遂也。君首捐奉(俸)鸠工,伐山通渠。渠凡数百丈,导其流,自射圃北逶迤而左,经馔堂,历三贤祠,又演而南,始潴为池,作石栏以环之。告成之日,山增而秀,水辟而深,草木含辉,弦诵得所,称古泮宫之制。盖役不及民、费不勤官而成兹,伟绩为诸邑之冠焉。非君有过人之才,不足语此。于是,训导李君仁具其事,来休宁,请予记。①

春秋时期,各诸侯国即将学校修建于仅有水路可通的远离城市之所,以便于学子静心向学,《诗经·鲁颂·泮水》等诗都曾提及。后世地方官府也往往仿此传统,将官办学校建于僻远幽静之处。婺源县学虽依传统而选建于僻远的群山之麓,却因距离周围活水还有一段距离而没有开凿用以交通的水路,因而久为学子所苦。蓝章在整修学宫的过程中得知此事,立即决定自筹经费,雇用人夫,开凿水路。当他率先捐出俸禄后,婺源县丞李应钟、主簿于晟、教谕廖纲、训导张节等人纷纷响应。于是,一条长达数百丈、直通冲山活水的水渠建成了。水渠修成后,引来活水,不仅使学宫风景更幽,更称古泮宫之制,而且使学子们终于可以驾小舟轻松出入。此工程既未动用官府银两,也未摊派百姓劳役,在当地得到了较好的反

---

① 程敏政:《婺源县庙学重修记》,载蓝润辑《余泽录》第1册,第81—82页;此文又收录于程敏政《篁墩文集》卷十六、《婺源县志·艺文四》等。

响,以至于时任婺源训导的李仁主动找到休宁(今属安徽省黄山市)人程敏政,请他撰文记载此事。

蓝章对为官以义的理解,还体现在对那些一心为民谋利益、鞠躬尽瘁死而后已的前任官员的尊崇。在潜山县令任上时,蓝章发现:成化六年(1470)来当县丞的山东同乡、平度人宗信,做了除豪强、凿河渠、新学宫等诸多便民利民之事;成化十一年(1475),他卒于潜山任所后,当地民众自发兴建祠庙,并时常前往祭拜。对这位将一生奉献给潜山民众的同乡,蓝章非常敬佩,便前往宗丞祠拜谒,却发觉其祠所在地"卑湿狭隘,弗称报享",于是另择高地,为建新祠。焕然一新的宗丞祠建好后,蓝章又命长子蓝田代作《宗丞祠记》,宣扬宗信"为民作主"之事。其中这段话,充分反映了蓝章对历代以义为官者的景仰和倡导之情:

> 呜呼!先王之典,有功于民则祀之。汉羹颉侯刘信守舒城之日,作三堰,灌田二万顷,民到于今祀之。若公之水利,匪直一世之利,实成世之功也,盖庶几乎羹颉矣。艺政树德,则又过之。公可谓有功于民矣!庙世祀之,宜也!谨刻此石于祠之左,以告后之来斯者。①

羹颉侯刘信,是汉高祖刘邦的侄子,西汉初年被封于舒城县(今属安徽省六合县)。据光绪《舒城县志》,在舒城期间,他曾不惜时力地令人在极为僻远的七门岭下修建三堰,并"开渠建闸,引河流东北,载之平陆"。三堰建成后,七门堰"灌田八万余亩",乌羊堰"灌田一万余亩",槽牍堰"灌田两万余亩"。因而,"民到于今祀之"。而明成化年间的平度人宗信,虽仅为辅助县令工作的小小"县丞",却也在潜山县兴修水利,给百姓带来长久利益,因而也受到百姓"庙世祀之"的至高礼遇。可见,为官之"义",首在"有功于民"!

后来巡抚陕西时,蓝章又上《褒崇墓宇疏》,提出修复陕西咸阳县境内周公和姜太公墓宇、沔县境内诸葛亮墓宇的请求,并申明这样做的意义在于"称朝廷褒崇圣贤之心""励风化之一端"②。此疏所反映的,也是他对那些"有功于民"的前贤、官吏的尊崇之情。这些使平民百姓世代

---

① 蓝章:《蓝司寇公劳山遗稿》,第13页。
② 同上书,第4页。

祭祀和怀念的前贤官吏，无形之中成为蓝章的为官楷模。他们所秉持的这种以百姓利益为上、务在"有功于民"的为官准则，也成为蓝章认可的为官大"义"和人生准的！

在这一为官理念的指引下，蓝章始终清操自守，为后人开拓出不阿权宦、不惧天威、唯以百姓和国家利益为上的为官原则。这一点，其实早在他为官潜山时，即已显露无遗。如蓝田代作的《便民仓记》中说：

> 余尝见今之临民者与夫徒御持斛量、司廪门、执洒扫之辈，皆取一年温饱之计于此两三月之间。呜呼！民何辜焉？兄弟父子终岁勤勤以供公上之税，民之分也。今乃圭撮鼠耗之外一倍至于二倍、三倍，盖以二三斛而后可以供一斛之输也。呜呼！国何利焉而忍视民如土苴刍狗也哉！后之来斯者鉴余不腆之言，则潜人之幸也！①

如前所述，潜山县老粮仓不仅位置僻远，交通不便，而且年久失修，损耗颇多。蓝章察知民意后，另择水陆交通便利之处而兴建之，解决了这个困扰潜山民众多年的"老大难"问题。而蓝田代作记文中的这段语句，抒情性、批判性都强，且将批评矛头直指"今之临民者与夫徒御持斛量、司廪门、执洒扫之辈"，谴责他们的不爱民敬业和"视民如土苴刍狗"！这与蓝章一贯谨严质朴的文风迥然不同，但因充分表达了他为民作主的以义为官主张而得以完整保留。

这种主张为民谋福利、以民利为先的为官原则，使蓝章不久便从县令任上脱颖而出，被提拔为都察院贵州道监察御史，期满后又被选拔至其他中央部门任职。但这也使蓝章屡屡得罪权宦，以致正德二年（1507）因刘瑾等人的罗织构陷而遭下狱、贬官处罚！

官场上的不公遭遇，从未改变他以国计民生为上的为官理念。如在陕西巡抚任上、受命镇压蜀民之乱时，他坚持认为，民乱起于"朝廷不恤民"，"不理其源，乱靡定也"；那些"乘间操戈者，皆吾赤子"，"吾何忍置之姘嵘外而夷之、而剪之乎？"②因此，对乱民，蓝章不肯采取惨烈的剿灭杀绝措施，而是多采取安抚招降策略。在民乱稍平之际，他又上

---

① 蓝章：《蓝司寇公劳山遗稿》，第12页。
② 宋琏：《明南京刑部侍郎大崂山翁蓝章传》，详见《蓝氏家乘》，即墨蓝氏家印本。

《请赈疏》，请求赈济刚经战乱的平民百姓。当司礼太监萧敬、镇守太监廖堂等希承上旨，要求陕西督造劳民伤财的宫廷使用精工毡帐时，他又连上三疏（今仅存《乞罢毡帐疏》一疏），乞求罢免。其所上诸疏，均以国计民生为上，且用语敦厚，言辞恳切，于情于理都让人难以拒绝。他虽为民争得利益、为国平息祸端，却也得罪了那些借搜刮民脂民膏以媚上的权宦佞臣，为自己仕途平添了许多障碍，以至于蜀乱平定后仅升职为南京刑部右侍郎。对此，蓝章却毫不在意，认为"苟尽吾职，谁非天子宠命，而何择与！"就这样秉持着这种以国计民生为上的大"义"，蓝章无怨无悔地从陕西至南京就任。最终因在督理两淮盐政期间烦于索贿者的不断骚扰，而连续上疏以求致仕，从而成为明代寥寥可数的居可获厚利之官而自疏请辞者[①]之一！

（二）以义为官的蓝深、蓝润兄弟

蓝章之后，这种不阿权宦、不惧天威、唯以百姓和国家利益为上的仕宦大义，首先被其子蓝田发扬光大。为谏"大礼"，他与同僚友人"撼门而哭"，虽受杖刑、下大狱也在所不惜。为清朝政，他又连上多疏弹劾席书、桂萼、张璁、陈洸等权臣新贵，虽遭诬陷、再下狱，直至被终止历经30年会试之苦才得来的仕宦之途，也决不低头！此后，蓝再茂及其二子蓝深、蓝润，更以各自的亲身实行给出了即墨蓝氏关于为官之义的解释。蓝再茂官南皮知县时的爱民如子、治邑如家，前文已有述及，不再赘语，此仅补述蓝深、蓝润以义为官之一二事。

顺治十六年（1659）春，年已54岁的蓝深获授临淮知县之职。其时，恰值郑成功、张煌言联合组成的反清义军于五月发布《海师一路收复镇江檄》，发出收复中原号召，准备沿长江口逆流而上。而临淮县驻地（今安徽凤阳县临淮关镇一带）即在长江岸边，距离后来成为主战场的京口仅百余里。深知军情紧急的蓝深，抓紧训练民兵，做好守御准备。他的防御措施既使临淮民心安定，也使反清义军知其有备而不敢进犯。七月，郑成功兵败后撤回福建，长江战事结束，蓝深又积极筹划为民谋利之事。一方面，他组织人力疏浚锅铁口一带的航道，以便商船往来，促进当地经济发展。另一方面，他又令人清查、减免百姓所欠赋税，以解除民生压

---

① 如蓝田《与安厓书》（载《北泉文集》第239页）中说："前时，当理盐之寄者，多借此结纳要路，未有不躐登台省者。近日，当此寄而乞归者，独先大夫与公二人耳。"

力。对那些确实无力缴纳的，他竟变卖自己家产先行垫付，以致一年之中垫付了一千余两银子！最能体现他唯以民利为上原则的，是宁肯得罪上官也不枉杀人命一事。《即墨县志》《山东通志》以及陶元淳、宋琬为撰传记等均载此事，尤以宋琬所载为详：

> 时方严重盗案，一有未缉，罢守令，斥及宪司。历其事者惧焉，罔不弥缝其失，虽杀人不辞。临淮去郡二十里，宪发盗案，使诏狱，则大盗未获而以小盗代充，谕县掠治之，令自诬服，又速毙之以灭口，不则尔是咎也。先生故凛然慕祖业恐丢坠者，而曰："吾不得志于时，仅试一临淮。则临淮者，吾之生平也。吾岂以临淮为重者哉？重乎所以为临淮者耳。苟生平无忝，不有临淮，奚损？若以人之死安临淮乎，所不为也。"辞焉。①

这里的"盗"即"海盗"，是当时对郑成功、张煌言所率抗清义军的蔑称。抗清义军于七月败退福建后，清廷对长江沿岸的支持者们进行了残酷镇压与血腥屠杀，因此才有上官命掠治"小盗""令自诬服"并"速毙之以灭口"之事。蓝深虽年逾五旬始得临淮县令之职，却宁可违抗命令、被追究责任，也不愿屈从上官、以枉杀人命而保一己之职。在他看来，县令之职并不重要，重要的是可以通过此职实现自己治国平天下的雄心壮志！如果不能借以实现理想抱负，反而要枉杀人命以保官职，此职又有何意义呢？这番理论充分体现了他对以民利为上为官原则的认同。

这种始终以民利为上的为官原则，使蓝深赢得了辖区民众的爱戴。其子蓝启肃有《临淮，先君子过化地也，今四十年矣。己卯（1699）冬，展拜神主于遗爱祠，父老问询，犹然坠泪。因赋二首》一诗，其诗题本身，即已体现了临淮民众对蓝深的感激和思念之情。

浸淫官场长达14年的蓝润，也始终秉持这种以民利为上的为官原则。除本书第二章已述其为官诸事外，此再补二事。一是顺治十六年（1659）七至十月，已被任命为广东参政的蓝润，在至广东赴任途中，从未像其他官吏一样随意征用官役、民夫。即使于十月十四日进入广东境内之后，他

---

① 宋琬：《临淮令蓝公（深）传》，详见《蓝氏家乘》，即墨蓝氏家印本。

仍自"雇挑夫、兜夫百十二名，每名给价银二钱，未尝取之县派之民也"。① 二是顺治十七年（1660）四月，时为广东参政的蓝润被提拔为江南按察司使，在度岭北归之际，他给时任广东巡抚董应魁写了一封信，其中说：

> 某待罪岭南，行与时违，所奉者宪台之法令，所念者无告之赤子。执法而不徇情，一得之愚，固某之可自信者，保无怨言及之。他如不畏强御、督催饷银、代催米谷，未免过激，亦足招尤生谤，总恃宪台之丙鉴耳。江南繁剧之邦，明刑重寄，人情难调。某虽识短才拙，而矢志不渝，即所以仰答高厚也。两字功名，又何恤焉？抑更有言者，分守所辖，仅清远、建阳四邑若十二县，视为赘员，响应不灵，成功集事，分守不与焉。清远冲疲，无似颇烦整顿。建阳距省千里，界邻南楚、西粤，官民疼痛呻吟。某向冒险亲履其地，所目睹者，府君听未之知也。一苦于省棍之跳噬，一苦于上差之拘扰。盖奸宄虚词耸上，诈告乡愚一发，府厅便行差提；既到彼处，则与原告沿挟骗，鸡犬不宁，饱食欲而后已。初敢疑而不敢信，继敢怒而不敢言。且上差日费银五七钱不等，各里排输流供，或半载，或数月，盈橐而归。拖累无故之贫人，有困于途者，有毙于狱者，良可悼叹。某曾屡屡申饬，近亦少息。恐此后仍蹈陋习，则建阳片土，终不能相安矣。尚祈宪台念此险要之区，面谕示禁，有犯必惩，庶可保无虞也。某以去任之人，惓惓愚忠，不忍自释，故琐琐陈之，伏冀慈鉴。②

由此可知，离任之际，蓝润致信曾经的上司，只为陈说如何治理"清远、建阳四邑十二县"的建议。他念念不忘的，不是个人前程和"功名"，而是曾经治理过的清远、建阳二地人民的生计！其拳拳爱民之心，由此二事可知一二。

此后，即墨蓝氏仍代有出仕者。如蓝昌后，字斯贻，康熙丁卯（1687）科举人，官德州学正期间，"诸生膏火不给者，典衣供之"。蓝用和，字介轩，乾隆丙子（1756）科举人，官广东龙门知县期间，为雪平

---

① 蓝润：《入粤道中记》，载《建修堂集》，第60—63页。
② 蓝润：《过岭候董抚台》，载《聿修堂集》，第89—90页。

民冤案而被罚六月俸禄，却毫不在意地说："全活一人，虽得重谴不顾，况罚俸乎。"而官至常德府同知（正五品）的蓝顺方，字信甫，嘉庆辛酉（1801）年拔贡，更是将其为官数十年所得俸禄"悉以赒民之老疾及同寅之贫厄者"，以至于离任之际"行李外无长物也"。[①] 他们虽没有像蓝润一样仕至高位（从二品），却都秉持了与民谋利、为民造福的居官原则，共同阐释了无论官位高低、皆以民利为上的为官大义。

综上可知，自蓝福盛以来，即墨蓝氏的历代精英们，以自己的实际行动开启了以"孝""义"而行的家族传统。他们居家则友爱兄弟，护持族人；居乡则扶弱济贫，勇救危难；为官则不惧权贵，不慕名利，唯以国计民生为上。他们争先以自己的亲身实行完美诠释中华文化中的"义"传统，不仅为其家族后人树立榜样，也使其家族以义而享誉山左。早在明嘉靖初年，杨慎就称赞即墨蓝氏"自其先义斋处士以上，皆以仁厚称于乡里"[②]。清同治时期编纂而成的《即墨县志·人物志》，更是将蓝福盛、蓝铜、蓝竞、蓝思继、蓝再茂、蓝启晃、蓝启肃、蓝昌后、蓝昌伦、蓝仕寀等10名蓝氏成员列入"孝义"类，将蓝芝、蓝重蕃、蓝中高、蓝用和4人列入"懿行"类，从而使蓝氏孝义之名留诸史册，传于不朽，也使即墨蓝氏逐渐成为闻名山左的孝义之族。

---

① 同治《即墨县志》，第600、637、581页。
② 杨慎：《寿少司寇兼御史中丞蓝公七十一序》，详见《蓝氏家乘》，即墨蓝氏家印本。

第五章

即墨蓝氏的教育传统

"玉不琢，不成器；人不学，不知道。"这些出自《礼记·学记》的古语，最初强调的只是后天教育对以"建国君民"为己任的"古之王者"的重要性；后来人们渐渐认识到，后天教育对所有人而言，都具有极为重要的意义。因而，孟母三迁、曾子杀猪等经典教子故事，诸葛亮《诫子书》、颜之推《颜氏家训》、朱熹《朱子家训》等优秀教子之文，至今仍在民间广为传播。而追溯即墨蓝氏的家族发展史，可以发现，该家族自宋元时期迁居即墨以来传承不衰，与其家族精英人物重视教育有着密不可分的关系。如清初曾客居即墨多年的莱阳学者宋琏即指出：

> 吾尝入墨，观故家遗风所以历久无替者，盖在气象间矣。气盛则易竭，故贵有以持之。夫气象发于外者也，非性也，习也。祖宗之规模，习久而以为固，然而气象著焉，享以是也。①

宋琏认为，即墨知名家族之所以能够世代秉承"故家遗风"，就在于其族人始终保持了一种外在的"气象"；此"气象"不是先天自得（"性"），而是来自后天"习"得。这个"习"，既包含子孙后人的勤学苦练，也包含前辈长者的刻意教导。

由于文献的缺失，蒙元时期即墨蓝氏的家族教育已无从可考，但邢世英撰《盟旺山祖林碑记》也留下了些许痕迹。如其中说蓝氏世以"孝慈节俭，忠恕廉平"为训，其族人对此"祖先遗训，敬之如始"。族有训，且族人能世代敬奉此训，这说明蓝氏对家族教育的重视，也揭示了蓝氏至今传承不衰的秘密。入明以来，即墨蓝氏留存文献渐多，相对详尽地记载

---

① 宋琏：《临淮令蓝公（深）传》，详见《蓝氏家乘》，即墨蓝氏家印本。

了该家族重视教育的两方面内容。一是既重视家庭内部对子女的严加督教，也注重对整个家族子弟的私塾教育。二是既倡导家庙、祠堂等的修建和维护以祭祖先，也倡导家乘、族谱等的纂修以传后人。

第一节　家有教　塾有师

一　蓝氏的家庭教育

明清时期即墨蓝氏的重视家庭教育，首先体现为对子女的严加督责。其中尤以严父督责而闻名的，当属蓝铜、蓝章、蓝润；以慈母而教子有成的，则有蓝史孙妻栾氏、蓝启肃妻周氏、蓝重祜妻吕氏等人。兹仅以此数人为例，略述如下。

（一）严父之督导

1. 蓝铜之教子

蓝铜家教甚严，长于教子，且善于因材施教。对长子蓝章，他发现他早有读书之才，因而从小就亲自教他读书；当蓝章成年后，又命他拜即墨有名的《易》学先生卢绍先为师，并严加督促，唯恐学无所成。如除前引平度官贤之文外，刘健文中也载：

> 章甫八岁，而颖敏异常。君甚爱之，朝夕自教以书史。弱冠，遣从乡先生卢继宗学，夜必篝灯督课之，虽祁寒暑雨不废。凡章之有今日，皆君严教之所致也。[1]

"凡章之有今日，皆君严教之所致也"，此语高度评价了蓝铜严教对蓝章功成名就的重要性。其实细想来，每个有所成就者的背后大都有督责或激励甚严者。

对次子蓝竟，蓝铜发现他有理家之能，就教他管理自己创下的"富甲一邑"的家业，却也督责甚严，以至蓝竟不仅顺利接管家业，而且后来也成为一个"严于教诸子"的优秀父亲。如蓝田记载：

---

[1] 刘健：《明故义官蓝君（铜）墓志铭》，载蓝润辑《余泽录》第1册，第56—58页。

> 我大父侍郎公（铜）御家严厉，叔父为之甚谨饬，或遭谴责，跪伏受责，不敢少忤……叔父严于教诸子。①

蓝竟非常谨慎地持家理业，却仍时遭谴责，以致"跪伏受责、不敢少忤"。蓝铜的"御家甚严"，由此可见一斑。

正因如此善于教、严于教，蓝铜才得以将蓝章培养成科举得第、理政有名的国家栋梁之才，将蓝竟培养成勤劳谨慎、善于经营的家业管理者。而且，受其影响而长大成人的二子，次子蓝竟继承了他严于教之风，蓝章则继承了他善于教的特长。

2. 蓝章之善教

蓝章的善于教，首先体现为善于为子女创造良好的求学环境。据记载，蓝田从小"善记诵，能诗对"，蓝章便有意带他参与自己同僚、友朋间的聚会，使他从小得到与孙珪、程敏政、司马亮等文人才子接触的机会，从而在天长日久的耳濡目染中提高见识。蓝章到地方为官时，又放手让蓝田游历名山大川，使他在身临其境中接受大自然的熏染。如成化二十三年（1487），年仅11岁的蓝田就得以游览江南名寺兴唐寺，并结识寺僧太愚，后应太愚之请为作《兴唐寺半间处记》。② 不仅如此，忙于政务的蓝章还为蓝田聘请当地名士陈特（字元吉）为师，多方教导。蓝田也果然不负其教，年十二三时，已能在聆听长者教诲时立即记录下来（"闻教即书绅"），遇到命题作文也笔走如飞、文思泉涌（"虽题不窘笔"），被称许为"国器""神童"。

蓝章的善于教，其次体现为对子弟的亲加督导。步入仕途后，他较少居家，也少有机会亲自督查子侄们的教育问题；但一旦得到空闲，他便倾心于子弟们的教育之事。如为父守丧期间，他亲率子弟讲学于东厓书屋。晚年致仕后，他更是带着从江南聘请的名师闻人贤一同归乡，请其执教于家塾。即使为官期间，他也曾亲为子弟修改文章，如前文所述他多次命蓝田代作文章，并在修改过程中引导蓝田体悟为文之法。因而其三子均能文，时有"蓝氏三凤"之誉。从小随其仕宦四方的长子蓝田，更是年仅16岁即以文名享誉山左。

---

① 蓝田：《先叔父宣义郎蓝公（竟）墓志铭》，载《蓝侍御集》，第243—244页。
② 详见蓝田《蓝侍御集》，第229页；又见《北泉文集》，第338页。

蓝章的善于教，还体现为对子弟的以身作则。如正德十二年致仕家居后，蓝章时时"严以律身，恭以制礼，敬以义存；语子以孝，语弟以仁，恩及于无告，威示于憸人"。这种以身作则的行为，不久便在家族和乡里收到了潜移默化的成效："见者仰止，听者显然，邪者归其正，柱者从其直，懦弱者起而立志，嚚顽者转而良纯，接容止者靡不归于整饬峭直之中。"①

3. 蓝润之嘱子

蓝章之后，蓝氏的以善教著称者，应属蓝润。

蓝润的善教，首先体现为对子侄的谆谆而嘱。其今存文集中，《丁酉四月寄训子侄》《训子侄》《诸子侄应试寄训》《乙亥都门寄子弟侄辈》《己亥都门寄子启亮》等文，均体现出其对子侄的谆谆而教之情。他对子侄，除前已述及的读书之法外，凡立身处世之道、为文为学之法乃至世事、人情等，无不殷切嘱之。最能展现他耳提面命、冀子侄有所成的拳拳之情者，当属去世之年所作《乙巳训子侄》二文。如其中说：

> 德行文章，圣门并重。博古通今，名之曰士。士志于道，便非浅见寡闻所可比拟，中之（当作"乏"）实学，徒冒虚声，剽窃时艺，不规理路，问以典故，茫如也，殊为可耻，其何以谓士哉？今奉新令，策论设科，盖求博学宏词、经济大猷，翼我国运。浮套陈言，屏去弗录，则学古有获。向日之训，信为不爽。
>
> 余废业久矣。偶于乙巳暮春读甲辰会墨，知一代之风气所尚。孟夏，读唐宋八大家，盖有志于古也。又选房书一部，竭目力与心思，望子侄之向学耳。须各细心理会，专功于斯，寝食于斯，将有前所读之家常俗文、粗枝大叶文悉焚之于火，涤之于心，另具一副肝肠，出语无俗韵，下笔有沉思，行文以古势，庶可望其有成也。②

而据《甲辰、乙巳年病无虚日》诗可知，蓝润此时已处于"病无虚日"状态，但仍"竭目力与心思"，编选房书，撰写此类似遗言之二文。他对子侄的教导之意、期盼之情，跃然纸上。

---

① 闻人贤：《少司寇蓝老先生（章）劳山记》，详见《余泽录》第2册，第90—92页。
② 蓝润：《聿修堂集》，第104页。

蓝润的善教，其次体现为自己的以身作则。为父守丧期间，他率子侄读书于蓝氏藏书之地——白斋，并作《白斋箴语》一文以励：

> 人品邪正，谨于所习。多言乱听，理欲交乘，确有主持者几何人？不孝苫块余生，未达时务，亲朋在座，药言苦口，是所冀也。其告我以古今得失之林，某宜法、某宜戒者，即当北面奉教。此友道所以居三益之首也。

就内容看，此箴语似无教育子侄之意，然细揣其文：作为入清以来即墨蓝氏的首位科举得第者，蓝润已出仕十余年，却仍如此谦卑，如此虚心向学，如此真诚求教，这对仍未得科第的子侄而言，其中的激励之情、示范之意，不言而喻。就在去世当年，蓝润又作《白斋》诗二首。其小序中虽说意在"志愧"，实则亦有对子侄、后人的激励、示范之意：

> 先侍御肄业于万卷楼，复治此斋，题曰"白斋"，有所著《白斋表话》，今失无存，仅有集行世。自正德丙子（1516）至今百五十年。余于崇祯乙亥（1635）督理重建，今得游息焉。学疏识短，不能仰承万一，赋此志愧。
>
> 原是藏修处，行将二百年。著书垂后胤，创业属先贤。直道由来尚，孤忠自昔怜。展函思祖烈，循此保无愆。
>
> 鳣堂西舍蔚文光，先业传来八代芳。当日图书存万卷，于今简册有余香。余生碌碌成何事，祖德绵绵志未遑。兀坐几竿修竹下，遗编郑重奉圭璋。①

由于蓝润的善教，其子各有所成。长子蓝启先虽早卒，却于顺治九年（1652）即为拔贡。过继为蓝深嗣子的次子蓝启晃，康熙甲寅（1674）岁贡，后官蒙阴训导。三子蓝启亮虽受父荫，仍能克家自立。季子蓝启延在老父去世时虽年仅3岁，却也因先父影响而努力向学，并继蓝润之后考中进士，成为一名以国计民生为上、以劳而卒于任的优秀为官者。

综观即墨蓝氏的发展史，可以发现，善于教子的父辈们还有很多。如

---

① 蓝润：《聿修堂集》，第15、95页。

蓝再茂在辞官之后，悉心督导二子，使各得成立；蓝深虽对"晚生子"蓝启肃（初名蓝启冕）极为宠爱，却也向以学有所成而严加督责；蓝启肃成年后，更以亲身实行而教子侄，致其"能任衣冠者"皆"恂谨而有仪，不问而知其为蓝氏子弟也"；等等。而蓝氏父辈们教导子弟的谆谆之语，还有流传至今者。如蓝中珪的"三冬敏勉儿孙业""竞惜寸阴须及时"等语，蓝中玮的"清白留义方""克念守家训"等语，蓝中玮的"先以孝清源""务本传家法"等语，蓝恒矩的"卷轴案头翰墨香，呼儿犹自坐书堂"等语，以及蓝水的"好学可能绳祖武？清贫不望大吾门"等语。据此则知，即墨蓝氏传承至今，与其男性家长世代相传、严谨有法的教育方式不无关系。

（二）慈母之切盼

值得注意的是，在即墨蓝氏的发展史和教育史上，还涌现出一些教子有成的优秀母亲。她们以女性独有的期盼、激励方式，丰富了蓝氏的家庭教育模式。

其中第一位值得称扬的，就是蓝田儿媳、蓝史孙之妻栾氏。栾氏来自毗邻即墨的胶州名族，其父栾骥是明正德八年（1513）举人，曾官信阳知州。其兄栾尚约[①]是嘉靖二十九年（1550）进士，初授山西道监察御史，嘉靖三十八年（1559）曾"巡按直隶"。前引蓝田《写怀·次胶西栾简斋侍御韵》诗，即是写给他的。蓝史孙去世时，栾氏所出二子蓝思绍、蓝思继及副室史氏所出二子蓝思统、蓝思绪均尚幼。蓝史孙去世不久，嗣兄蓝柱孙亦辞世，并遗有未成年二女。因此，栾氏不仅要支撑起这个骤失成年男性的大家庭的日常运营，还要承担起四子二女的抚育、婚嫁之任，其艰辛程度可想而知！但就是在这样的艰难之中，她也从不放松对所生二子的教育，时常以"不堕汝之家声"而督责之。如同邑杨盐记载：

> 栾氏，乃胶西中顺大夫检斋公之女、岱沧御史公之姊也，赋性慈惠贞淑，治家严而有法。孀居，抚养二子，既稍成立，尝训之曰："汝先人几世为官，汝当淬励进身，不堕汝之家声，乃为孝耳。"时

[①] 栾尚约：字孔源，号岱沧，嘉靖二十九年（1550）进士，官至山西道监察御史，后因弹劾被贬为怀庆府推官，乃辞官归乡，终为家奴栾桂所杀。详见郑文光《栾尚约》，载《胶州文史资料》第17辑，青岛市新闻出版局准印证（2004）007号，第77—79页。

人闻其言，咸称叹，比之孟母等云。①

在她的督导下，蓝思绍、蓝思继兄弟都能克家自立，皆"努力业儒"，且均如前文所述，能广其先人名声而以孝闻乡里。

栾氏之后，以训子课孙而闻名的蓝氏女性，是蓝启肃之妻周氏。周氏娘家是与蓝氏、黄氏、郭氏、杨氏并称的即墨五大显族，曾祖父周如砥官至国子监祭酒，祖父周燝官至南雄知府，父周世德为即墨庠生。周氏18岁嫁进蓝家，20岁生子蓝登，然而蓝登不满2岁即因出水痘而夭折。其后连生5女，36岁时始得子蓝重蕃，此后再未生育。蓝重蕃14岁时，蓝启肃因病而逝。依常人习惯做法，对维系家族血脉的独子定当宠溺无比，然而，出身世家的周氏虽护之甚谨，却严加督管，从不溺爱。如周毓正为作传文中载：

> 孺人（周氏）晚而举子，竹庵先生（蓝启肃）捐馆时甫成童，又尪羸，病时时作。孺人护之，劬劳甚，然有小忤，督之如严师，曰："天下惟孤儿成立最难，吾何敢稍姑息。"久之，嗣君念宗（蓝重蕃）修行检，能世其家；孙入黉序，有声。孺人稍解颜。而念宗居常与朋侪语，辄于邑曰："不肖蕃为母氏忧，三十余年心血尽矣。困伏泥土，终不获邀升斗、为乘白、加一餐，其何足比于人？"因泣下。闻者心怦怦动，益叹孺人善教，为不可及。

周氏牢记"天下惟孤儿成立最难"之训，对独子蓝重蕃爱而不溺，使其不仅能"世其家"，且能以未获官俸、乘高车、为母劝餐、使母显荣（"邀升斗、为乘白、加一餐"）而自责上进。可见她教子之有方。

周氏不仅善于教子，还长于督率诸妇。如周毓正还记载：

> 孺人生贵族，耻华靡相矜尚。晚尤以俭朴率诸妇。非吉礼，素衣练裙，完洁而已。好施予，姻党邻姬，悉被其惠。御臧获严而

---

① 杨盐：《八世赠按察公（思绍）、孝行公（思继）、指挥公（思绪）合传》，详见《蓝氏家乘》，即墨蓝氏家印本。

有恩。①

尚俭朴、好施与、对下人严而有恩，周氏这种种行为，其实都是在以身作则，为蓝氏女性树立为人处世的榜样。周氏对子孙严加督责、对子妇行不言之教的种种努力，使此蓝氏一脉得以传承不息，因而备获时人赞誉。如冯文炌撰文中，即称赞说："饮冰茹蘖，三十年辛螫备尝；训子课孙，五百载衣冠如旧。"② 孀居 30 年，又"训子课孙"，使家族"衣冠如旧"、传承不衰，这样优秀的女性自古即受人崇敬。

蓝重祐妻吕氏，是另一位以教子成立而闻名的蓝氏母亲。吕氏娘家也是即墨大姓，世与蓝氏为婚姻，如蓝润长子蓝启先之妻亦为吕氏族人，蓝润曾为吕氏家族作《吕氏析爨序》。蓝重祐去世后，吕氏独力承担教子重任，并以督教有方而显名。如其侄周祚显为作传记中载：

> 甲申（1704），岁大祲，粟踊如珠，邑著姓多辍业。时淡成公（蓝重祐）已捎馆舍，孺人课诸子益严。秋冬间自塾返，辄呼至榻前夜读，问日所诵习，称述祖德，深以昵近匪人为戒。夜虽阑，不命之退，无敢退私室。诸子禀其教，知自爱，皆成令器。……数年来，孺人倦勤，以家事付诸妇，告之曰："祀事无忽也，故旧无薄也。闱以外无谰言，室以内无惰容。妇道毕矣，好自为之。吾舍饴弄孙，以终吾余年已耳。"与时消息，成功者退，以予所闻，孺人盖几于道矣。③

据此则知，在"大祲"之年，吕氏也不肯中断诸子学业，不仅时常督子夜读，亲问学习情况，并时常称述祖先德业，以不坠家族先声激励子弟努力向学。而且吕氏娴于教妇之道，善于处理婆媳关系，使闺门之外"故旧无薄"、闺门之内安然和睦。吕氏实可谓蓝氏女性中晓教子之道、明让媳之策的智者！

蓝中璲妻周氏，则是一位善于激励子弟努力向上的女性。她也来自即墨周氏家族，但属留村周氏。曾祖父是顺治乙酉（1645）选贡、官至广

---

① 周毓正：《蓝母周孺人传》，详见《蓝氏家乘》，即墨蓝氏家印本。
② 冯文炌：《公奠蓝母周太君小引》，详见《蓝氏家乘》，即墨蓝氏家印本。
③ 周祚显：《蓝母吕孺人八十寿序》，详见《蓝氏家乘》，即墨蓝氏家印本。

东佥事的周日灿，父亲为即墨廪生周祚崇。周氏17岁结婚时，蓝氏一族已"家业渐替"，但蓝中璬仍继先人"慷慨好施与"遗风，家中"客常满"。难得的是，周氏虽目不识丁，却深明大义。她不仅从不抱怨，反而努力"以淑德佐助之"，使"米盐钱谷之属，井井有条理"。就这样，既成蓝中璬"挥霍之志"，又使蓝氏"家业亦不至于中落"。周氏实堪称善于持家之女中豪杰。更为难得的是，目不识丁的周氏又一力承担起子女的教育之责，使蓝氏一门井然有序。如黄植记载：

> 孺人（周氏）性严正，训子女有法，内外肃然，无喧哗之声。子女辈奉教令唯谨，闺门之内，凛乎若朝廷。彼钟郝之礼法，觉卑卑不足道也。……孺人不识书，然好闻古今事，每使儿孙辈诵而听之以为乐。常曰："吾若为男子，当手不释卷矣。"年已老，犹勤女工，不少懈。或止之，则曰："勤也者，人之所以为命也。吾虽耄，敢自息乎？"①

周氏虽不识字，却喜闻古今事，明晓严正有法之理，并能以此法管教子女，处理与妯娌、媳妇们的关系。在她的管教下，蓝氏子女辈"奉教令唯谨"，闺门内"凛乎若朝廷"，以至于见多识广的黄植也不得不慨叹：晋代大书法家钟繇曾孙女钟氏与出身寒门的弟媳郝氏虽因谨守礼法、"亲爱雍睦"而屡获世人称美，至有"钟郝之礼法"之誉；然与目不识丁却"训子女有法"、将蓝氏闺门治理得犹如朝廷的周氏相比，其礼法实"卑卑不足道也"！

另据此文，周氏的"训子有法"，主要在于循循善诱和以身作则。她虽不识字，却喜听子孙读书，并以此为乐事！这一喜好本身以暗含的赞许之情激励子孙以读书相尚。她时常表述的"吾若为男子"等语中那无比羡慕、无限向往之情，更加激发子孙读书向学、学有所成的情志。"年已老，犹勤女工，不少懈"的行为和"吾虽耄，敢自息乎"言语，更使她成为子女、后人的表率。

今存文献中，可考知的善于教子成立的蓝氏母亲，尚有蓝深继室周氏和蓝启亮之妻杨氏。周氏是周如砥之兄周如珠的孙女，也是蓝启肃之妻周

---

① 黄植：《十三世祖母孺人周氏传》，详见《蓝氏家乘》，即墨蓝氏家印本。

氏的堂姑，其父周炳官至湖广安陆县知县。蓝深去世后，她对蓝深侧室所出的蓝启肃"抚如己出"。当蓝启肃因一直没有子息而屡受族人欺侮时，她甚至不惜逞口舌之毒而为他"御灾捍患"。因此，蓝启肃对这位并非亲生母亲的嫡母一直敬爱有加。杨氏娘家也世为即墨显族。当大伯蓝启先病殁、嫂子吕氏准备自杀以殉时，她苦苦相劝，甚至将自己腹中即将出生的孩子许为嫂子之后。吕氏坚持殉夫后，杨氏重诺言，将长子蓝重祜立为蓝启先夫妇之后，并严厉督责，促其读书向学，年始5岁时即已"娴应对，诵章句如流水下"，以不辱伯氏夫妇。

综上可知，即墨蓝氏在明清时期以科举仕宦、读书为文、孝义兼行而称为世家，离不开男性家长的督教有方、女性家长的以身作则和竭力以教。

二 蓝氏的私塾教育

明清时期的即墨蓝氏，不仅重视对子女的家庭教育，更重视对家族成员的集体教育。自蓝章始，城里蓝氏就带头创建家族书院，聘请名师，加强对蓝氏子弟的私塾教育。此仅略考蓝氏书屋（书院）如下，以见蓝氏重视家族教育之一斑。

（一）东厓书屋

即墨蓝氏创建私人书院，当始于蓝铜。他曾在其父蓝福盛留下的东厓（位于今即墨城东的西障村一带）创建书屋，作为蓝章的储书读书之所。但其时，东厓书屋应并非蓝氏子弟的公共读书之所。蓝铜去世后，蓝章归乡守丧；其间，常率子侄"及乡之俊彦讲习其下"。则此时，东厓书屋已经成为蓝氏子弟的共用读书之处。弘治十二年（1499）春，蓝章奉命巡按两浙盐法，赴任前曾便道归家省亲，因请人绘制书屋景观图，并携以赴任。到两浙后，他持图而请当地名士为作诗文，今有前翰林修撰钱福[①]作《东厓书屋记》、前礼部主事杨循吉[②]作《东厓书屋诗序》、前湍江学政赵

[①] 钱福（1461—1504）：字与谦，明松江华亭人，居近鹤滩，因以自号。弘治三年（1490）状元，授翰林修撰，弘治六年（1493）任会试同考，不久即托病告归。以诗文知名于时，著有《鹤滩集》《尚书丛说》等，辑有《唐宋名贤历代确论》。

[②] 杨循吉（1456—1544）：字君卿，一作君谦，明代吴县（今属江苏）人。成化二十年（1484）进士，授礼部主事，因病归，结庐于支硎山下，以读书著述而终。著有《松筹堂集》《都下赠僧诗》《斋中拙咏》《南峰乐府》《灯窗末艺》《攒眉集》《苏州府纂修识略》《奚囊手镜》等。

宽作《东厓十二咏序》等文，以及沈周①等人所作咏东厓书屋诗13首。②其中，杨循吉《东厓书屋诗序》中有曰：

> 侍御即墨蓝公文绣未第时，有藏修之所，在其城东一里，曰东厓书屋者，其先祖之所创也。厓本高阜，巍然与山岭类。其下有甘井可溉蔬，旁多腴田可耕，故公之大父（蓝福盛）筑以农舍。至尊翁义斋先生（蓝铜），以其背山面水，足于幽清之致，乃建屋蓄书，俾公读其中。③

则东厓本为蓝章祖父蓝福盛筑农屋之所，蓝铜始筑屋藏书，以为蓝章读书之处。另如沈周诗曰：

> 先人即墨有东冈，千古图书一草堂。玉轴家中安万卷，绣衣天上贵诸郎。夜深贯郭虹光起，秋净凭阑海气凉。若使坡翁今复作，还从此地记山房（原注：苏公有《李氏山房记》）。④

《李氏山房记》全称为《李氏山房藏书记》，是北宋文学家苏轼为其友人李常藏书处所作的一篇记文。此诗也认为，蓝氏东厓书屋的用途，初为藏书；至蓝章时，始成为"诸郎"读书之所。此外，今存蓝田集中有《重修东厓书屋上梁文》，其中也说，东厓书屋乃在其祖父（"大父"）之"弊庐"基础上创建而成：

> 此东厓，于今四世，童子之钓所不改，大父之弊庐尚存。左顾则天井潜龙，忽落半天之雷雨；前瞻则不其驯虎，每飞万斛之烟霞。马山覆如锦之夕阳，灵山拥似螺之朝黛。……梁之北，家法客卿传子墨，草堂危坐玩图书。……伏愿上梁之后，结庐心远，阅世日长，挈文印以传家，冀书香之有种，龟畴马画，百子九经，深明圣贤之体

---

① 沈周（1427—1509）：字启南，号石田、白石翁等，明代长洲（今江苏苏州）人，吴门画派的创始人，与文徵明、唐寅、仇英并称为明四家；也长于文，著有《石田集》《客座新语》等。
② 详见蓝润辑《余泽录》第3册，第5—11页。
③ 蓝润辑：《余泽录》第3册，第7—8页。
④ 蓝润辑：《余泽录》第3册，第11页。

用，精究述作之渊源。①

综此各文可知，弘治十二年（1499）春或稍前，蓝章命蓝田修葺东厓书屋，以为其子弟的储书读书之所。然其时，此屋并非蓝氏家族的公共私塾。

至清初，东厓书屋始彻底转变成蓝氏子弟的共用读书之所。如清宋琏《荫君蓝公启亮暨配杨孺人合传》载："又二年，南皮公（蓝再茂）即世，余从先君子自维扬来吊之，遂卜居墨。太史公（蓝润）以世好，馆余于东厓书院，使其子、若侄、若婿、若甥从吾游。"可见，蓝润在其父去世、居家守丧期间，曾聘莱阳名士宋琏为塾师，以教授其子侄婿甥等，而其教授之所，即在东厓书屋。另如杨还吉《劳山遗稿序》记载，东厓书屋初仅为"古屋一区"，是"少司寇蓝公（章）及侍御北泉先生（蓝田）读书处"。至蓝启肃时，已成为蓝氏子弟的共读之所："恭元（蓝启肃）力学好文，率其群从，读书东厓，俯仰先型，如或见之。"周毓正《中翰蓝公（启肃）传》还记载，蓝启肃对东厓书屋尤为钟爱，不仅幼年时即读书于此，晚年又常住此地以为养病之所：

> 东厓书院者，邑东郊外有楼数楹，环以修竹，先生幼所读书处也。既病，厌城市嚣，养疴其中。虽委顿，时时以篮舆舁行竹间，抚摩移时，遂考终焉。②

蓝启肃之后，蓝氏子弟仍有或读书、或游玩于东厓书屋者。如蓝湄《东崖书院》诗中提及，其时书院仍占地"十亩余"，且有祖上所传之"旧诗书"；蓝中玮《东崖书院同众兄弟饮酒看菊》诗则提及蓝氏子弟于此赏菊游玩之事。

直至民国时期，东厓书屋仍小有名气。如1924年，时任县令杨西桂在即墨名儒王锡极等人陪同下，造访东厓书院，书院主人蓝人玠（字介玉）热情接待，王锡极还作《陪杨邑侯光辰之东厓书院，访蓝孝廉介玉，观所藏名画名书，饮宴，薄暮载归，赋此》诗记其事。其诗前小序曰："介玉，蓝侍郎裔孙也，家藏书画甚富。岁在戊辰秋，杨令约余往观之，

---

① 蓝田：《蓝侍御集》，第255—256页。
② 此所引诸文，均见《蓝氏家乘》，即墨蓝氏家印本。

饮至黄昏，署笼灯迓之返，亦韵事也，爰十六韵志之。"另如周至元年少时也曾屡至东厓书屋游玩，并曾与蓝人玠之孙蓝水在书屋合影留念，有诗记其事。周至元另有《过东厓书屋》诗曰：

结庐傍东郭，开户对南山。芳草满庭积，幽人终日闲。琴书娱老屋，风雨掩柴关。懒问门前事，新诗手自删。①

可见，民国时期的东厓书屋，已成为蓝人玠的读书藏书之所，而非蓝氏公共读书之所。

(二) 华阳书院

从创建之初，即作为蓝氏子弟共用读书求学之所的，当属华阳书院。该书院位于明代蓝氏族人称为凤凰峰的崂山华楼华阳山下，其遗址位于今青岛市崂山区北宅街道办事处枣行村南山脚下。这是明清时期即墨、尤其是崂山一带规模最大、持续时间最长、名声最著的一座家族书院。

华阳书院的始建年代，今已无考。今华阳书院遗址周边石刻中，有一处仅刻有"弘治元年春"五字的石刻。有人认为，这就是蓝氏华阳书院的创建时间。然细考可知，成化二十二年（1486）秋，蓝章即携妻、子等至婺源就任；弘治元年（1488）春间，又接父蓝铜、弟蓝奇夫妇等同至婺源。这段时期内，他根本没有时间在家乡创建书院。蓝水为撰传记中，将华阳书院的创建时间系于蓝章辞官归乡当年，即正德十二年（1517）；为撰年谱中，却又系于次年，即正德十三年（1518）。两文自相抵牾，因知蓝氏族人也只能确定该书院创建于蓝章辞官乡居之初，而不能确定其具体年月。

值得注意的是，今华阳书院遗址周边另有多处石刻，如南有"谈经地""枕石漱流""曲水流觞"等，东有"重游旧地""八仙台""松关""仙境"等。其中最为著名的，应是这块地理坐标为东经120°30′10″、北纬36°13′30″的清人刻石：

明侍郎蓝讳章，资善大夫，以赠公成化丁未葬于华楼东。子蓝讳

---

① 详见周至元《题东厓书屋与蓝水合照小影》《过东厓书屋》，载《周至元诗集校注》，人民文学出版社2015年版，第105、49页。

田，遂卜吉华阳鳌山书屋。十六龄弘治乡，为嘉靖癸未会魁，为名御史。又封君蓝讳再茂，治涛海令，有先，肄业。二子深、滋，暨孙启先、启晃、启亮，相从于此。滋，清明首科丙戌进士，内院。地灵人杰，一庄隽彦，代不乏人，今新建紫云阁，不负山灵云。

时大清顺治十年三月丙子日识 庠生……①同游勒石。②

这则撰刻于清顺治十年（1653）三月的石刻，文字上有一些讹误。如"鳌"，当据其他版本作"鳌"；"魁"，其他版本作漫漶处理，蓝田虽考中进士，然并非会魁，或此文原有阿谀之意；"涛海"，他本也作漫漶处理，疑当为"渤海"，因蓝再茂担任过知县的南皮县，历史上曾隶属于渤海郡。然而，这些文字上的讹误，并不妨碍对此文的释读：

明代侍郎蓝章，官至正二品的资善大夫，于成化丁未年（1487）将其父、赠公③蓝铜埋葬在崂山华楼山之东。蓝章之子蓝田，遂选吉日于华阳山下兴建鳌山书院。蓝田十六岁就参加乡试考中弘治壬子科举人，后又成为嘉靖癸未（1523）科进士，成为天下闻名的御史。封君④蓝再茂，曾官渤海郡南皮县县令，有其先人遗风，也曾肄业于华阳书院。其二子蓝深、蓝滋⑤及三孙蓝启先、蓝启晃、蓝启亮，也都曾读书于此。蓝滋是大清顺治丙戌（1646）首科会试进士，现供职于内翰林院。此处地杰人灵，此庄代有人才，今于此新建紫云阁，希望（此地多出人才）不辜负此山灵秀之气。

据此则知，此石刻乃为华阳书院新建紫云阁而刻立，文后所署48人姓名，疑为曾就读或正就读于此地者，或者为紫云阁的捐建者。另外，此石刻的撰文者认为：蓝章首选此地以葬其父蓝铜，蓝田又择吉日而于此建

---

① 原石刻此列约48人姓名，此略。
② 青岛市崂山风景区管理局、青岛市崂山区文化新闻出版局编：《崂山摩崖集萃·华楼篇》，中国海洋大学出版社2016年版，第148页；标点已经笔者修改。
③ 蓝铜因长子蓝章之功获赠官，时人因尊称他为赠公。
④ 蓝再茂官南皮令时，曾多次受至明王朝的嘉奖和封赠，时人因尊称他为封君。
⑤ 蓝滋：顺治十年（1653）四月始"诏改右春坊右赞善蓝滋名为蓝润"（详见《清实录·顺治实录》卷七四），而此石撰刻于此年三月，因仍称为"蓝滋"。

书院，但书院初名"鳌山"而非"华阳"；后，蓝再茂及其二子、三孙均曾于此读书肄业。这就清楚地列出了华阳书院的两个显著阶段，即蓝章、蓝田父子的初创期和蓝再茂、蓝深父子的发展期。

不过，细究相关文献，可以发现，此结论尚有讹误之处。首先，书院所在地附近确有蓝章父亲蓝铜的墓地，但蓝铜是弘治二年（1489）十月在今江苏镇江丹阳一带的船上去世的，蓝章不应早在成化丁未（1487）就于崂山华楼为其选好墓地。而且蓝章《慧炬院重修佛殿记》一文中明确记载，蓝铜去世次年（1490）春，他才屡屡往返于崂山与即墨之间，最终选定崂山华楼山下的风水之地作为父亲墓地，并于九月葬父于此。其次，华阳书院应非蓝田创建，以蓝水为代表的蓝氏后人都将此功归于蓝章，这应与蓝章的望子有成有关。早在正德七年（1512）、年满60岁之时，蓝章就让蓝田于县治西祖宅内修建"世廌堂""世庆楼"，以期能后继有人。然而，直至正德十二年（1517）辞官还乡前夕，其三子仍无一人得第，且未有一孙。蓝章的期盼之情更盛，因此，他聘请余姚人闻人贤同归即墨，期望在名师的指导下，蓝氏子弟能早有所成。据此，则书院由蓝章择址卜吉、由蓝田督工兴建的可能性更大。

另据其他文献，书院建成后，蓝章偶尔至此小住，今遗址周边刻石中，"枕石漱流"四字即是蓝章居此时所留；而蓝田、蓝囦、蓝因这早有佳誉的"蓝氏三凤"，则长住于此，专心攻读。嘉靖二年（1523）春，蓝田在第11次参与会试后终于榜上有名，成为即墨蓝氏第二位进士，书院也因此而风光一时。但奇怪的是，今存蓝章、蓝田文集中，均未提及其名！而且蓝田曾多次自游或陪友人游览崂山，并留有诗文或石刻。如正德十五年（1520）十月，他陪亲家、青州刘澄甫同游华楼，留有游山诗词和石刻；嘉靖元年（1522）秋，他自游巨峰白云洞，留下著名的《巨峰白云洞记》；嘉靖十二年（1533）九月，他与弟蓝因等陪同山东左参政陈沂游崂，留有众多唱和之诗和记游石刻。然而，他从未提及华阳书院，殊为可疑。或旧时此地实为别墅而非书院？如清初即墨名士冯文炌《华阳书院记》一文中称："大劳之山多别墅，最著者，无如蓝氏之华阳书院。"[①]陈沂游崂所作《鳌山记》中也称："至华楼山下，玉甫有别墅，即

---

① 冯文炌：《华阳书院记》，见黄肇颚《崂山续志》，山东省地图出版社2008年版，第162页；又见于周至元《崂山志》，齐鲁书社1993年版，第300—301页。

其祖赠侍郎公之墓侧。"① 明末清初黄宗昌著《崂山志》、今人周至元《崂山志》均将华阳书院归在"别墅"类而非"学校"类。抑或书院创建之初并未有"华阳"正式名称，且当时只是蓝家私塾，而蓝氏子弟尚未有得科第者，书院尚未以培养人才而闻名？

蓝田之后，吟咏此书院之作渐起，其名称也逐渐固定为华阳。如周如砥之弟周如锦有《宿蓝侍御华阳山房》诗，题中称书院为"山房"，其诗却说："琴书送火照，风露绵衾醒。不意神仙宅，天垂柱史星。"明万历年间（1573—1620）任即墨县丞的沭阳人周璠②有《华阳书院》诗，其名称已与今符，其诗曰："山花满径下南冈，四序长春一草堂。只为松鸣千嶂雨，教人清梦到华阳。"③黄嘉善第四子黄宗臣，也有《题蓝侍御华阳书院》。综此则知，书院正式称作"华阳"且闻名一邑之时，当在明末清初、蓝再茂父子崛起之时。

清代首科状元、聊城人傅以渐④记载，蓝再茂从南皮知县任上归乡后，遂致力于"光大前人、贻谋子孙"之事，"东厓书院、崂山华阳书院，皆前人发迹胜地，竭力整理，建设亭池楼台，种竹灌花于其间。城中老宅，于世鴈堂、世庆楼后又特建重楼，名为收远，高大其门，推之重修"。⑤另据前引蓝润《白斋二首》诗前小序可知，蓝润曾于"崇祯乙亥（1635）督理重建"其先祖蓝田的读书之处——白斋。综此可以推知，蓝再茂修葺东厓书院、崂山华阳书院、世鴈堂、世庆楼及新建收远楼等事，应在辞官归乡的崇祯乙亥（1635）或稍后，至晚不晚于崇祯十三年（1640）因即墨大灾而施舍几空之时。

但书院重新修葺之后，蓝再茂仅偶尔一至。如今华阳书院遗址东面石上的"重游旧地"四字，相传是顺治九年（1652）蓝再茂重游华楼诸峰时所留。在华阳书院居留时间更长的，是蓝深、蓝润兄弟及其子侄。如宋

---

① 苑秀丽、刘怀荣校注：《（黄宗昌）崂山志校注》，第115—122页。
② 同治《即墨县志》，第349页。
③ 青岛市诗词学会编：《万古崂山千首诗》，新华出版社2002年版，第95页。
④ 傅以渐：字于磐，号星岩，山东聊城人，与蓝再茂次子蓝润于清顺治三年（1646）同科进士，官至武英殿大学士兼兵部尚书。此墓志铭当应蓝润之请而写作于清顺治十四年（1657年）十二月。
⑤ 傅以渐：《皇清敕封文林郎内翰林国史院检讨加一级诏赠中大夫前南皮令青初蓝公暨元配孙氏继配崔氏墓志铭》，载蓝润辑《余泽录》第4册，第52—59页。

璿《荫君蓝公启亮暨配杨孺人合传》载:"又四年乙未(1655),余游崂,过侍御之华阳书院。子孙而肄业于斯,则纯元(启亮)在焉,出相见,一揖而退。其兄复元(启晃)具酒食为欢,纯元不复出。"再结合前引清顺治十年庠生刻石可知,蓝润为官后,华阳书院之名大盛,蓝氏子弟肄业于此者日渐增多。

此后,蓝氏子弟多读书于此。如据蓝启肃自撰年谱,他在父亲蓝深去世后,每有空闲即至华阳书院读书求学,其时,执教于书院的为即墨名士江玉玑。蓝启延为撰续谱也载:"先伯兄恭元于丙寅岁(1686)读书华阳山房,因追往事,自著年谱。"蓝启肃也有多诗咏及书院,如:

坐对松涛阔,挑灯夜雨青。疏窗余淡月,厨火疑悬星。水近当阶瀑,云低入卧停。先灵应有意,遗我读书亭。——《华阳山房次张二酉先生壁间韵》

天籁寂无声,苍茫万木青。莹晶千嶂月,渺溟一天星。地僻稀人迹,山幽任鸟停。萧条灯火夕,独自坐空亭。——《华阳山房再用前韵》

高阁映崔巍,凭栏望夕晖。掩关非避世,习静乃忘机。鸟语穿林度,花香拂槛馨。检书怀世泽,能不愧前徽。——《春日读书华阳山房》

据此数诗可知,蓝启肃在华阳书院时,不仅自己读书,还曾与友人诗歌唱和。其间,其他蓝氏子弟也屡有诗文述及华阳书院。如蓝启华[①]于康熙年间(1662—1722)作有《华阳书院》一文,专述书院之事,其中有曰:"昔我先公侍御史尝卜筑于是,为书院。依阿北峙而南瞰,势敞朗而僻。作茅亭一,藏书及退息所二,厨灶炉室一。"蓝重蕃《华阳书院纪略》[②] 一文,再述书院发展简史及当时情状,其中明确提及:书院乃"先司寇公"蓝章所建,"先御史公(蓝田)、先南皮公(蓝再茂)、先君子孝廉公(蓝启肃),读书于此,代有增修"。书院内有紫云阁、文昌阁等

---

① 蓝启华:字子美,号季方,诸生,好诗,工书法,善作斗大书,著有《学步吟》《余堂集》《白石居诗稿》。

② 黄肇颚:《崂山续志》,山东省地图出版社2008年版,第161页。

建筑及石墩、刻石、仙人桥等景观,并植有迎春等花卉。此外,安丘诸生张侗①、即墨举人杨士钥②等,也曾游览此地,并有《华阳书院》诗咏及,今均收入《即墨县志·艺文志》中。可见,从蓝再茂的重新修整,至蓝启肃晚年的读书、养疴其间,这段时期可谓华阳书院的鼎盛时期。

此后,随着蓝氏家族仕宦之途的日显萧条,华阳书院也渐呈衰败之象。首先,继栾道明等崂山道士意图霸占蓝氏华楼祖产之后,又发生了华楼宫道士图赖蓝氏书院之事。如蓝重蕃《华阳书院记》残板载:"康熙三十二年(1693),华楼宫道人徐和林等出赖书院。"侥幸的是,蓝氏后人继其先祖蓝再茂遗风,"与讼上控,蒙府宪勘验",再得胜诉。为避免以后再起争议,蓝氏子弟乃在书院边界立界石,并"立界碑,载书院山场四至,刊刻于后"。今华楼山以及石门山一带仍遗存的"官山界""蓝宅书院西南界,石门东北界"等刻石,皆为当年所留。其次,书院事件后不久,时为当时蓝氏中坚人物的蓝启肃,即因病去世;做过广东乳源、甘肃西和两地知县的进士蓝启延,也"以劳卒于官"。而对于蓝启延的死因,民间盛传是为征西大将军年羹尧(1679—1726)所杀。据说,康熙五十四年(1715)至五十六年(1717)间,年羹尧率军征讨西藏,时为西和(今甘肃省陇南市西和县)知县的蓝启延奉命督办军队粮饷,却因雨误期而被斩。其同僚乃共为筹资,由同邑冯文炌扶柩归葬。蓝启延的去世,又给那些一直意欲霸占蓝氏族产者提供了可乘之机。

而曾为蓝启延幕僚的冯文炌,在扶柩归葬后,即执教于蓝氏华阳书院,使读书之声不绝于耳,唱酬之作迭起。此引数首书院师生的吟咏之作如下:

> 爽气满崔巍,高楼坐晓晖。百花含露吐,群鸟破烟飞。不涉幽人趣,谁知静者机。书香遗泽远,穆而想前徽。——蓝中珪《题华阳书院步先祖原韵》
>
> 鳌斜鸿雁触离思,此夕高楼聚首时。数里星霜村觅酒,半床风雨夜谈诗。寒松谡谡千层涧,往事悠悠一局棋。寻胜明朝多逸兴,相将

---

① 张侗(1638?—1718?):字同人,号石民,山东诸城普庆人,一生未仕,著有《放鹤村文集》《其楼诗集》等。

② 杨士钥:字庭可,号丹峰,雍正四年(1726)举人,曾任建平县知县,著有《渐游草》;其诗见于清同治《即墨县志》第1109页。

蜡屐更相宜。——蓝中珪《夜到华阳书院》

山阁倚崔嵬，登临带晓晖。松涛余海气，雪色见天机。市远人初静，林深鸟不飞。检书勤仰止，何以继前徽。——蓝中高《冬日读书紫云阁敬和祖父壁间韵》

当户岚光日又斜，惜阴应不念离家。登楼喜有书堪读，闭户曾无酒可赊。蝌蚪含烟留古篆，薜萝积雪印苔花。何当聚首空山内，黄卷青灯映紫霞。——蓝中高《冬日读书华阳书院次二兄见怀》①

谢傅东山屐，苔痕万古青。纵游时伴月，执法尚乘星。石坼泉争发，林深鸟自停。夜楼谁载酒？独醒薄云亭。——冯文炌《宿华阳书院和韵》②

这里的蓝中珪，为蓝重蕃第四子，官至高苑县训导；蓝中高，字季登，号海庄，为蓝重蕃第五子，乾隆癸酉（1753）拔贡，官至日照教谕。二人均是华阳书院培养出的人才，长大成人后也均将子侄送至此处读书。如蓝中珪《送诸生子侄读书紫云阁》诗曰："检点琴书跻野陂，长空催雪莫迟迟。三冬敏勉儿孙业，一卷殷勤祖父思。松涧长流分爽致，柏台世泽廑遗基。迢迢前路功程远，竞惜寸阴须及时。"

冯文炌执教书院期间，还曾作《华阳书院记》一文弘其声：

大劳之山多别墅，其最著者，无如蓝氏之华阳书院。夫数之有显晦也。自明迄今，凡几百年，其间烟消电灭、倏乎沧桑者，比比而是。而书院岿然为蓝氏世业，而载于图乘，列于山志，杂见于文人学士之歌咏，虽远方游人，无不啧啧知有华阳也，是遵何道哉？谓其此山水而已也，则石门表峻，金液呈奇胜矣；而三标、九水之间，何以不如华阳也？谓其以台阁而已也，则堂开碧山，楼齐紫云丽矣；而上清、黄石之外，何以不如华阳也？然华阳之有书院可知矣。夫君子选胜也，匪啸歌之，又将咏焉。岘山之碑，思叔子而流涕；绿野之堂，得吾公以优游。岂其地固灵哉？明德远而流泽长也。今蓝氏之先人，司寇公平贼于前，绣衣公建言于后，直声亮节，炳耀丹青，其德泽固

---

① 详见《蓝氏诗乘》，即墨蓝氏家印本。
② 同治《即墨县志》，第1084页。

不可没矣。及其晚年，归隐林麓，结精庐而老焉。一丘一壑，一草一石，虽物，犹将护之。而后之过者，指点凭吊，若将见。况蓝氏之世业、山水亭阁、巍然在望者哉！且亦独先德茂也。祖宗燕翼，虑无不建千年之计，而堂构弗承，皆平泉佳石矣。令蓝氏自南皮公后，世绍弓冶，无论其登贤书、捷南宫、入翰院、列仕籍者，绵绵翼翼，迄今不绝。即束发读书之士，亦无不恪遵家训，守遗业，而肯构之。前有所创，后有所承，则华阳书院之独著于大劳者，又岂徒然而已乎！①

此时的蓝氏家族虽已趋衰落，然华阳书院里，蓝氏子弟的琅琅读书之声仍不绝于耳。但稍后发生的两件事情，则或间接、或直接地加速了华阳书院的衰敝进程。

一是蓝中琮的早卒。蓝中琮是蓝重蕃第三子，极有文才，年纪轻轻即著有《竹窗录》，冯文炌对他极为青睐。然而，蓝中琮刚刚22岁即不幸因病而逝。这使一生无子、视徒如子的冯文炌备受打击，但尚未直接冲击华阳书院的人气。

二是蓝荣照的自杀。这应是彻底消磨尽冯文炌希望和华阳书院最后一点人气的事件。蓝荣照是蓝希方次子，长于书法，一心向学，年逾而立后仍常至书院读书，因而深受冯文炌喜爱。可惜的是，蓝荣照在读书期间，与书院附近一女子两情相悦，因欲纳其为妾，于是回即墨告知其父，不料却遭蓝希方愤怒斥责，并受杖打。愧愤难当的蓝荣照返回书院，当晚即自缢而死。此事在当时产生了极其恶劣的影响，蓝氏子弟纷纷转至其他地方就读。这使执教于此又两失爱徒的冯文炌更受打击，不久即郁郁而终。没有学生和老师的华阳书院从此走向破败，再未恢复书声琅琅盛况。

乾隆庚辰年（1760），曾经于此读书的蓝中玮重游旧地，已是蓬门蛛丝、高阁霜寒的满目萧瑟之象：

华阳书院卧山腹，廷尉遗迹侍御筑。蓬门蛛网丝萝身，高阁霜威寒逼人。庭来鸟啼啼不歇，阶引藤生生不竭。门外青松遏秦云，阁前

---

① 详见周至元《崂山志》，第300—301页；又见青岛市史志办公室编《崂山志》，五洲传播出版社2003年版，第414—415页。

苍柏留汉月。扑面清风松柏香，松柏树下涧水长。潺潺千古自西来，终是东流不复回。百年时事今何在，空山唯有读书台。——蓝中玮《秋日华阳书院作》

庭前鸟啼仍旧，阶下藤生不息；门外青松，阁前苍柏，天上白云朗月；扑面清风，盈耳流水，眼前青山楼台……一切似乎如旧，可那读书之人，今在何处？说不尽、写不完的世事沧桑之感，至今读来，仍令人不禁泪落！

至道光年间，华阳书院已彻底废弃，楼阁尽圮。如黄肇颚在成书于1882年的《崂山续志》中载："书院，蓝少司寇别墅也。……书院背负崇山，面对高峰，楼三楹，颜曰紫云阁。悬崖上，小阁供文昌帝君，旁为书堂及亭。今俱圮。东有石镌曰'谈经地'，再东曰'松关'。门前石屹立，镌名人诗，皆剥蚀不可读。"

至清末，此地已成为墨邑读书人的吊古伤今之所。如：

岁月几沉沦，先贤古道存。文章光两世，诗礼足诸昆。花木秋官宅，林泉柱史村。昔贤高隐地，凭吊足销魂。——黄象昺《华阳书院》①

缓步渡松关，灵岩许共攀。一林春雨过，云气半遮山。华阳寻胜迹，坐我谈经石。不见谈经人，空留苔发碧。——蓝墱《游华阳书院》

民国时期，此地尚存墙垣，蓝氏后人仍时来游览。如蓝水与周至元曾同游其地，并各有诗作：

当年选胜筑平泉，树石清幽别有天。勇退聊寻山水乐，藏书但愿子孙贤。谈经有地人何在，望月无楼夜不眠。丹嶂哪知兴废感，高俊云表尚依然。而今犹是旧平泉，浪说当年别有天。阁圮已无书可读，楼倾空复月常圆。门前逝水滔滔去，峰顶归云夜夜眠。令我顿生兴废感，不能堂构愧前贤。——蓝水《华阳书院》

---

① 青岛市诗词学会编：《万古崂山千首诗》，新华出版社2002年版，第43—44页。

巍巍蓝公章，勋迹震人耳。在朝偶拂意，弃去如敝屣。遁迹入二劳，结庐深山里。背后倚峭岩，门前横涧水。恣情惬烟霞，偶目伴书史。朝与白云游，夕伴赤松子。清闲乐余生，羽书征不起。至今几百年，遗迹话樵客。松竹故青苍，楼阁半摧毁。我来访高踪，高山空仰止。扪苔寻遗踪，旧题犹可识。——周至元《华阳书院》①

另据周至元《赠华阳老人蓝崿》《宿华阳书院》《宿华阳书院赠蓝崿老人》《宿华阳书院赠蓝屿老人》《宿书院次晨留别》等诗，知当时仍有蓝氏后人居于此地。中华人民共和国成立之初，书院遗址被辟为军用，今仅存旧基。

（三）万卷楼、东泉书屋、南茔读书楼及其他

除了东厓书屋和华阳书院，即墨蓝氏另有多处读书之所，但这些处所往往只是个人至多是一家之父子或兄弟的藏书读书之处。此仅择其略有名气者简述如下。

一是万卷楼和白斋。万卷楼位于东厓书屋所在的东厓附近。据前引蓝润《白斋二首》诗前小序，它是蓝氏子弟的藏书读书之所。至清乾隆年间（1736—1795），万卷楼仍为即墨蓝氏所有，蓝中玮有《登东厓万卷楼》一诗，记秋日登楼所见所感。白斋只是万卷楼内的一个房间。据蓝润《白斋二首》诗前小序，它创设于明正德丙子（1516），是蓝田个人的藏书读书之处。蓝田《白斋表话》二卷，当创作于此斋。明崇祯乙亥（1635），蓝润对白斋重加整修，但直到清康熙四年（1665），他才搬至此处，作为临终前最后一年的游息之所。此后无传。

二是东泉书屋。这是蓝因的个人藏书读书之所，位于城东的东厓附近。其得名，与蓝章兴建的养老之所——北泉草堂有一定关系。蓝章晚年退居家乡后，于正德十四年（1519）在即墨城北买泉地一处，兴建园池、亭台、草堂等，以为养老之处，并命名为北泉。次年，蓝因在蓝氏东厓祖产附近兴建园圃，无意中发现一处天然之泉，于是仿蓝章北泉之名而将园圃命名为东泉。嘉靖二年（1523）前后，仕至江宁（今南京市江宁区）知县的蓝因，为归老计，在东泉园圃内兴建书屋，并请友人汪标作《东泉书屋赋》、康海作《蓝子征甫东泉序》等文，今均见录于蓝润辑《余泽

---

① 详见潘文竹校注《周至元诗集校注》，人民出版社2015年版，第303页。

录》第 3 册中。其中，康海序中曰：

> 即墨故有东厓书院，在城东一里许。自蓝氏之先所创，今七世矣，载在山东总志。盖司寇劳山公洎其子北泉侍御昆季，咸藏修于此。北泉与弟深甫、征甫皆擅才誉，能文辞，人或拟为蓝氏三凤。深甫虽俯就选贡，尚未大售所负。而征甫以乡进士拜知江宁，其宏才骏声，不直山东士大夫传说而已。……征甫治园亭于书院之后，植松柏数千株，奇花异卉，博物者莫能遍识。又取东海之石，罗列峰峦，塔翠满前，恍然身居蓬岛之上也。方念安得一泉以成兹美，僮子掘地东西，得泉报焉，清冽澄澈，其出不穷，征甫因以东泉自号。积厚履深，坤灵锡瑞，理之自然，不可诬也。东泉以书抵予，欲予为序，将附书院所录之后。予以兹泉应期而出，实蓝氏子孙流芳不息之征也，东泉子幸以记而竢之，当知予言之匪妄尔。……①

不过，遗憾的是，东泉书屋并没有像万卷楼、白斋一样传承至有清一代。

三是南茔"读书楼"。此楼位于今青岛市崂山区北宅街道办事处驻地东北 2.5 公里处的书院村附近，得名于明代蓝铜墓。蓝铜去世后，长子蓝章并未按传统将他安葬于即墨城东的盟旺山祖茔，而是四处为他挑选风水宝地，最终选中了位于崂山华楼山下南天门西麓一个时称"灰牛石"（位于今崂山区北宅街道办事处兰家庄村附近）的地方。嘉靖四年（1525）十二月初二日蓝章去世后，蓝田也将他安葬于此处。但嘉靖十二年（1533）六月，明世宗下旨为蓝章赐茔祭葬，并特地选派官员督建兆茔。于是，蓝章遗骸从崂山迁至即墨城北。但蓝铜遗骸仍留在崂山，其所在的"灰牛石"也从此而有"南茔"之称。

南茔读书楼，来自明末武进士蓝涒。蓝涒，蓝思继孙、蓝世茂子、蓝再茂侄，明崇祯十四年（1641）武进士，官至南京神威营都司②。明亡后，蓝涒归隐于崂山华楼山南天门西麓，后在蓝氏"南茔"附近筑屋三间，名曰"三树堂"，读书自娱而终。蓝氏后人因称其地为南茔读书楼。

---

① 康海：《对山集》卷十《东泉序》，社会科学文献出版社 2016 年版，第 376 页。
② 都司：明时首设的中级军官名称，清时官阶在武将的正四品。

民国初年，即墨蓝氏曾于此设"三树堂"私塾，东间为正殿，专供祭祀，西间作课堂。私塾采用复式教学，周围村中子弟往往来此求学，最多时有学生三四十人。时任青岛市长沈鸿烈（1882—1969）曾于1934年造访其地，当得知这就是蓝湍当年隐居之所时，遂将私塾改名为"书院"，所在村改名为书院村。中华人民共和国成立后，"三树堂"书院被改建为供销社，其后新建书院小学。

四是省克轩。据蓝润《省克轩》诗前小序[①]，此乃蓝润创建的读书之所，始建于明崇祯癸酉（1633）秋。次年，蓝润即于此攻读，先后同读者计有王提封、孙介庵、王鸣元、王仲玉、杨升之、杨葵卿、吕秋卿、胡二西、宋惟恭、尹潜初、卢树之、赵云子、袁雪航、姜玉璇等14人。然蓝润此诗及序外，未有提及此轩之名者。

五是女姑山书斋。此斋位于今青岛市城阳区女姑山社区，是蓝荣照之兄蓝荣炜创建，创建时间当在蓝荣照自杀、蓝氏子弟逐渐搬离华阳书院之后。蓝荣炜曾有多首诗词咏及，如《女姑书斋漫兴》《过女姑山书斋》《浪淘沙·过女姑山书斋》等。据这些诗作，此斋极小，初仅为蓝荣炜个人读书之所，后不断扩建，渐成为蓝氏女姑山支系共用的"读书堂"和"讲堂"。然此后也无传。

六是传桂堂。似为清末蓝氏私塾，位于蓝氏东厓附近，极易与东厓书屋相混。蓝瞪有《传桂堂修竹出墙口占示法侄》诗，督促侄辈读书向学，诗曰："萧条秋意满庭除，体爽方知好读书。试看墙边万个竹，出头原只为心虚。"蓝水之父蓝恒矩，曾于此执教。蓝水幼时曾于此求学，成年后一度也曾执教于此。如其友周至元《丙申（1956）冬至题旧照》诗下注语说："二十七岁时与蓝水同学在传桂堂庭中摄影，二十年间朱颜变为白发，可慨也夫！"[②]

第二节　祠祭祖　谱传后

早在蒙元时期，以蓝春、蓝就为代表的即墨蓝氏，就曾请人专门撰文

---

① 蓝润：《聿修堂集》，第15页。
② 潘文竹校注：《周至元诗集校注》，人民文学出版社2015年版，第105页。

记述其家族事迹，即邢世英所撰《盟旺山祖林碑记》。在碑记中，邢世英不仅记述了蓝氏先人事略，还特意记载了其家族之训："孝慈节俭，忠恕廉平"。在陈述了蓝春等人"善为人子"的原因（对"祖先遗训，敬之如始"）之后，又表达了对蓝氏后人使其祖先遗训"数百年后，家传为铭"的美好愿望。而百余年后又重新崛起的即墨蓝氏，也果如其祝，不仅将祖先遗训汇辑成文、记录在册，作为世代相守相传之准则，还编修族谱，创建家庙、祠堂，设置祭田、祀产，制定具体祭祀规则，使家族成员无论在何时何地始终能牢记祖训族规，紧紧地凝聚在一起。

一 阖族同祭之本

丁兰刻木事亲的故事，自东汉以来便世代流传，最终成为传统二十四孝故事之一。后世还由此故事衍生出一些更加多样的祭亲做法，如为先人树坟立碑、画肖像、设牌位、立家庙等。自蒙元时期始，即墨蓝氏即努力践行中华传统祭祖文化，先是于1274年前后在即墨城东的盟旺山一带建立祖茔，继而又于1324年在此地立碑，使蓝氏族人有了统一的祭祀之处。直至清末，此盟旺山祖林仍是即墨蓝氏安葬和祭祀先人之处，其渊源可谓远矣！

（一）建家庙，立祠堂

入明以来，随着蓝氏的繁衍生息和发展壮大，其族人的居住和安葬之所也日渐不一。此仅以蓝文盛一支为例略加说明。明成化（1465—1487）中后期，该支祖坟仍在蒙元以来即位于盟旺山一带的蓝氏祖林，但因蓝文盛迁居即墨城里，其聚居地变为城里和盟旺山两处。至弘治二年（1489），蓝文盛次子蓝铜去世后，其子蓝章将他安葬于崂山华楼山下的灰牛石，从而使其家族墓地也变为两处，给蓝氏后人的祭祖带来诸多不便。如正德十年（1515），蓝章因功勋而使其父、祖获封赠之荣，在祭祖时，不得不一面至崂山华楼峰下蓝铜墓所"焚黄"以告，一面又在城东盟旺山下蓝氏祖林为祖父蓝福盛立神道碑、为远祖蓝珒立将军碑。此外，前文已述，蓝章去世后，起初安葬在蓝铜墓旁，后因明世宗降旨赐葬，乃又迁葬，蓝水为撰年谱中详载此事曰：

嘉靖十二年，世宗特恩敕赐茔兆于县之北原，差莱州府推官吴桂督造茔域周围垣墙，差胶州判官万溥、正术徐时升、即墨知县张韩、训科韩升督工。工毕，由灰牛石迁葬之，子山午向。钦差山东等处承宣布政使司分守海右道右参政杨维聪谕祭。

据此可知，官方为选墓址位于即墨城北，督造茔兆者有莱州府推官、胶州判官和正术①、即墨知县和训科等人，负责迁葬和祭祀事宜的则是山东布政司右参政杨维聪②。作为明代即墨首位御赐葬祭者，蓝章给蓝氏家族带来的荣耀，由此可见一二。而蓝章遗骸从华楼山下迁至即墨城北，不仅使墨邑从此增添了一个新的文化遗址，如同治《即墨县志》卷二《建置·塚墓》即载，明"侍郎蓝章墓，县北五里，子御史蓝田附葬"③；也使蓝氏此支系的家族墓地从此变为三处。

先人安葬之处的不一，给后人的集中祭祀带来很大不便。此后的蓝氏族人无法像蒙元时期一样，在春秋祭享时节都到盟旺山祖林集中祭拜。幸运的是，明世宗一直没有忘记为国建功立勋的蓝章。嘉靖十五年（1536）十二月，他降旨免除蓝章墓地所占50亩土地的各项杂役和税银。嘉靖十七年（1538）二月，他又下令在即墨城中为蓝章建立祠庙，并绘其肖像，以便日常祭祀。这座奉旨而建的蓝章祠，便成为蓝章后人所说的家庙。稍后，蓝田又在蓝章祠后兴建房屋四楹④，用以供奉蓝氏列祖列宗牌位，从而使即墨蓝氏有了祭祀祖先的共同之所。可见，蓝氏家庙设，缘于蓝章；蓝氏祠堂建，则肇自蓝田。

近百年后，蓝氏祠庙进入了第一个维修翻新阶段，即蓝田曾孙蓝再茂对它的维新与扩建时期。如蓝润《蓝氏祠堂碑记》中记载：明崇祯辛未（1631），时任南皮令的蓝再茂令人重修蓝章祠和蓝氏宗祠；清顺治辛卯（1651），他又在两祠旁边扩建"抱厦四楹"，并增修了大门和仪门。傅以渐为撰《墓志铭》中也记载：蓝再茂归里后，"不屑与人较短长，惟光大前人、贻谋子孙者，必皇皇焉恐其弗逮。是以重新侍郎公所建之祠堂，高廊茔墙，而松楸改观。……城中老宅，于世鹰堂、世庆楼后又特建重楼，

---

① 正术：明清时期府、县等地方部门设置的专门负责阴阳地理之学的官吏，每地一员，但像负责医学的训科一样，有官称而无品秩。

② 杨维聪（1490—1550）：字达甫，号方城，河北固安人，明正德十六年（1521）辛巳科状元。其所撰祭文，今见于蓝仁锡校印《大崂山人集》。

③ 同治《即墨县志》，第205页。

④ 楹：古代房屋计量单位，一说为一间，一说为一列，未详。

名为'收远',高大其门,推之重修"。可见,蓝再茂归乡后,先是重修了位于即墨城里蓝章庙后的先人祠堂,并对蓝氏茔墓的围墙增高增固;后来又在城中祖宅世鹰堂、世庆楼之后新建收远楼,并将祖宅大门推倒重建。蓝再茂对蓝氏祠堂、墓茔等的维修和扩建,必会在家族内部引起一定反响,使蓝氏子弟再次心有所聚。不过,这一时期蓝氏子弟如何祭祀先祖,一直未有明确的文献记载。

蓝再茂去世后,次子蓝润在守丧期间,撰写了《蓝氏祠堂碑记》,其中约略提及祭祀情况。在碑记中,蓝润先述立祠祭祖之目的,再历数蓝氏先祖之功勋及蓝氏祠堂之兴建、维修史,最后申述立此碑记之目的。为更好了解蓝氏祠堂及祭祀情况,特录全文如下:

> 祠堂之设曷为乎?曰子孙不忘所自始也。惟稽古天子祭天地、诸侯祭社稷、大夫祭五祀、士庶人祭先祖,礼也,而分寓其中焉。先王因族以立宗,敬宗以尊祖。庙祀之制,见于经传者甚明,故飨休之义,有举莫废,爰以伸孝子慈孙追远之心也。
>
> 溯吾家世,有元以前尚矣。自始迁祖来居即墨,卜兆于盟旺山右。元初,有武义大将军总领监军者,世以武功显。亦越有明,积功累仁,历代相承。如我赠侍郎公,身笃于义德,则百世不祧也。我侍郎公(蓝章)肇启甲第,历著宏勋,昭声施于不朽。我侍御公(蓝田)建言大礼,垂忠义于千秋。凡我后人,席余荫,守前徽,水源木本,独不闻之乎?
>
> 当季①我侍郎公蒙赐兆于城北矣,复奉敕建祠堂,肖像以祀。后祠堂则佑木主,以奉列祖,并立石,庙而祭五祀之神,皆我侍御公所创建者,时嘉靖之戊戌(1538)也。广开神路,庙貌严肃,朔望行香,岁时致祭,瞻拜之际,对越俨然。迨历三世,经百年,不无兴废之感。我太史公(蓝再茂)天性仁孝,于崇祯之辛未(1631),重修两祠,以起维新之运。至顺治辛卯(1651),鼎建抱厦四楹,大门、仪门增修而光大之;北茔大门围墙,亦复高阔改观。我太史公方欲勒碑示后,乃竟长逝矣。
>
> 呜呼!世易人湮,先德犹存,家法具在也。父昭子穆有常数,祖

---

① 季:即"年",国家图书馆藏《余泽录》刻本中,凡此字均避讳而写作"季"。

功宗德无定法。堂宇垣墉，岁久渐圮，即当勉为修补。若或因循坐视，蔑弃先灵，为子孙者益有所不安矣。况虑及不肖之类，更有不忍言者乎？抑思吾秉礼之家也，礼缘人情而设，以人情论之，恐悼于严而安于亵。惟愿共相惕厉，奉先惩后，慎勿陨越以贻羞。

今将前后幅员开列尺丈数目，登之西阶碑记焉。

顺治十五季（1658）戊戌四月念五日，不孝润谨撰①

在蓝润看来，祠堂之设，意在使子孙饮水思源，缘木思本，"不忘所自始也"。蓝氏祠堂自蓝田创建之初，以迄蓝再茂之重修与扩建，已历百有余年。蓝润勒石以记，意在提醒族人勿忘"朔望行香，岁时致祭"之族规，遵循"岁久渐圮，即当勉为修补"之家法。正因持有这种以维修和扩建宗祠为孝亲大任的观念，蓝润才会在守丧期满、赴京候补之际，不厌其烦地反复叮嘱三子蓝启亮，令其督理蓝再茂茔坊工程时"务为久远之计"、勿"偷安误事"：

> 茔内建坊，为期已迫。开基之日并工图维筑之弥坚，务为久远之计。日不足则继以月，必躬必亲，勿令匠工偷安误事也。②

此后不久，蓝氏祠堂又迎来一个新阶段：蓝启晃、蓝重祜主导下的维修和翻新期。蓝启晃是清康熙十三年（1674）岁贡，曾官蒙阴县训导，晚年归乡后，即致力于蓝氏宗祠的维修工作。如谢永贞为撰《司训蓝公（启晃）传》中载："至于先世敕建祠堂，独力重修；又创建先世旌表节孝坊。而崂山两处茔垣、先世诰命诸碑，每倾圮，辄为整理，一切费用，皆出私囊。"蓝启晃重修的蓝氏"先世敕建祠堂"，即明世宗时下令修建的蓝章个人祠堂，也就是蓝氏后人俗称的"家庙"。其族叔蓝溥还特撰《重建家庙记事》一文述此事：

> 家庙之制，所由来远矣，古今之通义也。奉旨而建者何？曰褒功也，朝廷之特典也。我五世先祖侍郎公（蓝章），起家进士，由邑宰

---

① 蓝润辑：《余泽录》第4册，第91—93页。
② 蓝润：《己亥都门寄子启亮》，载《聿修堂集》，第97页。

陟台察，以至留都司寇，晋阶资善大夫。功施社稷，德被生民，所至尸祝矣。而抚秦平寇功尤著，汉中等处迄今俎豆犹赫赫若前日事也。考终于寝，蒙纶赐葬祭，立庙肖像，端笏垂绅，俨若立朝时。命有司春秋致祭，如丁祭仪，盖异数也。我高祖侍御公（蓝田），又于庙后建四楹，柘列祖考妣神主，永孝思以明昭报，事在明嘉靖间。易世之后，人不能无显晦，则庙不能无兴替。我伯父封太史公（蓝再茂）承先启后，为我蓝氏中兴之人，尝重建庙后祠堂矣，鼎建抱厦矣，起重门、大门，增高而式廓矣，皆独立肩承，不以烦我诸父昆弟也。时家庙尚然，惟加修饰，而重建之功，盖俟之象贤之子。而我伯兄临淮公（蓝深）、方伯公（蓝润）又赍志以殁也。天实为之，谓之何哉！

康熙庚申（1680）距嘉靖戊戌（1538），百四十四年，祠堂几经风雨，殆有岌岌难支之虞。我堂侄启晃、启亮、启冕、启延喟然叹兴曰："是先人有志未逮者，脱也庙貌弗虔，遗先人怨恫，继述之谓何？"爰储材改作。不幸而亮于春正物故矣，晃等于哀痛之余，率亮子重祐洎吉开工。经始于季春廿一日，不五旬而报成。宏敞壮丽，视昔有加。一切财用，皆晃兄弟叔侄共为之备；而晃以一身董其成，亦不以烦我昆弟子侄也。是役也，溥以忾满廷试羁旅都门，未遑一监工作。同为后人，劳逸悬殊，愈增罪戾。七月既望，始奉神像而安座焉，较旧址高三尺许。先祖灵位实式凭之，我后人对越俨然，岂惟神人欢洽，即我伯父与两兄，谅亦含笑九京也。

自今以往，凡我后人，果能磨礲砥砺，相须有成，仰体祖宗之志事而善继善述之，祖宗之灵也，家门之庆也。即不然，而孝弟力穑，谨饬奉公，亦不失为名臣苗裔。至于骨肉之间，为父兄者，务相期以仁厚敦睦为心；为子弟者，务相戒以浮薄长傲为耻。则祖宗家风，于兹益振，又不特轮奂之美，丹雘之勤，足以妥神灵而光前烈矣。是为记，并以昭吾家小子。

康熙辛酉（1681）仲秋吉旦，五世孙溥熏沐志[①]

蓝溥此文，先历明中叶以来蓝氏家庙、祠堂的兴建、翻修史，然后申述对蓝氏后人能振家风、光祖烈的期盼之情。据此可知，蓝再茂当年维

---

① 蓝溥：《重建家庙记事》，即墨蓝氏藏清康熙壬午（1702）蓝启延手抄本。

修时，对蓝田所建蓝氏祠堂重加翻新，而对官方为建蓝章家庙，则仅维修装饰而已。因此，康熙十九年（1680），蓝启晃、蓝启亮、蓝启冕（即蓝启肃）、蓝启延四兄弟决定筹资储材，重新翻盖家庙。然而，次年（1681）正月，未及开工，蓝启亮骤然去世。蓝启晃乃忍悲含痛，在其子蓝重祐的帮助下，于三月二十一日开工兴建，至七月十六日，又将蓝章像安放于新座。八月十六日，蓝溥为作此文以记。可见，此次家庙的翻新工程，系蓝启晃、蓝启亮、蓝启肃、蓝启延四兄弟共同出资，而由蓝启晃、蓝重祐父子督工董理。

此后文献中，再未见关于蓝氏祠庙的翻修、增修记录，仅蓝中高有《重修世鸁堂落成》一诗提及世鸁堂的重修之事。其末联"但使青箱能接武，不须传桂自生香"，表达了对即墨蓝氏能够诗书传家的美好祝愿。

（二）订祀约，置祭田

家庙、祠堂的兴建和维新，为即墨蓝氏集中祭祖提供了专门场所。祭约、祀规的制定，祭田、公产的设置，则为蓝氏族人共同祭祖提供了行为准则和物质储备。

蒙元时期，即墨蓝氏祭祖时应已形成一定规则，但因文献的缺失，今已无从可考。明代即墨蓝氏的祭祖，首见于文字记载的，是蓝铜在长子蓝章考中进士后的"居父垄"泣拜以告。蓝铜去世后，蓝章每因功赠及先人时，也常至墓所"焚黄"以告。今存蓝田诗中，屡有提及祭祀之事者。如《寒食祀祖坟回》：

> 原南原北纸飞灰，扶病东山扫垄回。梨花气冷浑悭放，燕子情疏也不来。亭下寂寥吾自乐，墦间奔走彼堪哀。蒲团坐待沧溟月，照写幽怀进一杯。

综此可推知，尚未创建家庙、祠堂之时，即墨蓝氏的祭祖往往仅按传统做法，于岁时节令和特别时刻而至先人墓所祭告。

而自蓝章获官为建庙之荣、蓝田又于其庙后创建蓝氏祠堂以来，即墨蓝氏逐渐形成了共同祭祀的传统，并有相应的祭祀规则。今存最早的文献，则是清初在蓝深、蓝润兄弟倡导下才形诸文字的蓝氏《房社约》及蓝润撰写的《房社约序》。其中，蓝润所撰序言说：

祖宗德业光昌，垂裕后昆，历元明以迄今日，阅四百余载，福泽可谓厚矣。凡系孙枝，席久大之庇，谁无报本之思？报本维何？心术之光明也，行谊之端方也，忠厚之缵承也。体斯三者，以式家训，是谓仁孝之志。若夫人文蔚起，振家声而昭祖烈，在奋勉有为者接踵而兴耳。不则力穑经商，亦我赠侍郎公发祥之基，非末务也。春秋祭飨，仅一卮酬地乎，中规中矩，可慰先灵于九原。蔑弃祖法，则怨恫及之；虽牲醴在陈，亦属虚文。吾家房社期会，忠孝节义，整齐严肃，尝闻之上世矣。皇清丙戌岁（1646），我父、敕封太史公与我大伯复立社约，联我本枝，以笃亲亲之谊，愿子子孙孙勿替引之也。呜呼！我父往矣，典礼具在，敢云废而不修继？自今面相告诫，各勤职业，居安思危，遇灾知思；勿作怨，勿佷德，勿以小加大，勿以少凌长；去逆效顺，承先启后。祖宗之源远流长，庶几其不坠也。徒事虚文，动言报本之思，未之前闻矣。敬开条列于左。

　　顺治丁酉（1657）嘉月①，不孝润泣血识②

　　此文中，既有对子孙后人要牢记先人祖训、长有报本之思、不负祖宗先声的殷殷叮嘱，又有对祭品简约、祭心诚挚、祭典不废等祭祀大仪的扼要陈述，并述及蓝氏"房社期会"简史和目的。因知，蓝氏各支系的定期集会祭祀，始于蓝再茂兄弟，但至蓝润兄弟时始著录成文。而蓝氏各房支系定期相会的目的有二，一是祭祖以抒思亲孝亲的忠孝之义，一是"联我本枝"以加强同族兄弟们的亲密之情。另据文末所署时间可知，此序言作于蓝再茂去世次年正月，正是蓝润守丧乡居期间。此外，关于祭祀，蓝润提出：子孙后人如能谨守家训、践行仁孝、奋勉有为，只要按时而祀、合乎礼仪，哪怕只是一杯淡酒酹于地，也足以告慰先祖神灵；如若不能遵守家训、蔑视礼法、碌碌无为，即使祭祀时盛陈三牲和美酒，也难以受到祖先福佑！此观点在今天看来，也有诸多可取之处。

　　历经蓝氏两代人才逐渐成熟起来、形诸文字的《房社约》，还从多个方面对祭祖礼仪作出详细规定，对蓝氏族人起到了很大的约束和规范作用。此仅引其中关于祭品和集合时间的两条如下：

---

① 嘉月：旧时对正月的美称。
② 蓝润：《聿修堂集》，第68页。

元朝祖茔暨明朝敕建祖茔，春秋祭扫，每茔猪羊各一口，每冢桌面壹副油馓、贰碟肴菜。食桌在外，务要丰洁，洋洋如在，勿亵神以贻羞。

入茔祭扫，定于卯刻齐集，后至者即在罚跪。赴会定于午刻齐集，后至者罚治钱五十文。司会各照派定次序，如有万不得已之事，当先期以告众，过日补会。悮（同"误"）会者，罚治钱贰百文。勿懒惰推辞，自甘不肖也。①

此后，蓝氏子弟一直谨遵此约，按期集会、依礼而祀，通过祭祖仪式凝聚家族人心、加强对子侄的教育。如蓝深之子蓝启肃，每逢"朔望，率诸子姓谒少司寇庙"，"拜跪毕，称述祖训，勉之德业"；子侄"凡能任衣冠者，皆拱立悚听，不敢有惰容；行于途，恂谨而有仪，不问而知其为蓝氏子弟也"。② 另如其堂弟、蓝润季子蓝启延，每逢"岁时伏腊，必集宗族长幼于家庙中，勤勉备至"。

而蓝启肃对即墨蓝氏的最大贡献，不仅在于每逢初一、十五就集子侄于家庙，以守祖训、晓祀仪、知进取而训导之；更在于他的"联族人，整房会"而倡置家族"祭田"之功。康熙己巳（1689），蓝启肃在蓝氏房社集会时，提出了创设家族祭田的倡议。在他的倡导下，蓝氏各支系共"置祭田二百余亩"。他又倡导其所在支系单独"出田百亩，以为三世祭田，至今不改"。③康熙乙亥（1695），蓝启肃又亲自执笔，撰写了阖族认同的《三世祭田约言》，对作为家族公产的 300 亩祭田做出了详细的处置约定：

我家祀事，其来旧矣。至我封君公（蓝再茂），独立任之，历今四世。但旧无祭田，恐有难继，不可以传后而行远。我高祖以上祭田，本支房会所积，渐有成效。……今为我赠君公、封君公、临淮公（蓝深）、方伯公（蓝润）三世祭田，是我兄弟叔侄所当急举者。乙亥岁，曾与我长兄蒙阴公（蓝启晃）议行，未果而长兄即世，不可

---

① 蓝深、蓝润等撰：《房社约》，即墨蓝氏藏手抄本。
② 周毓正：《中翰蓝公（启肃）传》，详见《蓝氏家乘》，即墨蓝氏家印本。
③ 蓝重蕃：《皇清乡贡进士、钦授内阁中书舍人、先府君蓝公（启肃）行述》，详见《蓝氏家乘》，即墨蓝氏家印本。

更迟矣。今有未分公产泉岭庄，原系各房分收籽粒、分纳钱粮，共同约定，即以此为三世祭田。司其事者，收租纳税，料理祀事，分办祭品，措置赢余，照管庄务。自今年始，凡我兄弟叔侄，各出情愿，慎勿营私自便，致误大典，更勿骚扰庄佃，永为遵守，不得少有纷更，获罪先人也。慎之，慎之。

　　子孙贤，神明吾意；不贤，恪守吾法。不肖子孙，纵极贫窘，亦不许执为公产，擅行典卖。如有故违，问官惩治。公约。

此处提及的泉岭庄，本为当时蓝再茂支系的公产。但在蓝启肃的主持下，他们将其捐作家族祭田，专以其地收入用来置办祭祖所需祭品、照管田庄事务等。这一举措使此支系每年的祭祀大典有了经济保障。该《约言》还对祭田的管理者（"司其事者"），也做了简单扼要的规范。

此后，即墨蓝氏一直奉行设置家族祭田专供春秋祭祀的传统。直至清道光二十一年（1841）正月，即墨蓝氏仍在沿用这种以公共祭田供给春秋祀典的方式，蓝氏祭田也一直由其长支世代管理。但为加强对祭田的管理，蓝氏阖族又重新祀产条规，使其变得更加具体明确、更具可操作性。此录由当时长支代表蓝奎执笔、整理而成的《重订祀产条规》中数条如下：

　　——出入公账逐项注明，以便聚族公算。如有冒销，另派人管。
　　——家庙初一、十五暨年节、灯节行礼毕，随即关锁门户，日常不许妄开。如有损坏，公议修整。
　　——朔望至家庙暨东厓祠堂行礼，务衣冠整齐。管公人备香茶。

此条规重订后，还抄录与各支系，并在首页明确记录各支系收录情况，如"池北草堂一本（住湍湾），传桂堂一本（住东厓书院），带经堂一本（住东店子）"等。

此外，蓝奎还为此条规撰写了序言，简述蓝氏设置祭田以供祭祀历史，并反复强调祭祖之情和传后之意。如曰：

　　礼莫重于祭，祭者所以追远竭诚也，此祭田所由设欤？夫木无本则枝不茂，水无源流不长，君子反本复始，不忘其所由生，未尝不于四时奉祀、恻怆于心者也。我蓝氏自三世祖赠侍郎公起家。五世祖司寇公在胜朝，有定策功，敕赐茔兆，建庙，肖像以祭。六世祖侍御公更起四楹于……惟是我族长支大半宅城，余支距城均数十里，以故公产世世畀长支管理，迄今二百余年未尝替也。……惟春秋享祀各有定品，犹虑子孙无所资以致诚敬，爰置公产若干亩，窃叹侍御公之贻谋孔长也。后人宜恪守成规，善承先志，非惟藉以报本追远，即敦宗睦族之道，亦于此而寓。是公产之设，不綦重哉！讵数传而后，日以寖衰。我太史公（蓝润）体先人孝思不匮之意，极力维持，赖以不废。嗣临淮公、方伯公，克善继述，增置地亩。……

道光二十一年（1841）三月上旬，十六世孙奎谨志

序言后并详列参与此次"阖族公议"各支系成员姓名，如"长支"有蓝士煦、蓝奎、蓝恒佶，"长支中之二支"有蓝用煜、蓝榛、蓝恒裕，"长支中之三支"缺，"长支中之四支"有蓝用诚、蓝玺、蓝珮，等等。蓝氏此次修订的祀产条规和蓝奎撰写的序言，不仅在蓝氏家族内部产生了深远影响，在蓝氏家族之外也产生了一定影响，并被时任平度知州的许梿[①]收录于其集中。[②]

二 千年传承之根

一般以为，家乘也称家谱、家牒，与族谱、宗谱等一样，是旧时大家族主要记录男性成员世系分支和功勋德业以区别家族支系、传承家规族训、凝聚家族人心的书籍。但据蓝氏家族今存文献来看，家乘专记家族精英人物的丰功伟绩，与以记录家族男性成员世系和功业为主的家谱、族谱之类，还是有很大区别的。另据相关史实，家乘、族谱的编修，源于古代史籍对帝王年表、本纪以及世家列传的编纂，其在民间的盛行，则自两宋时始，而且往往是一个家族发展到一定时期后，才开始家乘、族谱的编修工作。即墨蓝氏家乘的辑录和族谱的纂修，也大致遵循了这些规律。

---

① 许梿（1787—1862），字叔夏，号珊林，浙江海宁人，清道光十三年（1833）进士，历知山东平度州、江苏淮安府、镇江府等，辑录有《洗冤录详义》《刑部比照加减成案》《六朝文絜》等。

② 蓝奎：《重订祀产条规序》，载许梿辑《重订祀产条规》，河北大学藏清道光二十一年（1841）抄本。

（一）辑《家乘》

蒙元时期的即墨蓝氏，尚未发展至家乘的编修阶段便趋于衰落。入明以来的即墨蓝氏，则至蓝章、蓝田父子时，已有续家谱、编家乘之意。如明正德十年（1515），蓝章为蒙元时期武义将军蓝琛"立将军墓碑"，然因"谱牒无征，世次莫考，仅以远孙称焉"，其中所含追续谱系之意不言而喻。另如蓝田作《蓝氏三仙小传》一文，分别为蓝采和、蓝方、蓝乔这三位蓝姓名人作传，其中明显含有对蓝氏始祖的探询之意。这种对家族谱系和先祖的刻意追溯，反映了饱读圣贤之书、深受中华传统文化影响的蓝章、蓝田父子，对家族传统、家族文化和家族凝聚力的重视。

这种重视家族传承、希望凝聚家族力量的心理，应该很早就在蓝章心底萌生。如正德七年（1512）时，仍在陕西任上的蓝章命长子蓝田在即墨城里祖宅内兴建世廌堂和世庆楼。此二建筑名称本身，即包含有极为明显的对蓝氏家族世代相承、绵延不绝的祝愿之意。如"廌"本音 zhì，本是古代传说中一种能辨别是非曲直的神兽的名字，在此通假作"荐"（繁体作"薦"）字，取其进献、祭献之意。因此，"世廌"二字意即世代祭献，与"世庆"一样寓意吉祥。则蓝章建此二楼之意，在于寄寓对子孙后继有人的殷切期盼之情，即如其后人蓝水所说："盖望后人之能绳其武耳。"

对蓝章此心此情，蓝田深有体味，因此才会坚持不懈地在 30 年内参加了 11 次会试。在所撰《世廌堂上梁文》中，他又明确提及："伏愿上梁之后，读书继世，忠孝传家。"① 可见，蓝田深刻认识到：彼时，"读书继世，忠孝传家"已成为蓝章切盼、即墨蓝氏正在转向的传家之路。而在世庆楼建成十余年、蓝田终于进士及第之后，他曾专门写信请友人康海为作记文。康海文中有曰：

> 即墨蓝氏聚德萃祥，凡不知几何世，乃笃生我抚公（蓝章），发祥阐德，为世大夫，名实加于上下，徽美嗣诸后昆。天眷元德，又生我玉夫，承耀履光，稽古操则，凡天下知名之士，未能或之先也。此其庆流长远，固已非世之所谓光华荣耀者可拟矣。……嘉靖甲申

---

① 蓝田：《蓝侍御集》，第 257 页。

(1524）秋八月十日丁酉记①

"其庆流长远"的解释，完全符合蓝章对世庆楼命名的本意。由此可见，蓝田继承蓝章追溯家族渊源、重视家族传承之意，也开始考虑即墨蓝氏家族的承前传后之事。

今存文献中，最能体现蓝田重视家族传承之情的，是前文已述、由他辑录的《四朝恩命录》一集。此集系蓝章生前所受官方任命、嘉奖文书等的总集，其中蕴藏着对先人功勋德业的昭彰之情和对后人发扬、继承先人德业的激励之意，可视作即墨蓝氏编辑家乘之先声。

此后，蓝田之子蓝史孙又续补蓝田所受官方任命和嘉奖文书，并经其孙蓝思继校订后，于万历丙戌（1586）冬至次年春间付梓刊刻，从而开启了蓝氏家乘的刊刻先例。

对于此集的编纂目的、刊刻过程等，蓝思继《书〈四朝恩命录〉后》一文中明确述及：

> 吾蓝氏奕世累受圣朝恩典甚厚，先君太学公（蓝史孙）誊黄集为一卷，名曰《四朝恩命录》，所以崇圣典、表先德、传后世、期永报。未及梓而先君升遐，继遭母丧，合葬礼成……因检是录，于封土暇重订校。弟绪更录，兄绍持于姑苏就梓，始成先君遗志。梓成，俾吾子孙世世知君恩深厚，与先公矢志辑传，当仰图报效已也。

其中，"崇圣典、表先德、传后世、期永报"12字，简明扼要地概括了即墨蓝氏编辑家乘的报祖传后之意。

此集刊刻前，蓝思绍还曾向同邑名士杨盐请序。杨盐序反复称美蓝章、蓝田父子功绩及蓝史孙、蓝思绍父子两代人编刻此集之情意。此录部分内容如下：

> 韩子云："莫为之前，虽美弗彰；莫为之后，虽盛弗传。"盖谓先进、后进之相须也。然子孙之于父祖，继其所志之美而述所事之盛者，尤为可称也。此《四朝恩命录》，乃余墨大劳山盖少司寇公（蓝

---

① 康海：《蓝氏世庆楼记》，载《对山集》卷十五，社会科学文献出版社2016年版，第333页。

章）与其子少劳山侍御公（蓝田）世沐恩命之集也。……公（蓝田）之子太学生史孙，以父祖济美，受恩命凡五十余次，志见人物，从祀庙廷，沐圣朝荣宠之典优且渥矣，乃次第集成一编，名曰《四朝恩命录》，未竣而卒以病。兹曾孙思绍，志太学公（蓝史孙）之志者也，因命仲弟思继、季弟思绪书其履历，属余为序，就梓于姑苏，一以扬先世之耿光，一以竟先志之未成也。吁！若思绍辈，不亦孝子哉！然非善于继述与夫孝行之素笃，岂能克念若是邪？嗟乎！前为之美而后传其盛者，其蓝氏之谓欤？自是于吾邑文献，有足征也。姑述其所请以序。

　　万历十四（1586）季冬，乡贡进士、文林郎、前知直隶沛县、同邑眷晚生杨盐顿首拜撰①

　　杨盐先引用唐代文学家韩愈《与于襄阳书》中之语，借始创业者与继守成者相得益彰的道理，引出对子孙能继承父祖遗志者的赞美；再叙《四朝恩命录》一集的内容与编刻过程，并表对蓝史孙、蓝思绍父子的赞美之情。另据此序可知，此集录文当有50余篇，反映了蓝史孙的"表先德"之情和蓝思绍兄弟的"传后世"之意。可惜的是，除此一跋一序，其原刻今已荡然无存。

　　此外，蓝再茂在撰写于明万历四十二年（1614）的《蓝氏族谱序》中提及："我高祖司寇公（蓝章）、曾祖侍御公（蓝田），两世勋名，载在史册。及我祖父（蓝史孙），早年不禄，我父（蓝思绍）、我叔（蓝思继等）俱在襁褓。易世之后，家乘散佚，良可慨已。"因知蓝章、蓝田之时，即墨蓝氏曾编有"家乘"，但在蓝史孙去世至蓝思绍兄弟长大成人的这段时期里，此"家乘"散佚殆尽。则其应像蓝田编辑的蓝章诸稿一样，仅以抄本形式藏于家，并未刊刻印行。

　　综此可知，从蓝章、蓝田父子至蓝史孙、蓝思绍父子时期，此可谓即墨蓝氏家乘的编辑萌芽期，代表作是蓝田始辑、蓝史孙续补的《四朝恩命录》。其集未刊刻，其文全为官方任命和嘉奖公文，除序跋外今大多佚失。

　　至明末清初，即墨蓝氏家乘迎来了编刻的成熟期。首先出现了蓝再

---

① 杨盐：《〈四朝恩命录〉序》，载蓝润辑《余泽录》第3册，第2—5页。

茂、蓝润父子倾两世之力辑录而成的《余泽录》四卷。如前所述，此集收录他人撰写的自蓝福盛以讫蓝再茂的墓志、碑记、祭文、祝寿诗文等，其中尤以为蓝章、蓝田、蓝再茂所作者居多。对此集的编纂意图与过程，蓝润《余泽录序》说：

> 呜呼！规模弘远，先人之基业也；简册焜耀，先人之功德也；充栋连云，先人之书香也。继述守成，难言之矣。先司寇公起家县令……功业烂焉。先侍御公颖异天授……秉忠义于千秋。迨传三四世，手泽鲜有存者，侵于鼠，没于盗，此中亦曷忍言？某生也晚，不得睹当年之盛，登纪载之林，揣摹八股，每自惭浅见寡闻也。惟先大人太史公以守兼创，阐扬祖烈，于文献故家搜求遗迹，间得之市上，如获拱璧而珍藏之，断简残编勿论矣。某视学江表……皆先司寇公过化之地也……乃重建生祠……某卧疴苦次，于哀毁之余拣先大人笥中书籍册页数本、手卷数帧，诵法服习，史不胜书，知先人之明德远矣。某自夏徂冬，心腕拮据，一日而录数叶，或夙疾举发，数日不能竟一叶。兹方汇辑成帙，订为四卷，命之曰余泽录。先大人服官居乡之业，并纪于是焉。若先司寇公两世遗迹，嗣容访之文献故家，续入也。呜呼！代远人湮，功烈著于不灭，睹先业而兴思，用以示后人。①

此文中，蓝润先述先祖蓝章、蓝田之功烈，慨叹其手迹遗稿的湮没无传，继述父亲蓝再茂对先人遗墨的搜集以及自己顺治十一年（1654）提学江南时对蓝章生祠的维修事宜，最后陈述自己誊录、编辑《余泽录》的过程。据此则知，《余泽录》一集乃由蓝再茂搜集初始资料、蓝润誊辑而成，成集时间在蓝润为父守丧的顺治十四年（1657）十月。

另据今存清刻本可知，顺治十五年（1658）十二月至十六年（1659）四月，蓝润于京候补期间，持此集而请沙澄、文元征、冯溥、魏象枢、宋继澄、胡顺忠等友人为作序跋，其门生洪琮为作《恭读蓝祖宪恩台〈余泽录〉，奉赋五言排律二十六韵呈政》，均附入此集。顺治十八年（1661）冬罢官至康熙四年（1665）去世前，蓝润将此集刊刻行世，并藏于家。

---

① 蓝润：《聿修堂集》，第42—43页。

则蓝润编辑、刊刻此集的昭其先祖功勋德业之情、启其后人浩叹思慕之意，尽在不言之中矣。

其后，蓝润孙辈中屡有搜集、整理记述先人功勋德业者。如蓝启晁次子蓝重榖有《余泽续录》二卷，蓝启肃之子蓝重蕃则辑有《蓝氏家乘》二卷。《余泽续录》显然为续补《余泽录》之作，惜其已佚。《蓝氏家乘》与《余泽录》性质相同，也是辑录他人所作关于即墨蓝氏的诗文集，当时并未印刻行世。

此后至清末，蓝氏家乘的编刻进入漫长的萧条期。可喜的是，近年来，以蓝信宁为代表的蓝氏后人，开始了对记述先人功勋德业的家乘等的续补和新撰工作。2007年6月，蓝信宁为其重新编辑的《蓝氏家乘》作序，其中曰：

> 吾蓝氏自南宋间徙居即墨，距今已八百多年。……七世祖史孙公将先世受朝廷恩典集于一卷，曰《四朝恩命录》，是为即墨《蓝氏家乘》之始。其后，十世叔祖润公著有《余泽录》四卷，十二世伯祖重榖公著有《余泽续录》二卷，十二世伯祖重蕃公著有《蓝氏家乘》二卷。惜因年代久远，历经战乱，改朝换代，时至今日，我蓝氏先贤之文传、碑志、寿序、诗文多已散失，后世子孙已无从见阅。为宣扬我蓝氏家族之文化传统及先贤之丰功伟绩，余经过近年来多方搜集，查找史料，重新编辑成卷，是为即墨《蓝氏家乘》。以供后世子孙阅读研究，以期能发扬我蓝氏先贤之风范，仁孝持家，书香传世。是为序。

据此序可知，蓝信宁新编《蓝氏家乘》之意，在于宣传"家族之文化传统及先贤之丰功伟绩"，激励子孙发扬"先贤之风范"，继承家族"仁孝持家，书香传世"之传统。此外，蓝信宁新编《蓝氏家乘》文，与蓝润辑《余泽录》有较大的重合率，却也呈现出一些崭新特色。一是新增篇目中包含了蓝氏后人自撰之文，如蓝田撰《宣义郎蓝公（竟）墓志铭》、蓝启肃撰《先司寇公（章）事略》、蓝水撰《跋先侍御（田）集后》、蓝信宁撰《先祖父蓝水传略》等。二是新增篇目中包含了为蓝氏从武者尤其是现代从军者所撰传文，如蓝信宁撰《明南京坐（当作"神威"）营都司蓝浯小传》《革命烈士蓝仁和小传》《济南军区空军司令部军务处长蓝仁锡传略》等。

(二) 纂《族谱》

蒙元时期，胶州学正邢世英撰写的《盟旺山祖林碑记》一文，扼要记述了蓝氏七世的谱系和勋业，虽非家谱，却发挥了以谱系族的作用，实可视作蓝氏之简谱。因此，此记文引起蓝氏后人蓝启延的重视，而于清康熙癸酉（1693）夏特地对其录识和整理。

入明以来，正德十年（1515），蓝章为远祖蓝玠立将军碑。据此可推知，蓝章已有据此记文追溯蓝氏先世谱系的意图，但不知当时是否已开始著录、整理明以来的家族谱系。今可确证无疑的是，即墨蓝氏族谱的第一次纂修，在明万历四十二年（1614），主持者为时仅32岁的蓝再茂。蓝再茂并为撰序曰：

> 我蓝氏，故昌阳舁山人，自南宋间徙居即墨。远祖讳玠，仕元，至武义将军。其墓前世系碑，立于泰定甲子（1324），记云："祖茔碑石尘埃，不显其迹。"是宋以来已茫乎无可考矣。而世系碑复历年久远，序次多缺。至我一世祖处士公，始可得而详也。越本朝，我高祖司寇公（蓝章）、曾祖侍御公（蓝田），两世勋名，载在史册。及我祖父（蓝史孙），早年不禄；我父（蓝思绍）、我叔（蓝思继等），俱在襁褓。易世之后，家乘散佚，良可慨已。今宗支渐繁，倘不及时纂修，后之视今，不犹今之视昔耶？谨就可考者，条列明析，俾我族人知有本源。若百里、石门，传为同宗旧矣，两处碑记犹有与我本支名讳同兄弟行者。第代远人湮，未知所共何祖，故各为一支，以俟后日之考征焉。
>
> 时万历四十二年（1614），岁次甲寅，九世再茂谨叙

此序将邢世英撰《盟旺山祖林碑记》称为"世系碑"，并提及"百里""石门"二支旧传也为蓝氏同宗却因无族谱而无从可征、亦"未知所共何祖"一事，充满了对"倘不及时纂修"族谱以致"后之视今，不犹今之视昔耶"的忧虑感和迫切感！

69年后的康熙二十一年（1682），蓝再茂之侄蓝溥又召集蓝溁、蓝湄、蓝灏、蓝启晃、蓝启泰等族人，对族谱进行了首次增修，并为撰序曰：

蓝氏故无谱也，谱之自伯父封太史公（蓝再茂）始。伯父守先待后，凡有关于《家乘》者，靡不缵述，而于《家谱》尤兢兢焉。曰："夫人一身，所及事者，或三世；所得服者，仅五世。推而上之，非有考征，乌乎信之？不信，则其后休戚不相关矣，庆吊不相及矣，遇诸道路，诹名而问氏矣。加以远近亲疏之异其情，贫富贵贱之殊其势，祖宗有知，能不愀然哉？"乃追溯源流，编次宗支，述前人之轶行爵秩，昭世法也；载字与享年，遵孔例也；详及袒免①之外，体先志也。我仲祖太学（蓝思绍）诸公共为校正。盖自是而众著于敦睦之义矣，时万历甲寅（1614）也。迨今六十九年，我伯兄临淮（蓝深）、方伯（蓝润）两公尝议增补而授诸梓，惟以官守弗遑，既又先后即世，遂为未竟之志。今生齿日繁，室庐各异，且散处四方，经年不会者有之，生平未面者有之。吁！孰非一本之所自出而等诸路人乎？爰谋族姓，遵我伯父成例而续谱之，世世子孙展读之余，可以动水源木本之思矣。

时康熙二十一（1682）年壬戌，十世溥谨序

据此则知，蓝再茂主持编纂族谱时，得到了其父蓝思绍、叔蓝思继等人的支持和校正；此后，其子蓝深、蓝润曾有续修和刊刻之议，事未成而先后去世。而69年后，蓝氏人口日繁，且散处各地，经年不会者、素未谋面者有之。为系其族，蓝溥等人乃沿袭蓝再茂所纂族谱旧例而增修之。值得注意的是，蓝溥以为蓝深、蓝润兄弟仅有修谱之意而未实施，然今河北大学图书馆收藏有即墨《蓝氏族谱》抄本，题作"蓝深、傅以渐等纂"。考其内容可知，此谱应为蓝深、蓝润兄弟续修之本，续修时间当在清顺治十三年（1656）秋至十六年（1659）春兄弟二人为父守丧期间，尤其是顺治十五年（1658）十二月至次年（1659）二月、守丧期将满的兄弟二人同至京师候选并"偕寓瑠璃厂火神庙"的这段时间内。②稿成后，已选为临淮县令的蓝深离京赴任，仍在京城候补的蓝润则携而请同年傅以渐为作序，并拟刊刻。然未及付梓，而蓝润受命离京赴任。不久，兄弟二人又相继辞世，手稿也流失别处，以致其族弟蓝溥等人误以为其稿

---

① 袒免：袒衣免冠的省称，古代对五服以外的远亲的称呼。
② 蓝润：《读曾南丰先生文集引》，载《聿修堂集》，第52页。

稍后，康熙三十二年（1693）夏，蓝启延在录识、整理《盟旺山祖林碑记》后，又携蓝启华、蓝启新、蓝启豫、蓝启肃等堂兄弟及蓝重庆、蓝重祐、蓝重榖等子侄，再度对族谱进行增修，也为撰序。其序曰：

> 族有谱，欲族之人知身之所自出，并知父祖之所自出。由父祖而上之讳某字某、衣冠诗礼阅几世几年，所以辨世系、昭世法也。吾家族谱，始于明万历甲寅（1614）岁，盖我曾叔祖孝行公（蓝思继）、先王父封太史公（蓝再茂）订修而编次之者。阅康熙壬戌（1682），我天水叔（蓝溥）与我大兄复元（蓝启晃）重谱而增修之，遗稿具在也，延尝反复展阅。始迁祖自有元以前，尚已据世系之。可考者，一世、二世，父子相传也；三世兄弟两人，支派分焉，故统阖族而计之：所同者，纨裤子弟也，葬盟旺山祖林是也。由先司寇（蓝章）之昆弟而分之，所同者，四世祖铜也，葬华楼凤山之阳是也。至先司寇（蓝章）、先侍御（蓝田）递传以来，有为缌麻者矣，有为袒免者矣，有为袒免之外者矣。曾元云礽，不下七八十人，按谱可考也。谱既成，世系明矣，尊祖睦族，先型具在，则存乎其人焉。
>
> 时康熙三十二年（1693）岁次癸酉，十一世启延谨识

据此序和今存蓝氏族谱可知，此次修谱，明确将入明以来的即墨蓝氏按各支各派排列清楚。从三世蓝福盛兄弟二人时，分为老长支、老二支两支；四世时，老长支又分作老长支之一（蓝铜）与老长支之二（蓝铠），老二支中蓝锦、蓝钊、蓝钵、蓝鐏兄弟也分为四支；五世时，老长支之一又分作司寇公（蓝章）派、宣义公（蓝竟）派、承事公（蓝奇）派三支；六世时，老长支之司寇公派又分成侍御公（蓝田）派与荫官公（蓝因）派；……而这样按支派编定后，可以发现，属于同一支派者，仅一人之曾孙、元孙、云孙、礽孙四代中的男性成员已不下七八十人，相互间存有在五服之内者、出五服但血缘关系比较近者、出五服且血缘关系已非常远者等多种血缘关系！而蓝启延此次修谱所采用的按支派编排的做法，使相互间谱系和亲疏关系历历分明，确实起到了"辨世系、昭世法"的作用。这应是此谱与之前诸谱的最大改进之处。其后，蓝氏族谱又经数次续修，基本沿袭了这一做法。

需指出的是，这次续修之本，与之前的蓝再茂初修、蓝溥续修本一样，均未刊刻印行，蓝氏各房都只保存有手抄本。即墨蓝氏族谱的第一个刻本，应是乾隆辛巳（1761）蓝重蕃率其四子蓝中玳、蓝中玮、蓝中文、蓝中高等主持完成的续修本，但其具体过程今已无考。其后，蓝氏族谱又经过嘉庆九年（1804）、光绪十二年（1886）、宣统二年（1910）三次续修，其中嘉庆、宣统二本均刊刻以行。今宣统刻本仍有流传在世者。

即墨蓝氏族谱最近一次续修，则是距宣统二年近 100 年之后的事情了。此次修谱工作由蓝孝惠出资，蓝水主持，即墨蓝氏阖族参与，始于 1997 年，刊行于 2007 年。其中，奉献极大的是"少小离家老大回"的蓝孝惠。他出生于华楼山下风景秀美的小山村——蓝家庄，即今青岛市崂山区北宅街道办事处兰家庄。此庄形成于蓝章为其父蓝铜择墓于其地之后，疑因靠近华楼山下的凤凰峰而初名栖凤庄，后因迁居此地的蓝氏后人逐渐增多而改名蓝家庄。但蓝孝惠年仅 10 岁时，即跟随母亲投奔在北平工作的父亲，从此远离故乡。12 岁时，又跟随父母远迁台湾，先进军校读书，毕业后在台湾服役，官至海军少将。1994 年退役后，离乡五十载的蓝孝惠，才得到重返故乡的机会。1997 年，一直对故乡魂牵梦萦的他，举家从台湾迁回，并着手从事蓝氏族谱的续修事宜。在蓝孝惠的努力下，一部由其族叔蓝水主持、即墨蓝氏阖族参与续修的新族谱，终于在 2007 年带着浓郁的墨香问世了。蓝孝惠还亲自撰写了序言：

> 吾蓝氏自南宋徙居即墨，迄今七百余载。传至元代，族史虽有记注，皆因事实诸多模糊，体系疏漏不全，以致难以纂修。直至明万历甲寅岁，蓝氏谱书始由先八世、九世诸祖合编而成。就中以追本溯源为纲，以编次宗支为目，以述前人轶行、爵秩为鉴，载字、享年乃遵孔例，详及袒免之外，以承先志。此书之成，为后世谱书之增修供蓝本矣。入清后，谱书历经康熙、乾隆、嘉庆、光绪、宣统六次之增修，使之日臻完善。
>
> 计自明代谱成之日，流传至今，近四百年。嗣后，近百年来，人间屡遭年代更迭，战乱频发，天降灾异，人祸不单，致使民不聊生，更又何谈修谱？况于劫难中，国藏家珍、文史档牒损失几尽，故而谱

之增修,又束之高阁,且留遗患。如今,人对追本溯源之谗①,对家族维系之冷;近族宗亲,形同路人;伯叔昆仲,视为陌生。伏首思之,悲夫哉!

今吾族宗支繁衍,生齿锐增,室庐各异。且散居国内外,经年不会者有之,生而未面者有之。如此种种,实为无本可依,无谱之过也。因此,增修谱事,刻不容缓,势在必行。藉此以济后世,知本源,晰宗支,明远近,识亲疏之优良传统,乃本次增修族谱之旨也。尤望将来精英辈出,以继吾族谱事之续为愿望焉。

时公元二零零七年岁次丁亥桂月,二十一世孝惠谨志

由此序可知,对于"人对追本溯源之谗,对家族维系之冷"而造成的"近族宗亲,形同路人;伯叔昆仲,视为陌生"现状,终于叶落归根的蓝孝惠看在眼里,急在心上,因而才会倾数年之力于此族谱续修工作之中。虽然今天看来,续谱以使族人"知本源,晰宗支,明远近,识亲疏"的目的,可能难以实现;但蓝孝惠凝聚家族人心、弘扬先祖遗风、传承家族文化的耿耿可鉴之情,可传于后世矣。

---

① 谗:此处意为粗野不恭。

第六章

即墨蓝氏的崂山情结

"泰山虽云高,不如东海崂。"这相传是东晋十六国时期晏谟(375?—435?)所撰《齐记》中之语,因知崂山其时已闻名山左。然而,与素享盛誉的泰山相比,崂山可谓寂寂无声。尽管如此,那些生于斯、长于斯的人们,还是一往情深地热爱着她、留恋着她,一如《庄子·则阳》所说:"旧国旧都,望之畅然。虽使丘陵草木之缗,入之者十九,犹之畅然。"

确实,长期在外的人,远远望见故乡,往往会情不自禁地畅然而喜,哪怕故乡的山水丘陵已被郁郁葱葱的林木遮蔽了十之八九。这种由来已久的对故国故都、故乡故土的深情厚谊,铸就了中华文化特有的恋乡爱乡情结。思乡、恋乡、赞乡,因成为古往今来文人墨客笔下、乡野平民口中的永恒主题。即墨蓝氏也深受这种恋乡爱乡文化的熏陶,世代倡导对家乡尤其是崂山风物和文化的宣传与弘扬。

其中,明代即墨蓝氏的首位仕宦者——蓝章,就非常重视家乡文化的建设,时刻不忘对家乡风物的宣传、介绍。早在明弘治十二年(1499)春以监察御史身份巡按两浙盐法时,蓝章就请同僚为作《东厓书屋诗》《东厓书屋诗序》《东厓书屋记》等诗文,以宣扬其家乡即墨之东厓。弘治十三年至正德二年间(1500—1507),他又作《慧炬院重修佛殿记》一文,亲述崂山凤凰峰之慧炬院。正德十二年(1517)辞官归乡之初,他还带头捐出俸禄,号召重修即墨城隍庙,并于嘉靖元年(1522)庙成后为撰《重修城隍庙记》一文。蓝章的子侄、后人也完全继承了这一点,为家乡文化的建设和宣传作出了应有贡献。如弘治十五年(1502),蓝章之侄蓝国、蓝圜及次子蓝囷等重修即墨东岳庙,长子蓝田为作《东岳庙重修记》。正德九年(1514),即墨知县高允中主持重修了"东西长六百尺,高一百尺,南北厚七十尺"的护城河堤,蓝田特作《新修淮涉河高堤颂》记其事。嘉靖十六年（1537）四月，山东按察副使王献成功开挖马濠运河，"凿石成渠者一千三百余步"，蓝田又作《新开胶州马濠记》颂其事。综观蓝氏这些记录、颂扬家乡事迹的文章，可以发现，其中都充满了对家乡风土人情的热爱之情。即墨蓝氏尤其重视对崂山风物的宣传与歌咏。这从今存崂山传说、石刻等文献以及关于即墨蓝氏的诸多游崂咏崂诗文中，都可得到佐证。

第一节 蓝氏与崂山传说

即墨蓝氏的崂山之好，始自其家族的壮大者——蓝章。如前所述，蓝章在其父蓝铜去世后，并未将他安葬于即墨城东的盟旺山祖林，而是安葬于亲自选择的位于崂山华楼凤凰峰下的灰牛石。后来，蓝章辞官归乡，又在华楼峰下其父墓地旁边创建华阳书院。这两大举措，都为蓝氏子弟乘祭祖、读书之机而游崂提供了便利，也为蓝氏子弟的热爱崂山、歌咏崂山奠定了基础。

一 华楼山下风水地

综合今存文献，可以发现，最能直接反映即墨蓝氏对家乡和崂山的挚爱之情的，当属他们以家乡和崂山风物作为自己别号的做法。古代男性一般都有名与字，往往由长辈拟定。名是出生后就拟取，字则在始入学读书或成年即"弱冠"之时而取。号则并非人人皆有，也不是必由长辈拟取，而且不必遵循名与字必有定数，且"名以正体，字以表德"等传统。号，起初是文人雅士自己拟取的，往往表达个人志向、爱好等，其寓意、字数等也一如个人所好，如陶渊明自号五柳先生、李白自号青莲居士、杜甫自号少陵野老等。至明清时期，号逐渐发展成为一种凡人常态，凡夫野老也往往拟号以炫。受此影响，明中叶以来的即墨蓝氏成员，也往往在长辈拟取的名与字之外，多有自取之号，且其自号往往与家乡风物尤其是崂山风物有关。如蓝田在"北泉"之外，又常以"少劳山人"自居。蓝田次弟蓝囦，以崂山巨峰之名而为号，喜自称"巨峰髯樵"，其《巨峰诗集》亦以号而命名。蓝氏首位以庐墓孝亲而扬名者蓝芝，则以崂山支脉鹤山之名为号。蓝润之孙蓝重祜，以崂山山脉小蓬莱之名为号，后人因名其集曰

《蓬莱遗诗》。

蓝氏子弟这种以家乡尤其是崂山风物自号的做法，应始于蓝章的以"大劳山人"自称。他还在请闻人贤为作的《少司寇蓝老先生（章）劳山记》一文中，明确指出了以此为号的原因。其文曰：

> 人以山为号，山以人而名。山非足名天下也，人为天下士，则山播天下之名。盖其始也，山灵而人杰；后也，人杰而山名。此固名义实德自然之应耳。
>
> 贤居东粤，常与乡之先达论天下人品，先达未尝不首举劳山先生之为人也。谓先生讳章，字文绣，号劳山翁，由甲第而登显要，勤于王事而制行卓绝；身居僚寀群侪之中而有耸壑昂霄之志，位居朝市繁华之地而有云峤岚峦之情。虽献纳论思，帅府刑曹之日迫，而渊澄岳静，刚劲峭拔之常存。言固得于先达之口，而犹未知果有以当劳山之号也。及先生归隐，招延贤居塾席。贤因得执先达之言，以照先生之行。然昔日之闻，岂足以尽今日之见乎？贤见先生之家居也，公以应事，严以律身，恭以礼制，敬以义存；语子以孝，语弟以仁；恩及于无告，威示于憸人。由是，见者仰止，闻者颙若；邪者归其正，枉者从其直；懦弱者起而立志，嚚讼者转而良纯；接容止者，靡不归于整饬峭直之中，然后起拜。先生真为天下士，劳人真为先生号矣。
>
> 先生曰："此特其名也，子当绎其义焉。"贤谓劳山自中原以来，为东陲之巨胜，即墨之大观。古人以水源发于西北，山脉本于东南，则意者劳山为众山之根柢。据其下临赤卤，上插青苍，屹然壁立于潋滟望（汪）洋之中，盖以胎之而后为泰山，息之而后为衡山，孕育之而后为嵩、为华、为恒山。则劳山也者，如五气运行，无一息之停。凡众山之奇形异迹，丰都大郡，皆此劳山之镕铸；王公卿士，草木禽虫，皆于劳山乎造端；风俗之殊，疆里之异，标奇献瑞，又未必不由劳山之培根达枝也。然则此山之劳，其果劳矣乎？不犹先生以一人之身经天下之业，为勋功之所自出者乎？然则先生其劳山，劳山其先生矣乎？贤又尝览劳山之胜，天造地设，皆先生事也：华楼异状，任物怡游，先生公也；冈峦体势，列象尊卑，先生严也；亭亭物表，皎皎霞外，先生恭也；东若寅宾，北若拱极，先生敬也；草木敷荣，先生仁也；霜雪坠结，先生威也；势嵯峨而频顾其宗，先生孝也；峦

后先而每顺其序，先生友也。究其千态万状，骇目动人，而呈见于劳山者，又即之庭除而可得矣！

先生又曰："劳山之义似矣，子以为实焉，何哉？"贤深思之：劳山之名，爱者可取也；劳山之义，聪者能悟也；若以至诚恻怛为之体，刚大浩然为之气；孔之论乐，以为体仁之深；孟之言登，以为力行之至；静而有常，寿莫可计；乃先生之独得，爱者不能取，聪者不可悟，贤亦安能以言而为之记！时值诞辰当祝，因书以高之。[①]

闻人贤是蓝章致仕回乡前特聘的家庭塾师，此文作于正德十二年（1517）腊月二十六日蓝章寿诞之际。其时，蓝章年65岁，虽未达到古人致仕年龄（一般为70岁），却因厌倦官场倾轧而屡次上疏辞官请归。此文虽为祝寿之作，却充满了关于人与山川风物间关系的认识：山之名，爱者可取也；山之义，聪者能悟也；山之体、之气，则唯"名义实德自然之应"者乃可独得也。其中虽难免有闻人贤对蓝章的过誉之处，然而，"人以山为号，山以人而名"之中所蕴藏的关于名人与山川间相辅相成关系的观点，却极富哲理性。

其实，早在弘治十二年（1499）春巡按两浙盐法时，蓝章即已持有这种观点。如其请杨循吉为作的《东厓书屋诗序》中，即有这样的一段话："他日称公家门之功业而迹诸东厓，厓之名且彰于天下后世也无疑。是乃厓实资公，公何资厓乎？"恐怕正是基于这种对自然山川与人的关系的认识，以及对崂山的深深挚爱之情，蓝章晚年才会自号为"大劳山人"。而此号的使用，应始于他以都察院左佥都御史身份清理两淮等处盐法之时。如今存江苏连云港孔望山石刻第七十一号曰："正德丙子春二月，清明后一日，即墨劳山翁游此。"此石刻字体与今存崂山华阳书院遗址旁蓝章所留"枕石漱流"四字石刻完全一致，因知至迟在正德丙子（1516）春、清理两淮等处盐法时，蓝章已以"劳山翁"自称。

而蓝章对崂山山水风物的钟爱之情，也早在弘治十二年（1499）春巡按两浙盐法时已露端倪。如钱福为作《东厓书屋记》中载：

方侍御君（蓝章）读礼时，每携田及乡俊彦讲习其下。侍御君

[①] 蓝润辑：《余泽录》第2册，第90—92页。

顾而叹曰："学者当如是矣。《齐记》：'泰山虽言高，不如东海劳。'言劳山极天下之奇观也。海潴百川，包地维通天气，古今之至深且大者也，于是乎有得焉。吾恐邹孟氏所谓登山观海者，或托诸拟议形容，而其真趣当在吾觳率中矣。"①

这段文字首次述及蓝章对崂山的评论。他先直接引用古代方志《齐记》中关于崂山的名句，申述读书做学问"当如是"的观点。登上崂顶，可以看到，浩瀚的大海容纳百川，包维大地，连通天地之气，因而成就了其古往今来的至大至深之名；读书做学问，只有像大海一样先广纳博采，然后才可能有所成。然后，他又间接引用《孟子·尽心上》中关于登山观海的著名论述，即"孔子登东山而小鲁，登泰山而小天下，故观于海者难为水，游于圣人之门者难为言"，提出登山观海之"真趣"，全在于登上顶峰后从浩瀚时空中所体会到的"学者当如是"的人生感悟。虽然蓝章此语均在谈论为学之理，却也可由此看出他对崂山的挚爱之情。

也许正因他是如此挚爱、如此念念不忘崂山，民间才会流传有关于他与崂山的诸多传说。其中，"蓝田爹抢占风水宝地"的故事，至今仍在崂山民间流传。奇怪的是，在民间传说中，蓝章始终被称作"蓝田爹"，或许是因为蓝田在民间的名声远高于其父？

相传"蓝田家祖辈贫寒"，蓝田爹"十八九岁仍没有娶上媳妇，天天为人上山放牛"。有一天，蓝田爹在"山下的饮牛湾边，看见两个从南方来的风水先生，在湾边指指点点争论不休"。其中一个风水先生说：

> 这湾虽说不大，可是一块山水宝地：每逢夜半三更时分，就会从湾底下冒出一朵五彩的莲花。谁若把自家祖宗的骨柴，放进那五彩莲花瓣里，占了这块宝地，他家早则当代致富，晚则下代为臣。

另一个风水先生则以为此地已是"一着走了气的空地"。二人各持己见，争论不已，恰见正在不远处放牛的蓝田爹，便托他去买生鸡蛋来验证。将生鸡蛋放进湾水里，若"不用一袋烟工夫"就"抱出小鸡来"，就是"宝地"；若不能"抱出小鸡来"，就是"空地"。蓝田爹早将二人谈

---

① 蓝润辑：《余泽录》第3册，第2—5页。

话内容偷听在耳，并想出一条妙计。拿着风水先生给的铜钱回家后，"他叫娘拿出两个鸡蛋放进锅里煮了煮，又捞出来放在凉水里冷了冷，才揣着鸡蛋上了山"。两个风水先生将煮得半生不熟的鸡蛋放进湾水后，决定晚上再来验看，遂下山。蓝田爹也赶着牛群回了家，"饭没顾上吃，水没顾上喝，扛起锨镢跑到自家的祖坟边，三锨五镢把坟扒开，把他们老祖的骨柴，装进一个小小的泥罐里封起来，提着回了家"。

当天夜里，蓝田爹提着泥罐，早早地来到饮牛湾边。刚到三更天，就见"果然从水底下冒出一朵五彩闪光的大莲花"，"映得湾中的水五光十色，明光耀眼"。蓝田爹"心中又惊又喜，双手捧起那盛着祖宗骨柴的小泥罐，一蹦一跳走下水，小小心心地把那泥罐子，放在五彩莲花那金光闪闪的花芯芯里"。等两个风水先生不急不慢地赶到时，那五彩莲花已包裹起来，"慢慢地缩进水底"，成为一个鼓起于水底下的"馒头形的大石头，把这饮牛湾严严实实地封住了"！①

不容否认，该民间故事有与事实不符之处，如说"蓝田家祖辈贫寒"，蓝章十八九岁时仍"天天为人上山放牛"，其"娘"仍健在，等等。前文已述，即墨蓝氏至蓝章祖父蓝福盛时，已"以力穑致富为大家"，且搬迁至即墨城里居住。其父蓝铜更是在年轻时即凭其经商之才而使城里蓝氏成为"田园膏腴，屋宇华润，甲于一邑"的豪富之家，且当即墨"岁馑"之时曾"自发廪粟千余石赈饥"并焚借券而获义名，晚年又通过捐粟输官而像《金瓶梅》中的乔大户一样成为可穿戴七品官服的散官。而蓝章8岁丧母，从此便专事读书之业。综此可知，蓝章绝不可能十八九岁仍"天天为人上山放牛"！但此民间故事的生成和流传至今，自有其合理之处。其中最为关键的就是：明代即墨蓝氏确实是从蓝章开始步入仕途、闻名天下的，蓝章也确实将其亡父蓝铜安葬在崂山华楼山下一个叫作"灰牛石"的地方！

如前所述，蓝铜临终前，被时任婺源县令的蓝章接到官邸奉养。至弘治二年（1489）十月、蓝章将赴京述职时，蓝铜也思乡欲归，因同舟而北上。不料，船到今江苏镇江丹阳一带时，蓝铜猝然染病并卒于舟中，蓝章乃告假奉柩而归。但回到家乡后，他没有急着将父亲安葬于自元代以来即相沿用的蓝氏家族墓地——盟旺山祖茔，而是到处寻找风水宝地，最终

---

① 张崇纲：《崂山历代名人故事》，青岛海洋大学出版社1993年版，第294—296页。

在崂山华楼山下选中了这处被蓝氏族人称作"灰牛石"的地方。次年（1490），蓝章大兴土木，将蓝铜安葬于此。据载，蓝铜墓占"地2亩多，遍植松柏，墓封土，高约3米，墓碑高约2米，碑两旁排列石人、石马、石羊、石狮各1对，神道前置石坊一座"[①]，可见其规模之宏大、气势之煊赫！对僻在海隅、闻寡识浅的崂山民众而言，新奇少见之物自然会引来无限的探询，从而演绎出诸多的传说故事。而蓝铜墓所在地名称及其形状、规模等，与民间故事中一块"馒头形的大石头，把这饮牛湾严严实实地封住了"的说法，确有其相近之处。

蓝章将蓝铜安葬于华楼山下后，即于其旁购置田产安置守墓者，后又于附近创建华阳书院，作为蓝氏子弟读书求学之所，从而使蓝氏家族在崂山华楼的产业渐增。稍后，蓝氏族人渐有迁居此地者，并聚而成村，初名"栖凤庄"，后改名为蓝家庄（今称"兰家庄"）。而蓝铜墓所在的"灰牛石"一带，后渐成为蓝章支系的夏日消暑之地。如清中叶蓝章后人蓝中玮《次五弟海庄夏日宿灰牛山房韵》诗说："何以消炎夏，山斋向晚宜。傍林秋意早，待月夜眠迟。蝶枕三更后，芸窗一醉时。杯中余世味，任使外人知。"

此外，嘉靖二年（1523）春，蓝田考中进士，蓝章、蓝田"父子进士"之名震动即墨，蓝氏家族也更加声誉鹊起。"蓝田爹抢占风水宝地"的民间故事中，"占了这块宝地，他家早则当代致富，晚则下代为臣"的说法，也更加有了验证，此故事也就拥有了众多的道听途说者，从而一代又一代地流传不衰。

其实，在家乡百姓眼中，作为即墨一邑近百年来的首位进士和首位官至一省巡抚者，长年仕宦在外的蓝章本身就是一个拥有神秘光环、带有传奇色彩的"人物"。而他葬父于崂山而非家族墓地的非同寻常做法，更使普通百姓百思不得其解。此事自然会成为他们茶余饭后、津津乐道的谈资，从而也就形成了关于"蓝田爹"的种种传说。

二 太清宫里牡丹香

今传崂山民间故事中涉及即墨蓝氏的流传最广者，莫过于蓝氏公子与下清宫白牡丹的传说。蒲松龄（1640—1715）《聊斋志异》成书后，此传

[①] 青岛市史志办公室编：《新编青岛地方志简本》，五洲传播出版社2002年版，第322页。

说更因其中的《香玉》一篇而广为世人所知。

蒲松龄一生曾两至崂山。第一次是康熙十一年（1672）四月，他与同乡唐梦赉、张绂、高珩等八人同至，在十日之内游览了修真观、上清宫、下清宫、八仙墩、青石涧、番辕岭（也称反眼岭、反岭）等多地，幸运地看到了难得一见的海市蜃楼现象，并留有七言古诗《崂山观海市作歌》一首。[①] 此次游崂时间虽短，却给蒲松龄留下了深刻的印象。因而，蒲松龄后来又第二次来到崂山，与崂山百福庵蒋清山[②]道长结为琴友，并在崂山太清宫三官殿南西耳房中借住了一段时间，于此撰写了《香玉》《劳山道士》等多篇与崂山相关的小说。但此次至崂的具体时间，蒲氏未有明确记载，有学者提出"当在康熙三十年至三十六年（1691—1697）"[③]，学界至今没有定论。

《香玉》写借住在崂山下清宫的胶州黄生与花神香玉、绛雪的故事。其中，香玉是崂山下清宫白牡丹的化身，她白衣飘飘，风流多情，而又博学能文，忠贞不渝，与胶州黄生演绎了一场动天地、感鬼神的爱情故事。绛雪则是崂山下清宫耐冬树的化身，她一袭红衣，面冷心热，重情重义，是香玉不离不弃的闺中密友，也是黄生的异性知交。而"即墨蓝氏"公子在此故事中扮演的，则是以强霸他人妻室而臭名远扬的沙咤利之流。他"入宫游瞩，见白牡丹，悦之，掘移径去"，遂拆散了牡丹花仙香玉与胶州黄生这对两情相悦的伴侣，以致被移至蓝家的白牡丹"日就萎悴"。而对香玉用情至深的黄生虽恨极，却也无可奈何，只能"日日临穴涕洟"。这个跨越了人、神界限的爱情故事看似纯属虚构，其中其实含有许多真实成分。

首先，自元末明初张三丰修道于崂山太清宫以来，崂山道教宫观即有培育茶花、牡丹等奇花异卉的传统。相传张三丰希望在崂山营造出一派仙山阆苑的奇域美境，便开始在宫中移植、培育奇花异木，其中移植最为成功的，当属耐冬。耐冬即南方的茶花，本非崂山所能生者，但张三丰

[①] 参见马瑞芳《幻由人生：蒲松龄传》，作家出版社2014年版，第178—179页。

[②] 蒋清山：名迪南，字云石，号烟霞散人，江南人，18岁至崂山百福庵出家，与即墨流亭（今青岛市城阳区流亭街道办事处）胡翔瀛（1639？—1718）为友，年84而终。详见青岛市史志办公室编《崂山志》，五洲传播出版社2003年版，第462页。

[③] 闫水村、周聪：《蒲松龄对崂山道乐的贡献》，《蒲松龄研究》2011年第1期。

"自海岛挟出一本,植现庭前,虽隆冬严雪,叶色愈翠"①。这种由张三丰自海岛移植而来的茶花不仅存活下来,而且奇迹般盛开在北方的数九寒天里。天气愈寒,叶色愈碧,花色愈艳,因得名"耐冬",成为崂山奇卉之一。其中尤奇者,是崂山下清宫的红色耐冬。如清康熙间即墨诸生纪润载:下清宫"三殿内皆有耐冬成树,自十月开至下年三月。予昔冬游,遇雪压花,见夫白者雪也,红者花也,黄者花之心也,绿者花之叶也。真一径一花色,无处无鸟音,令人终日对赏,实恋恋不忍舍也"②。这令人"终日对赏"而"恋恋不忍舍"的红色耐冬,因成为《香玉》篇中那个有情有义的良友绛雪的原型。自张三丰成功移植耐冬以来,崂山道教宫观的修道者们继续培植各种花木,如牡丹、玉兰、紫薇、丹桂、蜡梅等花,松、竹、桐、柏、楸、榆等木,遂使崂山日渐成为张三丰梦想中那个异卉遍植的海外仙境。

其次,自蓝章始,即墨蓝氏即以栽培、喜好牡丹闻名。蓝章的牡丹之好,始于晚年的乡居生活。据记载,正德十二年(1517),65岁的蓝章致仕归乡,开始了他寄情山水、纵意闲适的晚年生活。他先在即墨城北买泉置地,筑室造屋,命名为北泉草堂,作为晚年乡居之所。在致友人朱应登信中,他详述买泉筑屋事宜:

> 晚节更乐闲旷,笃好林薮,营菟裘而老焉。其制宅也,买泉一区,广而池之,得数十弓。池中有洲,考室其上,曰"北泉草堂"。池之东,却阻长堤;南有阁,半插水,曰"泉心阁";西南偏为亭水中,曰"君子亭";皆跨木梁通之,环池植莲且遍,多养龟鱼鹜鸟;其北累土为丘,崇百尺,修竹灌木夹翼蔽亏焉。出则以钩弋为事,入则有图史之娱。又渔人木客往往能见过,陈说平生,歌太平之盛,輙然而共欢也。③

可见,在置地建房以居的同时,蓝章又引池修亭,植莲种树,初显其养花弄草之好!归乡后的蓝章,还曾在他早年读书之所——东厓书屋一带

---

① 苑秀丽、刘怀荣校注:《崂山志校注》,第83页。
② 纪润:《劳山记》,载蓝水《崂山古今谈》,内部资料,崂山县县志办公室1985年版,第101页。
③ 朱应登:《北泉草堂记》,载蓝润辑《余泽录》第3册,第47—49页。

培植牡丹，一度出现花儿"并头联蒂"而开的盛景。如赵充为其季子蓝因所作《东泉书屋序》中载："旧书院牡丹数本，正德辛巳（1521）偶开并蒂，花高五六寸，围倍之。识者以为得气之先。"① 今存《蓝氏家乘》中，收录有蓝章同僚友乔宇所作《题东匡书屋并蒂牡丹》《题并蒂莲》二诗，其跋语中记载的花开时间则为蓝田考中进士的前一年：

> 司寇劳山蓝公（章）以嘉靖壬午岁（1522）寿七十，旧所种二花，皆并头联蒂。瑞兆诚有非偶然者，次年，公之子玉夫（蓝田）果取进士高第。公白头偕老，方来庆泽，穰穰未艾也。

尽管今存文献中并无关于蓝田侍弄牡丹的直接资料，但一向以顺亲意、娱亲心为孝的他，定会为了蓝章晚年的爱好而竭力搜求。这从其今存诗作中的歌咏牡丹诸作中可察知一二。如其《牡丹》诗中，将家种牡丹比作洛阳名种"魏紫"："洛下名花魏紫新，小东常避看花尘。淡妆微抹劳峰麓，一醉东风亦是春。"《题牡丹寄赵子云》诗中，则热情邀请友人来赏："题诗束寄看花人，海月山云入梦频。好借凌风玄圃鹤，明年来赏洛阳春。"② 此外，蓝田《与北野》信中记载，他还曾受朋友之托而寄赠牡丹：

> 所谕移花卉，荒园中无佳者。盖地既僻陋，而主人又俗，又无气力，以致无名花故耳。谨令园丁寻得牡丹四种、芍药四种寄上，种之高轩，三四年即花开烂漫。③

友人托其搜寻花卉，则应知其有花卉之好。而蓝田以"牡丹四种、芍药四种寄上"，并嘱友人"种之高轩"，则应懂牡丹栽培之事。综此可知，蓝田的牡丹之好，在当时应已小有名气。

再次，即墨蓝氏早有游览、捐修崂山寺观之好，并逐渐养成于崂山游学和游玩的传统，且蓝氏子弟游崂山时确有于荒寺见牡丹而掘移之事。明代即墨蓝氏自三世蓝福盛时，即有捐修道宫、佛舍之好。如王鸿儒《赠

---

① 蓝润辑：《余泽录》第3册，第64—65页。
② 蓝田：《北泉草堂诗集》，第318、316页。
③ 蓝田：《北泉文集》，第437页。

通议大夫南京刑部右侍郎蓝公（福盛）神道碑铭》载，蓝福盛"旁通方外之典，道宫、佛舍有以起废告者，辄予金帛以助。若兴国寺，公独力成之，寺僧绘公像，迄今奉事也"。此后，蓝氏族人也多有游览、捐修寺观之好。如蓝章曾多次游览华楼山下的慧炬院，并为作《慧炬院重修佛殿记》；蓝国、蓝圌、蓝困等曾重修即墨东岳庙，蓝田为作《东岳庙重修记》；蓝思继、蓝润等人曾游即墨马鞍山，蓝思继有《马鞍山重修真武庙碑记》、蓝润有《马鞍山建庙碑记》等文纪其事。而自从蓝章将其父蓝铜安葬于崂山华楼灰牛石以来，蓝氏子弟乘扫墓祭祖之机开启了他们的游崂之旅。蓝章后来又于灰牛石附近兴建了作为自己避暑和子侄们读书之所的华阳书院，从而使蓝氏的游崂之旅从此有了"大本营"。今华阳书院遗址周边的"松关""仙境""谈经地""八仙台""枕石漱流""曲水流觞""重游旧地"等石刻，多为蓝氏族人游览或读书时所留。据至今遗留于崂山他处的石刻和诗文等可知，蓝氏子弟最为著名的游崂事件，当属嘉靖癸巳（1533）秋蓝田兄弟陪同时任山东参政的浙江人陈沂游崂一事。此次游崂时，蓝田曾于巨峰无名茅庵前看到过"牡丹诸奇花"①，并有掘移后而枯槁之事。如前引即墨诸生纪润《劳山记》还记载：

  （崂山）北顶有名烟霞洞，是吾邑马山东刘仙姑修真处也。一派秀色，胜上清宫多多矣。更奇哉，殿前有牡丹一墩，道人相传，吾邑蓝侍郎（田）游此，值花方开，爱甚。迨秋，即遣移取。是夜，道人梦一白衣美人告曰："我今要去，至某年某月某日方回。"天明，蓝官持帖来取，道士详记壁上。届期，道士又梦白衣美人告曰："师傅，我今回矣。"晨起，趋视旧窝，发芽皆带花蕊。道人即奔县，诉之蓝公，同至东园，则花果槁矣。②

而崂山荒寺培育牡丹的爱好，直至清乾隆年间仍有记载。如今存《蓝氏诗乘》中，蓝用和《荒寺牡丹》诗即述游崂而于荒寺见牡丹之事，其中有"春深开老无人见，满园幽香赠晚霞""寄语樵夫休漫采，逢年倘亦有知音"等语。

---

① 陈沂：《鳌山记》，详见苑秀丽、刘怀荣校注《崂山志校注》，第115—121页。
② 纪润：《劳山记》，载蓝水《崂山古今谈》，内部资料，崂山县县志办公室1985年版，第101页。

最后，自明末以来，崂山便流传有上清宫白牡丹被"大力者"掘去后复生的传说。如明末曾客居于崂山的胶州人高弘图，在其《崂山九游记》中记载了这样一个传说：

> （上清）宫有白牡丹一本，近接宫之几案，阅其皴干，似非近时物。道士神其说，谓百岁前曾为有大力者以其本负之以去，凡几何年，大力者旋不禄。有衣白人叩宫门至，曰："我今来！我今来！"盖梦谈也。晨视其牡丹旧坎，果归根吐茎矣。大力者之庭向所发而负者，即以是年告瘁。事未必然，谈者至今不衰。复指宫后两枯柏，亦神物而有年，忽若羽化，不知所因，仍听其戟立宫庭，无敢擅伐取。余叹曰："山灵实呵护之，松柏未尝彫也。"宫之花、树有此生死两异，虽两咏之，颇似为向之有大力负牡丹去者解嘲。①

该文作于崇祯己卯年（1639）夏五月，则"百岁前"为 1539 年前后，正是培育出蓝章、蓝田两名进士的蓝氏家族势力正盛而黄、杨、郭、周氏家族尚未崛起之际，且值蓝田陪同山东参政陈沂游览崂山后不久。因而，其中的"大力者"极易让人联想到即墨蓝氏，尤其是屡屡游崂且有牡丹之好的蓝田！

综此则知，即墨蓝氏与崂山牡丹确实有着千丝万缕的关系，蒲松龄《香玉》中蓝氏公子游崂山下清宫、见白牡丹而"掘移径去"的情节，应如周至元所说，"明时已有其说，非蒲老始为子虚也"②。然对此，蓝氏后人蓝水辨曰：

> 上清宫白牡丹还魂事，初见于明高弘图《游记》，再见于清纪润《劳山记》。高记称"事未必然"，纪记谓移花者为先侍御公（蓝田）。分其一蘖，事或有之，道士因之造谣而谓移其全本，损人利己，破坏名胜，狂妄者尚或顾忌而不为，且尔时劳山道士颇自主有权，并非惟命而听者。崇祯七年黄侍御同二子及曹臣游鹤山，欲止宿，道士不留，即此可见一斑。蒲松龄演作《香玉》一篇，误以为

---

① 详见苑秀丽、刘怀荣校注《崂山志校注》，第 159 页。
② 周至元：《崂山志》，第 337 页。

在太清宫，小说家言本皆子虚，若信以为真，则《倩女离魂》岂变真有其事！①

蓝水以为《香玉》篇中"'牡丹还魂'为小说家言"，不足信。则蓝氏公子将白牡丹"掘移径去"之事也不足凭，此可补一说。

三 九水九曲九御史

"九水九曲九道弯，九个御史下河南。"这是旧时流传于崂山一带的两句民谣。该谣上句说崂山九水②景观的秀美，尤其突出了河水从山顶流下后随山势曲折前行、蜿蜒而至山脚的独有景色。对于下句，民间普遍认为，说的是蓝氏一门官至御史者之多。此说法有一定依据，尤其是蓝章、蓝田父子均曾官御史。蓝章于弘治九年（1496）春至弘治十二年（1499）春间担任都察院贵州道监察御史（正七品）之职，后官至都察院右副都御史（正三品）。蓝田则在考中进士之初，即被选授为都察院河南道监察御史（正七品），后又于嘉靖四年（1525）以御史身份巡按陕西。但"九个"之说，则当属夸张和误传。而对此句，其实还有另外一种解释，即它说的是曾任监察御史的蓝田多次陪同僚友人浩浩荡荡游览崂山北九水的盛况。

蓝田的游崂之好，应始于随其父蓝章为祖父蓝铜守丧时期。其时，年已十五六岁的他随守制丁忧的父亲回到家乡，因蓝章所择墓址位于崂山华楼灰牛石一带而得以时常往来山中，从而得到更多游崂、赏崂机会。蓝章晚年归乡后，又于华楼附近创建华阳书院，给蓝田和蓝氏子弟提供了更为便利的游览崂山的条件。嘉靖四年（1525）十二月，蓝章去世，年已49岁的蓝田奔丧而归。次年春，因为父营葬事宜而多次往来于山中，并作《慧炬院上人》诗四首，其中赞及华楼一带"涧底春云初印月"的美景。此后，蓝田虽再未出仕，却屡有自游或陪友人游览崂山之事，并撰写了众多咏崂诗作，还在崂山留下多处记游石刻。结合这些诗作及石刻，可以发现，蓝田曾至少四次陪同僚友人游览过崂山：一是正德十五年（1520）

---

① 蓝水：《崂山古今谈》，第270页。
② 崂山有南九水、内九水、外九水之分，均以山有九折、水有九曲而得名，为崂山胜景之一；旧时有诗赞曰："九水水九曲，曲曲穿幽谷。四围山色青，两崖松树绿。"详可参阅周至元《崂山名胜介绍》，山东人民出版社1959年版。

十月廿六日陪时任山西布政司左参议的亲家刘澄甫游华楼，二是嘉靖十二年（1533）九月陪时任山东左参政的友人陈沂游崂山，三是嘉靖十六年（1537）陪莱州府同知陈栋、登州道指挥王住游华楼，四是嘉靖二十年（1541）秋陪官至都察院右佥都御史的友人翟瓒游华楼。此简述如下。

（一）华楼题诗刘御史（澄甫）

今崂山华楼宫大殿前，有青州刘澄甫诗二首。其石呈方形，边长60厘米，厚13厘米，竖排14行，行17字，行间以竖线，字径约3.5厘米，行书172字。其中16字漫漶，此据他本补足：

一迳迢峣百转弯，万松高下扣柴□（门）。石门竞岫开青眼，金液流香洗病□（颜）。□□（碧落）倚空云冉冉，翠屏含雨水潺潺。诸仙□□□（合聚危）台上，只隔灵烟指顾间。

华表峰高沧海遥，奇游真□□□□（欲俯丹霄）。行来玉洞寻云脚，睡起扶桑看日□（标）。□□（东岭）松风箫万壑，夕阳瀑布玉千条。何日□（为）着王乔履，歌罢青天入沉瀁。

正德十有五年十月廿六日，赐进士第、朝列大夫、山西布政司左参议、奉敕总督粮储、前广西道监察御使、□（青）州刘澄甫书，刻石人东海李杰①

据此可知，刘澄甫于正德十五年（1520）十月廿六日游览华楼，赋诗咏及华楼的石门山、金液泉、碧落岩、翠屏岩、聚仙台、灵（凌）烟崮、华表峰、王乔崮等诸多景观。此刻石虽未提及蓝田之名，但从刘、蓝二人交情及刘氏此次游崂以华楼为中心这一点推断，刘氏此游与蓝田关系密切。

刘澄甫（1482—1546），字子静，号山泉，山东青州人，明弘治十四年（1501）辛酉科举人，正德三年（1508）戊辰科进士，历广西道监察御史、山西布政使司左参议等职，后因得罪权贵而辞官归里，著述而终，著有《山泉集》。刘澄甫之父刘钫官至汉阳府知府，其叔刘铣官至太常寺卿，二人均与蓝章为知交，也很早就认识蓝田。蓝田后来受陈洸案下济南

---

① 曲宝光等：《青岛崂山风景名胜资源调查评价与保护的研究》，山东省地图出版社2001年版，第247页。

狱时，刘鋐曾大力施救。因知，早在蓝章在京为官期间，蓝田就因父辈交情而与刘澄甫、刘渊甫兄弟相识，更与刘澄甫因志趣相投而结为知交，后来又结为儿女亲家（蓝田之女嫁给刘澄甫独子刘士会）。嘉靖十四年（1535）十一月，蓝田因事至青州，又参加了刘澄甫等青州友人的海岱结社活动。刘澄甫去世后，蓝田还亲撰《明故朝列大夫、山西布政司左参议刘君行状》。可见，即墨蓝氏与青州刘氏可谓有世家之谊，而蓝田与刘澄甫之友谊亦可谓非同一般。因而，刘澄甫此次从青州远赴崂山，时仍未得第、并已陪父家居的蓝田，应盛情接待并亲自陪游华楼诸峰。刘澄甫此二诗，应也是蓝田安排人刻立于华楼宫前的。

今存蓝田集中《宿瓮山寺次刘子静韵》《再步子静韵二首》《东归夜步用修韵三十首兼呈子静》《与刘山泉陈石亭冯间山唱和杂咏》《题刘山泉画册四首》《题画牛次山泉韵二首》等诗，及此华楼刻石，都是蓝、刘二人友谊的永久见证。而白衣平民蓝田的陪同山西参议刘澄甫游览华楼，不仅为华楼留下一方小小的石刻，更为华楼百姓留下了许多遐想。

（二）诗酒同游陈参政（沂）

据今存崂山石刻，至明嘉靖时期，规模最大、气势最盛的游崂之举，当属嘉靖十二年（1533）九月山东左参政陈沂[①]在蓝田兄弟陪同下畅游崂山五日一事。此次游崂，陈沂不仅屡撰诗词、题名刻石以记，还作《鳌山记》一文详述其事。在文末，陈沂总结说：

> 至是，山游凡五日，行三百余里。玉甫（蓝田）所计行踪止宿，不失尺寸。其弟囯、因于穷绝处设干糇、醖茗、楮笔、丹墨具在。从行兵吏虽跛足不前，而兴亦不浅。山樵海渔之人，争效舆力，石工数辈，分处供事。故余之兴亦豪，所得诗二十余首，去今以往，想莫有继之者矣。

> 下华楼山，复乘舆，四十里至县。所未至者，五龙岭、下清宫、黄石宫也。海中诸岛，东有大管、小管、东门、沧州，南有鲍鱼、老

[①] 陈沂（1469—1538）：字宗鲁，后改为鲁南，号石亭、小坡等，浙江鄞县人，明正德十三年（1518）进士，历江西参议、山东参政等职；善诗工画，尤以画而名，著有《金陵古今图考》《石亭集》等。

公、车屋、大古、小古、浮岛，皆登陟所见者。①

结合今存崂山石刻可知，陈沂所说"莫有继之者"有三。此次游览历时长、游地多，始于九月二十四日，终于二十八日，五日之内"行三百余里"，游鹤山、狮子峰、明霞洞、巨峰、华楼山、华表峰等多地，未至者仅五龙岭、下清宫、黄石宫，其盛一也。此次游览从游者众，除时已辞官家居的蓝田及其弟蓝囦、蓝因这"蓝氏三凤"外，另有千户周鲁、典使刘豪、承差赵云凤等在任官吏，以及"从行兵吏"、"争效舆力"的"山樵海渔之人"、"分处供事"的"石工数辈"等等，其盛二也。此次游览得诗、刻石数量极多，陈沂"得诗二十余首"，题石十余处，为长文1篇，蓝田、周鲁等人亦有题石、和诗等，其盛三也。此后很长一段时间内，确实未有在此三方面同时超越此次游崂者！

据此该文及相关刻石，简述其游程等如下：

第一天：从即墨城出发，东行三十里而至三标山，又从三标山而至鹤山，游遇真庵和鹤山洞（今称滚龙洞）。在鹤山洞"勒同游岁月"："嘉靖癸巳九月廿四日，石亭陈沂同北泉蓝田来。"又东南行二十里而至狮子岩（今称狮子峰），游太平宫，宿此地道人处。

第二天：凌晨，登狮子岩观日出，题岩下石门曰"寅宾岩"，并留诗一首："潮涌仙山下，楼台俯视深。赤澜空海色，碧丸下降阴。片石千年迹，孤云万里心。举杯发清啸，振叶欲空林。嘉靖秋九月廿五日，同北泉蓝田观日出于峰上，其弟蓝囦亦在。石亭陈沂。"渡飞仙桥，游白龙、老君、华阳诸洞。下山，沿海东南而行，过翻燕岭（今称返岭），复沿山腹而上，历蛟龙嘴、歇肚石，从黄水滩西北向而行三十里始饭。又经黄山崮、黑山崮、观音崦，西北而行三十里，至明霞洞，"勒诗一章"："嘉靖癸巳秋九月廿六日，与蓝侍御田同来。参政陈沂书并题。明霞一峰千仞青，众山为堵前为屏。云雾挥开上绝顶，乾坤坐见浮沧溟。古来好事亦无迹，此地栖仙应有灵。岩扉

---

① 此文《崂山志》《即墨县志》《山东通志》等作"《劳山纪游》"，此据苑秀丽、刘怀荣校注《崂山志校注》，第115—122页。

夜阑洞中卧，石溜静滴声泠泠。"① 是夜，宿洞中。

第三天：下山，经石瓢、清凉甸、聚宝峰三里而至上清宫，游朝真、迎仙二桥。于丘处机诗刻旁"书《如梦令》词"："路出海涯山曲，怪石乱峰嘉木。深处有仙居，结向断崖幽谷。知足，知足，受此这般清福。嘉靖癸巳九月廿六日，同蓝田同来。词曰《如梦令》。陈沂书。"②又于上清宫外玄武峰下题"北泉与石亭同来"（篆体）七字。经宝珠山、分水河十五里而游南天门，题石曰："与蓝北泉自高崮步至此。石亭陈沂。千户周鲁、承差赵云凤及北泉弟因至。"（篆体）又南下而行，数十里后至海滨，饭于聚仙宫。复西北向入山而行，历洴牛涧、砖塔岭、僧帽石、大风口、三里河、小风口、瘦龙岭、清凉寺、仙迹桥、金刚崮，二十里而至巨峰。峰下有茅庵，题二偈于壁间，今仅余慈光洞左侧石壁一偈："初从绝处生梯，便是无中做有。若到山倒崖崩，试问如何下手？石亭偈示。"僧始悟而供饭。夜宿于此。

第四天：于峰下夹石处题"面壁洞"③三字。又记与蓝田同游事及众侍从之名："嘉靖癸巳九月，翰林侍讲陈沂、御史蓝田同来，千户周鲁、典使刘豪、承差赵云凤侍行。石工林受。"又于峰下涧壁上书"灵鹫庵"（大篆）三字。原路而行十五里，至海滨；循山麓西北行，四十里而至华楼山下蓝田别墅（即其祖蓝铜墓侧）。又沿别墅后上行数里，至万寿宫、老君殿、翠屏岩，"梯而大书""翠屏岩"（大篆）三字。宿道人庵。

第五天：与蓝田一起探寻华楼金元时石刻，从王乔崮、凌烟崮而下，"题同游岁月"："嘉靖癸巳九月，前侍讲陈沂、前御史蓝田同游诸峰，凡五日。至此，兴复不浅。侍御弟因亦在。"听远处道人吹笙笛，"飘然有物外之想"。沿金液泉、夕阳涧、石门山至清风岭，题名于岭石间。至华表峰下聚仙台，题石曰："聚仙台。石亭。"下华楼山，与蓝田告别，四十里而至县。

---

① 此石刻今漫漶之处甚多，此综合参考黄肇颚《崂山续志》、周至元《崂山志》等，或仍有误。

② 该词亦见录于周至元《崂山志》（第202页），但讹作："海上新峰如镞，径转断崖幽谷。峰际有仙居，绕路异花桂木。知足，知足，消受这般清福。"

③ 今其地名白云庵，陈沂书"面壁洞"三字石刻似已佚失。

综此则知，此次游崂，陈沂在鹤山洞、狮子峰、明霞洞、上清宫鳌山石丘处机诗旁、上清宫外玄武峰下、巨峰慈光洞、巨峰面壁洞、巨峰下涧壁、巨峰翠屏岩、华楼南天门、华楼凌烟崮、华楼聚仙台等处留下十余处刻石，今存上引13处。

此次同游官吏中，周鲁也留有多处题刻。今存《胶州志》《即墨县志》等方志及明代将备人员中，均未见周鲁之名。然蓝田《新开胶州马濠记》中提及，"武举、千户周鲁"也曾参与马濠开挖工程，是"督劳有功者"之一。[①] 他在崂山鹤山、华楼山、王乔崮、黄石宫、神清宫、上清宫、明霞洞、巨峰等地留石刻近20处，多处仅具名，少数具官职、功名、籍贯，如"千户周鲁""武进士周鲁""登州周鲁"等。因知其为登州人，武进士，历把总、千户等职。陈沂游崂时为"千户"，然不知其为胶州千户还是即墨千户抑或是登州千户。其所留游崂石中，有数处与陈沂所游地点重合：

> 鹤山洞南壁："题七登石楼。数数频来似有情，青山与我久要盟。战袍脱却浑无事，一曲瑶琴乐太平。武进士周鲁作。"
> 仙古洞："云烟霭霭映青山，山藏古洞洞藏仙。仙人缥缈乘云去，遗留古洞后世传。"
> 明霞洞附近的三丰洞洞口左侧："白云留住须忘归，名利萦人两俱非。莫笑山僧茅屋小，万山环翠画中围。武举周鲁。"
> 王乔崮上："登州周鲁。"

因疑这些石刻为此次陪游所留，然无佐证。

此外，今存陈沂、蓝田诗作中，有不少可明确认定为此次游崂时所作。如《即墨县志》中收录有陈沂《巨峰》《崂山》《南天门》《聚仙宫》诸作[②]。其中《鹤山》一诗曰：

> 崚嶒幽鹤洞，欲塞忽潜通。阁枕苍崖上，山横碧落中。峰随烟色变，天与水光同。自此蓬瀛路，长乘两袖风。

---

① 蓝田：《新开胶州马濠记》，载《蓝侍御集》，第223页。
② 同治《即墨县志》，第1063、1089页。

今存蓝田《鹤山洞》一诗，显然是此次游崂时唱和陈沂这首《鹤山》诗的：

  洞府北岩里，微茫草径通。潮声惊席上，山色落樽中。野鹤何年去？孤云此日同。还将远游意，挥笔向霜风。①

今蓝田集中另有一些仅据标题即可推断为此次游崂所作之诗，如《和石亭见访韵二首》《同石亭游三标山》《海山亭次陈石亭太史韵》《同陈石亭游上清宫次邱长春韵二首》等。另有一些据内容也可推断为此游之作。如据《华楼次韵》中"我爱使君风骨异"、《劳山次韵二首》中"惊见使槎天上来"等语，可知为此次陪游所作。而此次陪游崂山，给蓝田留下了深刻印象，以至于其后屡有怀念之作。如这首《次石亭韵》，据尾联可知为忆此游之作：

  霜风吹海海浮空，极目蓬壶第一峰。羽客飞来仍借鹤，丹光起处若游龙。生嫌白酒不成醉，老喜黄花为我容。旧伴登高俱零落，诗篇寄欲几时逢？

值得注意的是，此次游览，蓝田已提前做好安排，"行踪止宿，不失尺寸"，并令弟蓝囦、蓝因"于穷绝处设干糇、醅茗、楮笔、丹墨"等物及刻字之石工、承担肩扛手抬之功的樵夫渔民，从而使陈沂得以畅意游览，一路留题十余处石刻。但作为"地主"以尽陪游之谊的蓝田，尽管也曾官至都察院巡按御史，却并未在游览过程中留下一处自题自刻之作！对此，今天的石刻爱好者们多有质疑。其实，考虑到此次游崂前不久蓝田因陈洸案而逮入济南狱、削职为民经历，此疑便可迎刃而解。不过，此次陪同山东左参政陈沂游崂一事也可证明，尽管嘉靖十年（1531）下狱、削职经历严重打击了蓝田的治国平天下志向，却从未消磨掉他热爱家乡、宣传家乡的激情。如陈沂游记中提及"闻蓝侍御玉甫悉山之胜"，由此"闻"字可知蓝田对崂山山水的挚爱与宣扬。

（三）游崂"向导"蓝侍御（田）

陪同陈沂游崂之后，蓝田的崂山"向导"之名大盛。这一方面，得

---

① 同治《即墨县志》，第 1073 页。

益于陈沂等友人的宣扬。如本书前引王慎中致蓝田信中提及："日者叨命大邦，行部东土，正图遵琅琊、由莒、即墨之郊以至海上，求见先生而访所谓牢山者，竟为向导者所误。问途不审，乖此本心，不胜怅怏。"① 王慎中于嘉靖十五年（1536）出任山东提学佥事，则其求见蓝田并访崂山之意，应与山东左参政陈沂的推荐不无关系。另一方面，蓝田的崂山"向导"之名，也得益于他对崂山胜景的大力宣传和盛情邀游。如其今存答友人信中有曰："使来，蒙惠游，鳌山为有遭矣。某当为刻诸石置之山中，而某亦得以传。"②如此盛情而邀友人以游，蓝田可谓真知崂山、爱崂山者矣。因此，蓝田此后又有两次陪同现任和离任官吏游崂之举。

一是陪同莱州府同知陈栋、登州道指挥王住两位现任官吏游览崂山华楼。并在华楼宫金液泉上方留下了这处题刻：

> 莱州府同知、南津陈栋，登州道指挥、平山王住同游。北泉蓝田题。

此处石刻并无纪年，但考之蓝田集可知。嘉靖十四年（1535）至十六年（1537）间，蓝田同年友人王献出任山东巡按副使，并于嘉靖十六年正月二十二日至四月二十二日间主持完成了胶州马濠的开凿事宜。蓝田积极参与此事，并为作《新开胶州马濠记》一文。据蓝田文，陈栋、王住与前述武举周鲁等人，均是马濠工程的"督功有劳者"。则此次陪游事件，当在工程完工之年，即嘉靖十六年（1537）。

二是陪同都察院右佥都御史翟瓒游华楼。并作《秋日同翟中丞青石登华楼次韵二首》：

> 有客乘黄鹤，长吟海上台。三山飞梦至，万里附潮回。红叶洞门落，黄花幽涧开。安期生笑语，谁识谪仙来。
> 喜逢中执法，秋晚共登台。仙经月下校，鸾信岛中回。窈窕丹梯迥，崚嶒石径开。餐霞李太白，千载看重来。③

---

① 王慎中：《与蓝北泉御史》，载《遵岩集》卷二二，世界书局1988年影印本，第528页。
② 蓝田：《答东皋》，载《北泉文集》，第438页。
③ 蓝田：《蓝侍御集》，第200页。

翟中丞即翟瓒（1472—1541？），字庭献，号青石，山东昌邑人，明正德九年（1514）进士，历工科给事中、河南按察使副使、湖广按察使、都察院右佥都御史等职。蓝田此诗也没有明确纪年，但诗中称翟瓒为"中丞"和"中执法"，这是古代对执掌法律部门高官的尊称，则当为翟瓒官右佥都御史之时或致仕之后。此外，今存蓝田集中有《山行次青石韵》一诗及《御史中丞翟青石七十寿序》一文，序文作时明确标记为嘉靖二十年（1541）。今平度大泽山石刻中，有"青□□都御史翟瓒嘉靖二十年秋九月十八日至此"题记。综此而疑翟瓒的游崂之行，也在嘉靖二十年（1541）之秋。

此外，今存崂山石刻中，还有这块刻于狮子峰上、与蓝田及蓝氏家族密切相关者：

嘉靖丙寅（1566），岱沧栾尚约同杜从实、蓝固、侄蕙、荷、栾翔林、史谓良、王纳约、纳箴、侄心学，至此见日。石工盛文奇。

其中的"岱沧栾尚约"，就是本书前文提及的蓝田儿媳栾氏的兄弟、曾官山西道监察御史的胶州人栾尚约，也是蓝田《写怀·次胶西栾简斋侍御韵》诗中的"栾简斋侍御"。尽管栾尚约此次游崂时，蓝田及其子蓝史孙均已去世，但陪游者中有蓝田堂弟蓝固及堂侄蓝蕙、蓝荷等蓝氏族人，因而此游可谓亦与蓝田有关。

综此则知，蓝田曾数次陪为官友人游崂，其中嘉靖十二年（1533）九月陪山东左参政陈沂同游崂山五日之举最为规模盛大，给崂山百姓留下了难以忘怀的深刻印象。此次游崂的数百里行程中，那些从行的外地军卒虽累得"跛足不前"，却因崂山这秀美的风景、奇丽的山海、荟萃的人文而"兴亦不浅"；那些承担刻石、肩舆工作的本地石工、樵夫、渔民，虽对这朝夕相伴的山水草木、云海日出早已司空见惯，却也因这众多来自城市、居于高位、他们也许终生无缘再得一见的"父母官"们而争先恐后、欢欣踊跃。因知此次随游留给这些石工、樵夫、渔民们的，不仅有对于城市和官府的无限遐想，更有茶余饭后的无数谈资笑本！而且，蓝田陪游友人中，刘澄甫、翟瓒及他本人都曾担任过都察院"御史"这个广为普通民众接受的职位；其儿媳栾氏之兄栾尚约，也曾官"御史"。这一切，都给当时少见知名官吏的崂山百姓留下了深刻印象和丰富谈资。"九水九曲九道弯，九个御史下河南"的民谣，便在口耳相传的过程中日渐生动和丰满起来，并在崂山地区一代又一代地流传开来。

最后，嘉靖之后，即墨蓝氏也屡有陪官吏游崂之事。如明万历四十年（1612）前后，蓝思继、蓝思绍等即曾陪同时任即墨县令陶崇道的父亲、官至福建盐运司同知的绍兴人陶允嘉游历崂山。陶允嘉作《游崂山记》一文记其事，其中载："从南天门下……行数里，为蓝文学再茂读书所。书屋依山，其趾半附崖上；有茅亭，拾级而登，前后石岭岞崿刺天。……南行，即蓝友祖赠司寇公茔也，松桧蔚茂。"① 有清一代，蓝氏后人也屡有陪为官友人游崂之事。如今存蓝氏《诗乘》中，蓝启肃《沂水刘乾菴登紫云阁，以诗见赠，赋此答之，即用原韵二首》《冬日潘吏部世晋②游劳山，念先君临淮（蓝深）清白，殷殷不忘，感赋》等诗，蓝中高《奉和文院学士游崂原韵》《和大中丞崔公游崂山韵八首，代邑侯③作》等诗，均述及陪游之事。相较于蓝田时的陪游，其盛况虽难相及，其爱崂之情则同。

第二节　蓝氏的咏崂诗文

自蓝章以来，"人以山为号，山以人而名"的愿望，逐渐成为即墨蓝氏的共同追求。蓝氏子弟不仅渐兴游崂爱崂之好，还逐渐形成以诗文著述歌咏、宣传崂山的传统，从而使崂山因蓝氏艺文而增辉、蓝氏也因崂山而名传。古今崂山、即墨等地方志，如《崂山志》《即墨县志》《莱州府志》《山东通志》等中，屡屡收录蓝氏子弟的歌崂咏崂之作。如青岛史志办编《青岛地方志》中，即收录蓝章《劳山》、蓝田《观海行》《崂山（巨峰）白云洞记》等多首（篇）诗文。④ 本节即扼要介绍即墨蓝氏的咏

---

① 陶允嘉：《游崂山记》，详见苑秀丽、刘怀荣校注《崂山志校注》，第 139 页。
② 潘世晋：字进也，江南兴化（今江苏省泰州市兴化县）人，清顺治十二年（1655）乙未科进士，官至吏部郎中，康熙三年（1664）会试同考官，详见《清秘述闻》卷十三。
③ 邑侯：即尤淑孝，字孟仁，于乾隆十九年（1754）至二十五年（1760）间任即墨县令，有政声，邑民为立"盘石犹存"碑，详见郭廷翕《磐石犹存碑记》、蓝中高《题盘石图序》等。
④ 青岛市史志办公室编：《新编青岛地方志简本》，五洲传播出版社 2002 年版，第 372、372、380 页。

崂艺文。

一　蓝氏咏崂诗作

自明中叶以来，即墨蓝氏即以能诗而名，因而长于以诗歌形式表达其游崂爱崂之情。这种以诗的语言和样式吟咏崂山的做法，也当始于蓝章。然今存蓝章《劳山遗稿》中仅有二诗，未见咏崂之作。幸今人编《崂山简志》中收录有《劳山》一诗，署名蓝章。其诗曰：

> 遥望山色层层碧，渐觉溪流汨汨深。匹马径寻萧寺树，老僧应识野人心。行云何意遮奇石，啼鸟多情和苦吟。不是将身许明代，便从逢子老幽岑。①

其中，"山色层层碧""溪流汨汨深"二语，写尽崂山峰峦层叠、九水纷至沓绕的独有特色。荒寺老僧古树、行云奇石啼鸟，其情其景，又让人生起无限方外之想。无奈，已是官身不自由，兼逢圣明之君，因而不能像汉末高士逢萌一样挂冠而归隐于崂山了。据此而疑此诗作于蓝章为其父守丧期间，所述之景应是崂山华楼慧炬院附近。

（一）蓝田的咏崂诗作

蓝章长子蓝田，是明清时期即墨蓝氏最为杰出的歌咏崂山者。他年轻时即酷爱崂山，常常得便即游崂，游崂即赋诗，赋诗即咏歌其爱崂之情。年老体弱之时，他经常"携杖出南郭，篮舆度晚山""访古情无限，题诗意自悭"（《劳山道中二首》其一）。即使在实在无力登临之际，也时常凭高远眺，"徒倚危楼对二劳""欲往登之魂梦劳"（《九日》二首），表现出对二崂魂牵梦萦的难舍之情和深沉的挚爱之意。今存蓝田集中，歌崂咏崂之作随处可见，俯拾即是。如《山行》《山居》《山中漫兴》《登华楼》《望华楼》《登狮子峰》《慧炬院》《慧炬院上人》《太平宫》《崂山道中》《上苑待月》《宿崂山僧寺》《宿巨峰白云洞》《太清宫次邱长春韵》等，皆是。此仅择其要而略述一二。

蓝田的歌崂咏崂之作，大都将崂山写得清雅秀美，幽然宜居，令人读其诗而愿往。如这首五律《望劳山》：

---

① 崂山区史志编纂委员会编：《崂山简志》，五洲传播出版社2002年版，第372页。

逐客登临处，仙灵不厌重。云收见瀑布，叶落露山容。三秀石间叶，数声烟外钟。石榻莓苔上，应记我孤踪。

　　云收瀑现，叶落山峻，远钟清烟，石榻莓苔，无不令人心神向往。在如此美景幽境之中，悠然独行，畅然心会，即使被远逐于朝堂之外，又何孤、何愁之有？
　　崂山之美，虽远望可得，然未若亲登亲临。在亲自登临之作中，蓝田以其生花之笔，写尽崂山风物之美。
　　崂山之美，美在狮峰。狮子峰位于崂山东麓，因峰上有巨岩耸起、远望如张口雄踞之狮而得名，旧有宋代太平宫遗址。蓝田陪陈沂同游此地时，曾于岩上观日出，并在岩下题"寅宾岩"三字。此峰今有"山海奇观""海日东升""狮峰观日""候仙石"等题刻，并已成为崂山观日出之佳地。由蓝田诗可知，他曾于此地朝访晓日散金波，夜待蟾光照艨艟；又曾独坐临沧海，观泉石，展遐思：

　　帝车连霄汉，曦御已辉光。蜃大楼台出，天异伎俩藏。金波散晨晨，瑗岛浸央央。海门堪避世，吾欲访扶桑。——《狮子峰二首》其二
　　坐临狮子峰，涧水何淙淙。蟾光翳蜃气，渔火照艨艟。泉石山人意，江湖客子踪。长风谁唤起，吹断紫烟封。——《饮上院待月》①
　　高风危坐临沧海，暮雨萧骚冷似秋。潮落潮生天地老，月圆月缺古今愁。金丹负我何时就，碧树娱人可暂留。谁识远游轻举意，请从渔子买扁舟。——《登狮子峰》②

　　高风迎面，海天廖阔，看"潮落潮生"，"月圆月缺"，泉石可意，碧树娱人，如何不生那天地同老之心、古今共愁之情、从渔子而买扁舟之意？读蓝田歌咏狮峰诸作，不由不生一唱三叹之感！
　　崂山之美，美在华楼。华楼以山巅有峰似楼而得名，高约350米，其峰峭拔而其上宏阔。且周边景点甚多，景致独幽，旧时为崂山最负盛名之

---

① 蓝田：《北泉草堂诗集》，第200—201页。
② 同治《即墨县志》，第1088页。

处。如元尚书王思诚曾为品题华楼十四景,即清风岭、王乔崮、聚仙台、翠屏岩、迎仙岘、高架崮、凌烟崮、玉皇洞、玉女盆、虎啸峰、碧落岩、南天门、松风口、夕阳涧、烂柯桥。① 至蓝田时,这里又增添了金液泉、七仙洞、慧炬院、华阳书院等景点,以至于曾任山东巡抚的赵贤(1532—1606)游览时忍不住挥笔而题"海上名山第一"。蓝田更以其细腻之笔,写出了这里林鸟竞鸣、清泉时闻、松声入壑、丹气穿林、红叶白云满眼的四时不同之景:

> 天风吹上翠屏巅,光景无边拱目前。烟岛团团浮碧海,云峰个个倚青天。笙簧杂奏林中鸟,环佩时闻石上泉。我已尘心无一发,丹砂九转是神仙。——《登华楼绝顶二首》其一
> 黄衣道士说周遮,境界无如此地嘉。云外儿童能种玉,岩前麋鹿尽衔花。松声入壑愁清瑟,丹气穿林散紫霞。我爱使君风骨异,愿酬霜桧作星槎。——《华楼次韵》
> 前山后山红叶多,东涧西涧白云合。红叶白云迷远近,云叶缺处山嵯峨。闲抛书卷踏秋芳,扶藜偶入山人房。柴门月上客初到,瓦瓷酒熟间松香。……——《登华楼》

最值称赏的,显然是华楼金秋十月之景。其时,华楼山前山后红叶满目,涧东涧西白云倏起。人在红叶白云交织之外,骤然迷失了远与近的距离感,只看见远远的夕阳下,白云尚未聚集之处,一座座高大的山峰雄起突立。如此迷人的秋日秋景里,扶杖而登,何等惬意!更兼夕阳西下、弯月初上之际,山中老友柴扉未闭,新酒初熟,那该是怎样一个松涛诗酒话古今的难忘之夜啊!

由此数例可知,蓝田笔下的崂山,处处秀美,景景皆丽。这里,"霜横木叶脱,风定海云闲"(《劳山道中二首》其一);"石壁泉生滴滴,竹根过水潺潺"(《山行二首》其二);"金液翠屏隔尘世,清风碧落真逢邱"(《登临吴体》);"涧水清泠下作渊,山峰崒嵂上摩天"(《同陈石亭游上清宫次邱长春韵二首》其二);"野谷全分自成派,山园花发不知名"(《春日吴体》);"山木丛深石径回,洞门长对野花开"(《登华楼》);

---

① 详见周至元《崂山志》,第23页。

"满院涛声鸣老树，当空月色浸新泉"（《山居》二首其二）；……既适游玩，更宜居住。

蓝田还挥其豪放、大气之笔，将崂山独有的山海奇景写得既气势磅礴又缥缈悠远，令人在怦然心动之际，又生无限遐想。如这首总写崂山奇观的七律《劳山》：

> 蓬莱之山乱插天，大劳小劳青可怜。清秋播荡入沧海，落日缥缈生晴烟。眼前此景出人世，便可羽化凌飞仙。把去南溟酌北斗，枕石大醉云峰巅。

清秋时节，天高气爽，站在崂山之巅，看乱山入云，万壑入海，已是神清心澄。远处夕阳下，青山中，那几缕若隐若现的炊烟，更令人陡生尘外之想。于是，以北斗而为杯，酌南溟而为饮，醉自然之神化；卧峰枕石，以云为被，与天地化而为一。这又是何等的豪迈与洒脱！

崂山之奇，奇在山海。天下名山，秀美之处极多，单凭秀美，崂山或难以当"泰山虽云高，不如东海劳"之誉。然其最大特色，实在于山海相依、山光海色相映成趣的独有特色。崂山东、南二面毗邻黄海，最高峰海拔1133米，是中国海岸线上第一高峰，素有海上"第一名山"之称。在蓝田笔下，古来豪杰，多少雄图旧梦，却都输于云海之间那悠然自适的渔樵晚唱：

> 危坐高亭白眼空，碧波万里接天东。层层海市微茫上，点点齐山指顾中。几叶霸图留往梦，一番花信自春风。浊醪输与狂夫醉，渔唱樵歌思不穷。——蓝田《次陈石亭太史海山亭韵》

坐在高高的崂山之巅，看碧波万里、齐山点点，论英雄宏图已成空，叹春花放、韶光易逝，"古今多少事，都付笑谈中"！唯有渔唱樵歌，代代相同。坐高亭而观山海，几多伤感、几多彻悟！这与孟子所谓"孔子登东山而小鲁，登泰山而小天下"，情境不同，所感实一。

崂山之奇，奇在海市。海市是崂山地区偶尔会见到的海上奇观，也是古人对崂山备感神奇之处。酷爱游崂的蓝田，即在诗中写到这一奇观：

少劳山人乘桴来，天地岛屿洪涛回。三山若无又若有，蜃气海市成楼台。下有天吴之窟宅，朝餐珠英夕水碧。安期赤松相经过，缥缈千年忆方格。秦人乘车求神仙，方士楼船去不还。茂陵何事寻遗辙？琅琊台上芝罘巅。东望扶桑大如拱，弱流万里风呼汹。君不见，千载殷鉴宇宙间，桥山峨峨轩辕冢。①

崂顶之上，放眼远眺。天地洪涛之间，那若隐若无的海上仙山和那海风蜃气凝聚而成的亭台楼阁，都使人遥想起传说中安期生、赤松子的餐玉英、饮朝露，千余年前徐福的驾楼船、渡沧海，秦皇帝的登琅琊、拜芝罘……古往今来，多少钟情于此土此地的神人豪士，都如这海市蜃楼一样俱往矣；依旧不变的，唯有那东出如拱的朝日、万里齐涌的海涛。身处这雄奇山水之中，眼见这奇幻海市，耳听这缥缈传说，谁能不心神俱荡、浮想联翩？

崂山之奇，奇在人文。这里自古即以神窟仙宅而闻名。徐福在此寻三山、李白于此餐紫霞的神秘传说，更增其瑰奇的神仙色彩。而宋元以来，崇尚神仙和修炼之术的道教人士，往往选择此地以为修炼之所，以至于刘若拙、丘处机、刘志坚等修道者前后相踵，太平宫、神清宫、上清宫、太清宫等道家宫观鳞次栉比，崂山更成为带有浓郁神仙色彩的道教名山之一。蓝田诗作中也屡屡咏及这些丰富了崂山人文的道家风物。如其《太清宫次丘长春韵》《同陈石亭游上清宫次丘长春韵》等诗，多次咏及丘处机这个栖居崂山的著名道教人士及其咏崂诗歌。前引其《登华楼》一诗的中间部分，还咏及道教修行之事：

……玉皇洞口晚花暗，金液泉头秋草遍。药炉丹井尚依稀，白雪黄芽今不见。长春高举烟霞外，使臣远出风尘界。当时人已号飞仙，只今惟有残碑在。……

玉皇洞、金液泉等修行场所尚在，药炉、丹井等炼丹遗迹仍存，但道教人士所追求的"白雪黄芽"早已烟消云散，曾经于此修炼、号称道家"飞仙"的长春子丘处机也已杳无踪迹。唯有那记其诗作的残碑，仍在炫

---

① 蓝田：《观海行》，载《北泉草堂诗集》，第310、300页。

耀着曾经的辉煌！物是人非之感、苍狗白云之叹中，充满了对崂山人文荟萃的遥思和憧憬。

此外，自唐宋以来，崂山还是备受佛教徒青睐的圣地。至明中叶，此地已有法海寺、慧炬院、峡口庙等佛教寺庙，更有憨山等于此修炼、一心向佛的知名僧众。这些建于此的佛教寺庙和居于此的佛教僧众，又为崂山增添了浓郁的佛教色彩。对此，蓝田也多有咏及，如：

年过半百为迁客，识尽人间苦与甘。忽遇野僧来看我，焚香午夜读《楞严》。——《遇上人有感》

已知世纲皆成幻，谁信禅宗独是真？洞底春云初印月，定中老衲记前身。——《慧炬院上人四首》其一

深山日日启经函，为筑梵宫下翠岩。十二浮图云外起，笑归石洞卧松杉。——《送天竺上人》

由蓝田诗可知，当时居于崂山的佛教徒中，既有昼访俗友、夜读佛经的山寺野僧，也有春云深处、坐禅入定的虔诚老僧，还有自异域而至崂山、为筑寺庙而踏凡尘求布施的天竺上人。这些僧侣以诵经坐禅、化缘求施之行及其所筹建寺院，如此自然地成为崂山人文景观之一，使秀美的崂山在悠长的晨钟暮鼓声中更添几许神圣与肃穆。

除了道教和佛教，曾经隐居和仕宦于崂山的众多名士贤吏，也为崂山增添了诸多的人文色彩。前引蓝章《劳山》诗中提及的"逢子"，即汉末北海都昌人逢萌，相传他挂冠而归后，就隐居于崂山，屡征不起。另如汉代名士王吉、房凤、郑玄等人，均曾讲学于崂山支脉不其山下，山下至今有书院遗址。汉和帝时曾任不其县令的名吏童恢，则曾于不其山驯伏恶虎，其地至今留有"驯虎山"之名。蓝田咏崂诗作中，也屡屡歌及这些曾为崂山增光添彩的名人高士。如《墨民谣·为即墨大夫邹令作也》，在称赞嘉靖三十二年（1553）来任即墨令的安阳人邹臣时，蓝田将他比作不其县令童恢（"不其有虎，童令之伏兮"），有意宣扬了崂山古老的人文历史。另如《同石亭游三标山》诗：

三峰海上接云平，洞里丹经不识名。东望仙洲悲汉武，西邻书舍忆康成。崎岖百转泉流绕，苍翠千重云气生。多病年来除百虑，独于

林壑未忘情。①

三标山是位于崂山西麓的一座小山，以山顶三峰鼎峙而得名。"其南峰垒石成洞，可容数百人"②，旧有寺观。山下之路，旧为进入崂山要道。其西北即为不其山，山下有康成书院遗址。蓝田诗中写到了三标山上与白云相接的三峰、藏有丹经的洞窟，又由三标山东海面上那若隐若现的诸岛，联想至汉武帝时派人到处寻找神仙居所的往事；由三标山西不其山上脚下的康成书院遗址，联想至东汉经学名儒郑玄当年执教于此、琅琅书声振动林樾的盛况。登临远眺之际，蓝田不仅欣赏到"崎岖百转泉流绕，苍翠千重云气生"的崂山美景，还想到了曾经的热闹与喧哗，想到了荟萃于此地的人文盛况。他对家乡山水、人文的挚爱与自豪之情，也就在这样的联想与想象之中喷涌而出。

总之，蓝田的咏崂诗作，不仅让人一览崂山山水风物的秀美、幽丽，还让人从虚幻的海市蜃楼、荟萃的人文景观等中体味崂山的神峻、多奇，更让人从这为数众多的诗作中感悟他那浓挚深沉的爱崂之情。

(二) 蓝氏其他子弟的咏崂诗作

蓝田之后，蓝氏子弟中的游崂咏崂者渐增，蓝氏的咏崂诗作也逐渐异彩纷呈。

先是，蓝田之子蓝史孙也喜游崂，并屡以诗咏崂，但其诗在数量、质量上都远不能与蓝田相提并论。此仅引其比较出色的两首：

> 领略青山今有主，白云曾许等闲居。分泉洗钵烹灵剂，就石支床看道书。风入古松轩常乐，月窥春洞化人庐。日长漫作餐霞计，橘井丹炉却是余。——《送戴道人入崂山》

> 百转青山路，风花处处飞。石门留宿雾，野涧带晨晖。洒落诗人兴，飘扬游子衣。前村云树合，拟向武陵归。——《登山》

前者充分展示了崂山的道家文化特色，后者则写尽崂山青山村至石门山一带春日早晨的优美宜人风景。

---

① 同治《即墨县志》，第1088页。
② 苑秀丽、刘怀荣校注：《崂山志校注》，第49页。

稍后，蓝史孙兄弟早逝，蓝氏家族的发展跌入低谷期。其位于崂山华楼的家族田产一直受到道教势力的觊觎，蓝氏子弟一度在华楼一带销声匿迹。直至明末清初、蓝田曾孙蓝再茂崛起之时，即墨蓝氏才再度振兴在华楼的祖产，并重新修整了华楼山下的华阳书院。于是，蓝氏子弟的琅琅书声再起于华阳，漫游足迹再遍于崂山，你唱我和的歌崂咏崂之作也开始集而成册。不过，比较而言，明末清初以来的蓝氏咏崂诗作，内容上大多并未超出蓝田诗作的歌咏范围，质量上也少有超越蓝田诗作者。此仅择其中较为优秀者略加阐述，以见蓝氏的爱崂咏崂情怀。

首先，是自蓝再茂始有涉及的咏小蓬莱之作。小蓬莱是位于崂山东北部的一座小山，它一峰孤起于海际，西南与崂山诸峰相边，东望大海，茫苍无际，宛如传说中的蓬莱仙岛。蓝再茂辞官归乡后，一度隐居于此。其《山居》一诗，当即歌咏此地：

> 春入数峰青，河流户外声。高怀云淡落，静目水空明。草木宜清适，安闲足达生。卑藏成后老，不用仗浮名。①

山中春日，看数峰日渐转青，听水声由远及近；在云淡风轻的环境里静享闲暇，在草长木发的日子里安度一生……有此山此水，无浮名琐事，终老何憾！

蓝再茂之诗重在借美景而抒写其辞官归居小蓬莱的闲适生活，其子孙的咏小蓬莱诸作，则重在抒写观小蓬莱之景之情。如：

> 策马上崔嵬，惊鸿天际哀。云从岫半出，花绕涧边开。牧笛穿林去，渔艇隔浦回。苍茫烟雾里，遥指是蓬莱。——蓝启肃《鹤山道上望小蓬莱》

> 大壑渺无际，荒荒日夜流。百年怜逝水，千里送孤舟。恋峰移鳌背，阴晴变蜃楼。空闻不死药，何处是丹丘？——蓝启华《小蓬莱》

> 紫府深深蹯一峰，翠螺环列小芙蓉。神山望去常如现，芳渚环来岂厌重。澎湃海潮谁客主，崎岖岚市自樵农。麻姑清浅寻遗迹，惟有白云尽日封。——蓝中珪《小蓬莱》

---

① 同治《即墨县志》，第 1077 页。

今天，随着交通运输条件的发展，小蓬莱山已非进入崂山的主要通道，其名也渐趋沉寂。但从即墨蓝氏这些保存至今的诗作中，仍可发现其昔日的辉煌。

其次，即墨蓝氏光顾和歌咏最多的，应是华阳书院和蓝铜墓地所在的华楼一带。此仅举其诗题中明确带有"华楼"字样的数首：

  缥缈云烟里，山河特地开。翠屏光槭荫，文笔振兰台。祖泽川原永，孙谋德业培。层楼高捧日，岁月几徘徊。——蓝润《华丰楼》
  冒雨寻奇兴转赊，道人无酒煮新茶。自是烟云留客住，观前老树已栖鸦。——蓝启晃《雨中宿华楼》
  绝巘高无际，攀跻不厌频。谷风声谡谡，泉水碧潾潾。极目王乔鹤，空思玉女频。人言通帝座，我欲扪星辰。——蓝启肃《再游华楼，遍历松风口、金液泉、王乔崮、玉女盆、南天门诸胜概二首》其二
  竹翠花明满涧中，高山耸处拥仙宫。峰峦环列云屏秀，岛屿遥分海日红。金液飞泉尘虑洗。丹梯悬蹬世缘空。三生有诀谁堪悟，坐对青松万壑风。——蓝中珪《辛未同张架山游华楼》
  东崂南尽折西方，麓起青峰接太阳。红日直临幽涧冷，白云横渡远山忙。何年石洞遗仙蜕，亘古岩屏任鸟翔。最是高邱先业在，如今犹自隐书香。——蓝中玮《登华楼》
  东游华严双目舒，西指华楼回客车。云旗清晓惹烟雾，行过石阴入山去。奇形突兀凌层巅，俯视大海连桑田。闻道玉女骖鸾鹤，楼头梳洗香杳然。最是秋风不肯歇，日送秋云待秋月。秋去春来春草生，上有桃花年年发。——蓝中高《华楼曲》
  华楼古寺构山巅，此日登临别有天。若灭若明云外树，倏飞倏驻雨余烟。丹成金液留仙迹，风落松花扰鹤眠。不是此身多俗累，定从羽客悟真诠。——蓝登《华楼宫》

由此数诗，可知蓝氏子弟对华楼之偏爱。他们或春来或秋至，或冒雨独行或择佳日结伴而行；或遍历周游或仅登高四顾，或瞻朝日或望夕阳，或咏祖德或歌山水，或睹烟树而思金丹仙药或观沧海而慕王乔玉女……其兴虽鹤长凫短，其爱华楼之意则始终如一。

相较而言，今存蓝氏咏崂诗作中，总述游崂爱崂之作甚多。此列其中优秀者数首如下：

策蹇崂山道，俯看万壑低。眼前黄叶满，杖底白云齐。鸟雀迎相狎，海天望弗迷。何来钟磬远？矫首日沉西。——蓝湄《山行》

驱车薄暮望，萧瑟动林垌。日落晚峰翠，云浓归路暝。人声依远浦，渔火聚寒灯。更有河洲雁，哀鸣不可听。——蓝启肃《鳌山晚发》①

月落松林黑，时时耀鬼磷。沿溪千百折，策骑两三人。鸟径穿云壁，星芒乱水滨。歧途将一哭，不敢效狂攀。——蓝中珪《崂山夜行》

二崂邻海隅，巉巉秋露骨。中有双白鹤，凌霄半灭没。奇哉狮子岩，空洞那罗窟。会将穷远览，扶桑渺如发。——蓝中高《望崂山》

二劳峙东海，山山栖晚霞。安期不可见，但闻枣如瓜。虬松历千戴，白云几人家。简书方在畏，积思浩无涯。安得飞羽翰，南望一停车。相伴谪仙子，悠然寻落花。——蓝中高《莱州试毕有怀崂山不获和太白崂山韵》

需特别指出的是，除蓝田外，明清蓝氏子弟中留有咏崂诗作较多的，当属蓝中高、蓝瞪二人。蓝中高之诗以量而胜，他对崂山知名景点游览、题咏几遍。凡鹤山、巨峰、华楼、狮子峰、美人峰等峰，玉鳞口、八仙墩、那罗延窟等点，华严寺、神清宫、上清宫、黄石宫等佛道寺观，均有诗作咏及。而蓝瞪的咏崂诗作虽数量不多，却以别致而胜，如：

大海渺无边，披襟坐晚天。浪喷高过树，山远小如拳。水国生寒气，蛟宫锁暮烟。西偏岩下路，欸乃到渔船。——蓝瞪《太清宫观潮》

结得仙缘宿太清，海涛直使梦魂惊。几番欲睡神难稳，疑是风声送雨声。——蓝瞪《太清宫听潮》

上苑驻如仙，晨钟警客眠。忙从松竹外，来立水云边。雾障光全掩，浪高海接天。可知晴更好，赤日最鲜妍。——蓝瞪《太平宫观

---

① 同治《即墨县志》，第1080、1081页。

日出》

　　鸟道跬山巅，行行欲上天。峰高临海近，树老着霜先。云拥划棋石，崖留补纲船。极东千里岛，双岫渺如烟。——蓝瑻《登棋盘石远眺》

　　茫茫海色接扶桑，万里乘风远涵光。二劳倒射紫霞芒，贝阙银宫声琅琅。自昔传闻蜃楼起，诸峰连市向空指。楼外楼，市中市，无端幻化何年始？疑是洛妃初渲纸，画图一展霄汉里。汉武秦皇想象间，忽惊沧海又桑田。人物浮动若飞仙，往来云外何翩跹！造化奇思如翻澜，阴晴朝暮变大千。君不见，影里城郭世外境，回视大地尽弹丸。——蓝瑻《登崂山望海》

　　长春修道已多年，白日骖鸾上碧天。留得岩边金液在，世人方信有神仙。——蓝瑻《题华楼山金液泉》

　　体有爪牙堪类虎，身非羽族强多鸱。而今坐向高堂上，羞说寒窑煨炭时。——蓝瑻《崂山书院鸱吻》

　　寄语星垣漫自嗟，年来心事乱如麻。居家不比出游好，海上三山餐紫霞。一日清闲一日仙，芒鞋踏遍垅头烟。知君原是清狂客，那管杖头无个钱。——蓝瑻《约郭星垣游山》

　　一径东南去，崎岖路不平。山环树有影，鹤去水留声。泉挂虹千丈，波含镜一泓。石苔闲坐处，惜不布仙枰。——蓝瑻《携族侄恒得游白鹤岭》①

可见，蓝瑻之诗，或写观潮听涛，或述赏日远眺；或题泉水，或咏鸱吻；或约乡人同游，或携子侄共至，多有其独到之处。

最后要特别指出的，是蓝田第12世孙、今人蓝水的游崂咏崂诗。蓝水与同邑周至元交好，二人自1926年始即多次同游崂山，并相互赋诗唱酬。由周至元《与蓝友游石门山歌》诗中"蓝子素好奇，拉我跻其巅"之语可知，在二人的游崂历程中，蓝水往往占主动。至1935年，蓝水已集其咏崂之作而成《崂山百咏》，周至元为作《题蓝友〈崂山诗草〉》3首，其中有"二崂游赏日，风雨每同君""羡君裁作句，俱向锦囊收"等

---

① 以上各诗如未出注，均据《蓝氏诗乘》，即墨蓝氏家印本。

语。① 后来，蓝水于 1985 年编定《崂山古今谈》一书时，又将 1935 年所编百首咏崂诗与 1982 年秋至 1983 年秋间新作咏崂诗一起收录，而成新"崂山百咏"。此外，蓝水生前自编的《东厓诗集》《五杂俎》《反光集》《可止编》等集中，也收录有不少咏崂诗作。此仅择数首，以见其爱崂咏崂之情：

孤峰巍海上，鳌足架蓬莱。风挂千舟帆，涛攻四面雷。迢迢通曲径，步步踏苍苔。小阜中阿峙，形同蚌有胎。——蓝水《小蓬莱》②

名山第一属华楼，佳境尽多无不幽。高下适宜谁位置，晦明异路费寻求。摩崖半系七仙迹，羽化犹存小石丘。面向巨峰似望母，一枝龙脉猛回头。——蓝水《华楼山二首》其一

归来化鹤应难逢，手植犹存洞口松。不似潮回空有恨，却同云去已无踪。雪泥迹尚留鸿爪，古殿谁敲报晓钟。记得当时倩吾宿，石床共卧话从容。——蓝水《玄都洞怀悟禅》

北方海上山第一，惟有二崂镇齐东。万朵芙蓉出水底，一气苍茫接长空。就中秀出巨峰顶，登高望远豁心胸。环顾一一可指数，九点齐烟各不同。蓬瀛缥缈随波去，扶桑不远日出红。……——蓝水《崂山歌》

刘阮同行方不孤，古人清兴亦犹吾。不知海上名山里，可有天台仙女无？——蓝水《辛未（1931）秋同友人周至元游崂口占》

青山三面绕，大海一门迎。花开岁寒雪，潮听林外声。得风云意活，出竹鸟音清。簇簇长松密，偏教月失明。——蓝水《太清宫》其一③

二 蓝氏游崂散记

除了诗歌，蓝氏子弟还以散文、杂记的样式表达游崂爱崂之情。此仅述其中较为突出者如下。

---

① 详见《周至元诗集校注》，第 126—127、124 页。
② 周至元：《崂山志》，第 19 页。
③ 蓝水：《崂山古今谈》，第 154、185、195—196 页。

(一) 蓝章《慧炬院重修佛殿碑》

作为即墨蓝氏爱崂游崂之好的开创者，蓝章还是蓝氏首位以杂记样式歌咏崂山自然风景和人文景观者。他的《慧炬院重修佛殿碑》一文就是今存蓝氏首篇单记崂山风物之作：

即墨之崂山，连延不绝。曰凤凰峰者，有僧居在焉，号慧炬院。弘治庚戌（1490），先御史公（蓝铜）卜兆华楼之东，余时往来山中，因得以游。自响石渡溪而北，萦纡石田间。至麓，下马，步进。涧水从乱石中下出，曲折百状，潺湲可听。入门，竹树幽茂，薜荔满墙。茅屋在石岩下，益奇，遂留宿焉。其僧曰圆昶者，院之主人也，曰："昶始来栖时，院宇颓败，榛棘弗治。有仆碑二。其一为隋开皇中所立，额曰'重修'，则院之始创，可谓旧矣。其一为元大德中所立；然皆文字残灭，不可以句读。盖历年岁既深，废而复、复而废者累矣。昶且悯之，欲起其废。率弟子满杲力作山田，缩衣食费。复具疏于乡之长者，皆以钱粟来助。乃重构大雄殿，工者奏其技，壮者献其力，不督而集以成。为楹者五，崇若干尺，深若干尺，中为华严海会之像。盖经始于成化壬寅（1482）仲春，丁未（1487）秋季告成。先生盍为记之？"余以言不文辞。

庚申（1500），余焚黄先垄，复过院中，昶复以记请。余漫应之，以使事有程，不果作。兹复致书曰："碑具已久，愿先生畀之文，使后之居者知殿之重构，昶也，则昶为不朽矣。"呜呼！大雄之殿，非以奉佛也乎？佛之为道，吾虽不能深知，然尝观其书矣，务以宏博广大之说，固足以鼓动天下学其道者，又多得刻厉勤笃之人从而张皇之，故每为宏博广大之事而能有成。其所以成之者，亦以上好之者护持其说而不构于法律，下化之者奉承其说而不惜乎财力，故耳。今夫公宇乡校，所以发政而明伦、有益于世道者，或乃视其卑且陋，而日复日焉。欲葺治之，则伤乎财而非戾至，劳乎众而谤讪生。吾盖屡叹之。昶惟其为彼而不为此，此其费虽劳卒能成乎？所谓宏博广大者，以复院之旧观也。故为记之，以示其后之人。[①]

[①] 蓝章：《大劳山人遗稿》，第17—18页。

此文的撰写时间，一些著作误标为"明成化丁未二十三年（1487）"，实则应在明弘治十三年（1500）春蓝章归里扫墓之后。弘治二年（1489）十月，其父蓝铜因病去世后，蓝章即扶柩归乡守制。后因为父选择墓地及安葬诸事，他经常往来于即墨与崂山华楼之间，因得游览华楼附近的慧炬院。院僧圆昶殷勤接待这位即墨一邑近百年来的首位进士官员，并介绍自己于成化壬寅（1482）仲春至丁未（1487）秋间重修慧炬院大雄殿一事，希望蓝章能为作文以记。蓝章却谦虚地以不擅长写文章为借口谢绝了。弘治十二年（1499），长年在外做官的蓝章因功而使父母获封赠之荣。次年春，因便回乡，至父亲墓前"焚黄"而告，因而再过慧炬院。寺僧圆昶趁机再提为记之请，蓝章"漫应之"，却因赴任有期而未来得及作。蓝章以御史巡按两浙盐法期间，圆昶写信再以记为请，蓝章乃为作此文。据此可知，此文写作时间当稍后于弘治十三年春。

此记中，蓝章先写首次游凤凰峰下慧炬院时见到的景物之美（院外乱石涧水"曲折百状，潺湲可听"，院内"竹树幽茂，薜荔满墙"）以及寺僧圆昶的殷勤絮语，从而得知院中旧有二仆碑及大雄殿重修之事；再写再游慧炬院之事及此文写作缘由和经过；最后，由圆昶重修大殿一事，引出对向佛者每能凭一己心诚而成就"宏博广大之事"、但为官者却常常眼看着"公宇乡校"日弊而无能为力的无限感慨！因此，从内容看，此记更注重于抒发对时事的感慨而非对事件的叙述和景物的描写。但作为关于崂山佛教寺院的较早文献之一，它以独有方式介绍了崂山慧炬院的人和事。

（二）蓝田《劳山巨峰白云洞记》

这是迄今蓝氏咏崂散记中最为著名的一篇。崂山有二白云洞，一在大仙山，一在巨峰。位于大仙山巅的白云洞较有名气，旧时为道教金山派修道之地。其洞东望二仙山，西望海门，东南俯视大海，深广可丈许，旧曾供奉有玉皇神像。洞前有青龙阁等道教建筑，洞后有著名的"华盖"古松，周围则有青龙、朱雀、白虎、玄武诸石。抗日战争期间，大仙山白云洞曾成为抗日义士们的军工厂，1939年被搜山的日军烧毁，至今未能完全修复。巨峰白云洞则无啥名气。周至元说它位于"铁瓦殿东二里，俗名避牛石屋，势甚穹敞，有暗泉落石隙间，潺潺有声"。[①] 蓝水《崂山古

---

① 参见周至元《崂山志》，第45、50、340页。

今谈》则称："由铁瓦殿东去约一里,至白云洞,此明代以上所称白云洞。一状似田螺大石,斜插地中,东南向。旧时中祀神武,土台尚存。牧牛者每避雨其中,俗称牛石屋。"今天,此洞更加湮没无闻,难以寻觅。蓝田此记,就是写这个今已默默无闻的巨峰白云洞,是关于此洞的第一篇也是唯一一篇专记。其文曰:

> 即墨之东南,百里皆山也。山之大者,曰劳山。劳山之群峰,其最高者曰巨峰。巨峰之巅有洞焉,曰白云洞,深而明。旁有水泉,可引以漱濯,甲于巨峰。虽当晴昼,云气蓊郁,则咫尺不可辨。顷刻变幻,则又漠然不知所之矣。然地气高寒,又多烈风,非神完骨强者,不敢久居。其登也,缘崖攀萝,崎岖数十里,非有泉石之癖者,亦不能至也。
>
> 北泉山人薄游海上,南访朐山,登琅琊台,北观之罘山,雄秀突兀,皆未有若劳山者也。《齐记》曰:"太山虽云高,不如东海劳。"是劳山之高,高如太岳矣。然劳山僻在海隅,名未闻于天下;而朐山、琅琊、之罘,以秦皇之游览也,人人知之。呜呼!山之见知与不见知,而亦有幸、不幸存焉。山川且然,而况于人乎!
>
> 道士张某得白云洞,曰:"是与人境隔异,直可以傍日月而依星辰矣。非玄武之神,不足以当之也。"乃于其中奉事玄武,而自居其旁,学炼形之术焉。嘉靖壬午(1522)秋,北泉山人登巨峰之巅而望焉。面各数百里,海涛蜃气,起伏汹涌,而岛屿出没于其中者,皆若飞浮(凫)来往,旦夕万状;连峰有无,远迩环绕;村墟城郭,隐隐可指数;神观萧爽,非世人耳目所尝见闻者也!夜宿洞中,援笔题于石曰:"居白云洞者,自张某始也。"
>
> 李谪仙诗曰:"我昔东海上,劳山餐紫霞。"呜呼!安得断弃家事而餐紫霞洞中,弹琴鼓缶,以咏屈子《远游》之篇也哉!顾今有所未暇,聊记于此,以志自愧云。[①]

据此可知,此洞位于崂山最高峰巨峰之巅,交通不便,云雾倏变,寒气逼人,因而人迹罕至。然其旁有泉水,可以漱濯,云雾缭绕,便于修

---

① 蓝田:《蓝侍御集》,第226页;此文又收录于《即墨县志》《崂山志》等志书中。

炼，道士张某乃在洞中供奉玄武神像，在洞旁搭建房屋居住修炼。偶然来游的蓝田，有感于张某对此洞的发现和应用，为作此记，并题"居白云洞者，自张某始也"之语于石壁。其题词今佚，而巨峰白云洞景观及张道士发现并利用此洞一事，则因蓝田此记而流传至今。

此文作于嘉靖元年（1522）秋，恰值蓝田考取进士的前一年。其时，蓝章已辞官归乡，而时已46岁的蓝田，虽在30年前就考中举人，并以文名而享誉山左，却十次参与会试、十次均不幸落第。因而，此文先写崂山"雄秀突兀"却因"僻在海隅"而未能如泰山、朐山、琅琊、芝罘诸山一样声名在外，白云洞奇幻多丽却因地气高寒而难为世人所知，借以抒对山水风景的"见知与不见知"之慨。继写道士张某的对白云洞的发现和利用，借以抒白云洞的见知之幸和自己至今未得"知"者而渴望"断弃家事而餐霞洞中"的梦想。另外，今蓝田集中有《宿巨峰白云洞》一诗，曰："石洞丹梯上，掀髯一笑留。山高碍新月，潮长失孤舟。樵笛穿林入，渔灯隔岛浮。客怀浑不寐，直欲访丹丘。"其中的"直欲访丹丘"正与此记避世隐居之意同。另据记文中"夜宿洞中"之语，则知此诗应作于此次留宿期间。

自道士张某以来，因地势、交通等客观因素，巨峰白云洞又趋沉寂，至今未被开发利用。但蓝田此文却一直备受重视，旧时被《即墨县志》《崂山志》等方志收录，今又被《青岛游记选》（山东人民出版社1985年版）、《山东旅游美文选编》（对外经济贸易大学出版社2006年版）等著作收录。究其原因，当为其中"海涛蜃气……非世人耳目所尝见闻者也"等语对白云洞前所见崂山山海奇观的独到描写。

（三）蓝润《福堆岸新建文昌塔记》

有清一代，以撰写崂山散记而闻名的蓝氏子弟，当属蓝润。他的《福堆岸新建文昌塔记》《即墨县马鞍山建庙碑记》等文，对研究崂山风景和人文，都有一定参考价值。其中，《福堆岸新建文昌塔记》标题后注曰"先封太史公命作"，则此文应是承蓝再茂之命而作。其正文曰：

> 巨峰为劳山之望，星曜秀丽，屹峙云霄，相环无间断，连石门而递华楼。福堆岸，其收聚也。龙脉错落，千枝万派，罗布无穷，居墨邑之太乙，状大有之形胜，故贤人君子，接踵而生焉。凡走山海，岸为其通路，路则陌于两山之间，结于两河之会。或逆坂如绿绠，或乖

崖如一发，或侧径钩出于不测之溪。虽峭径崎岖，实关锁之要地。形家所谓突起层峦以镇水势、以毓灵杰者，莫此为宜哉。余每一游览，胸有别构。

时维寅夏，避暑乎先垄之左，将前所期愿而欲举者，益得以盘桓审视焉。既详其山水之情，复度其高下之规，始知此一峰尚属缺陷。而开辟以来，未之或备，况乎地待补于东南，风会之所系，甚且重也。余于岸上创建文昌塔一座，耸然砥柱文笔，直插天表。超巘屼而远眺望，不特山川改色，舆图增重，式合太乙之精；黎光千古，行见吾邑中甲第名流，竖赤帜于中原，彬彬乎盛际矣。如其焉奕繁衍，久而弥昌，此天人之理，必至之符也。后人履其境者，诧夫凌薄气象，目新乎所睹，耳新乎所闻，亦恍然不知塔之高，而以为山之踊跃奋迅而出矣。其萃瑞何极哉！是为记。①

福堆岸是蓝氏族人对位于华楼山脚下一个傍水而立的小山包的称呼，当时属于蓝氏家族产业。蓝润认为，就地势而言，此地将崂山自巨峰而至石门、迄华楼"千枝万派，罗布无穷"的泉水"收聚"一处，实可谓崂山"关锁之要地"；就风水而言，此地乃崂山"龙脉"之"收聚"，实可谓即墨一邑之人文福地。然而，"寅夏"避暑于此时，蓝润却蓦然发现，此地在风水上尚存有一定缺陷，因于岸上建小塔，塔中供奉文昌帝，以为一邑文运昌盛之所。

据此可知，蓝再茂在世时，曾指出福堆岸的风水问题。但直至他去世后，蓝润才于"寅夏"避暑时发现此问题，并建文昌塔以补救。对于此塔的建造时间，蓝润仅提及为蓝再茂去世后的"寅夏"。蓝再茂去世于清顺治十三年（丙申，1656）闰五月二十六日，蓝润卒于康熙四年（乙巳，1665），则此"寅夏"，只能是此期间的壬寅夏，即康熙元年（1662）夏季。其时，蓝润已辞官归乡大半年，正忙于蓝再茂墓地（即墨城东的盟旺山祖林）建坊之事。而在避暑于崂山华楼期间，他发现了蓝再茂曾经提及的福堆岸风水问题，遂决定在此兴建文昌阁。因知此塔的建造和此文的撰写时间，当在康熙元年（1662）。

蓝润督建的文昌阁，从此成为崂山华楼景观之一。如清黄肇颚《崂

---

① 蓝润：《聿修堂集》，第54页。

山续志》载,华阳"书院背负崇山,面对高峰,楼三楹,颜曰紫云阁。悬崖上,小阁供文昌帝君,旁为书堂及亭"。周至元《游崂指南》"华阴胜迹"条中也载:"华阴村,在华楼山之阴。……村之南曰华阴集,其东为福堆岩,上有文昌阁,下为唐公祠。"① 后来,华阳书院被废弃,此塔也趋倾圮,今仅存遗址。

《即墨县马鞍山建庙碑记》一文,记述了道士、阳信人李明常自顺治五年(1648)至十五年(1658)修道于马鞍山、并募资筹建庙宇之事。其中论及"形胜"一段尤为出色:

> 其东朝也,有盟旺山之乔岳。其南对也,溯劳峰以华楼。其西拱也,有牛脾之山,今易马鞍之名。其北据也,有捣练之磰,今改灵山之称。灵山、劳山,其主宾也。天井、石塔、马鞍、虎山,其仪道从卫也。大海回环,山川之秀,不下箪席而尽于四瞩,建邦启土,信非偶然。②

此段文字对即墨周边环以山岳、辅以大海的地理形势,写得极有见地。对群山间主宾、仪从关系的分析,更令人有耳目一新之感。

(四) 蓝水《崂山古今谈》

即墨蓝氏的咏崂散记中最值称扬的,是蓝田第 12 世孙蓝水编著的《崂山古今谈》一书。此前,崂山已有数部由即墨当地文人编撰的比较知名的专志,如明末清初黄宗昌和黄坦父子编著的《崂山志》、清光绪三十四年(1908)黄肇颚完成的《崂山续志》(后改名为《崂山艺文志》)、民国时期周至元编著的《崂山志》等。周至元与蓝水少为好友,二人多次同游,并相互赋诗唱酬。而且周至元早有编志之心,于1931 年撰成《游崂指南》,附印于黄宗昌《崂山志》后;后又撰成《崂山小乘》,今有即墨新民书局 1934 年印本。至 1937 年,周至元又获得袁荣叜所赠他搜集的准备撰写崂山志的全部资料,并于 1941 年 2 月底写成《崂山志》初稿(后于 1993 年由齐鲁书社出版发行)。而从 1935 年起,蓝水也开始搜集资料,准备编写《崂乘》。因而可猜知,周

---

① 详见苑秀丽、刘怀荣《崂山志校注》,第 225 页。
② 蓝润:《聿修堂集》,第 58 页。

至元编撰介绍崂山诸作的做法，对蓝水的编纂《崂乘》产生过积极影响。不过，蓝水编写的《崂乘》，直至1985年始最终定稿，并改名《我与崂山》。在交由崂山县县志办公室审定印行时，又更名为《崂山古今谈》。

此书分崂山古今、崂山百咏、崂山琐谈三部分，述及山川风物、掌故逸事、释道源流、人物艺文等多方面内容，是首部由即墨蓝氏编撰的介绍、宣传崂山古今风物的专著。在自序中，蓝水说："前人作者，有明黄宗昌《崂山志》，清黄肇颚《崂山艺文志》，周荣鲹《崌山志略》，王葆崇《崂山金石目录》与《崌山采访录》，近代周式址（即周至元）《崂山志》。予之为此，并非画蛇添足，亦所谓各言尔志。"可见，蓝水对该书特色还是颇为自信的。

比较而言，该书在内容上确实有其独特之处：它博涉崂山古今风土人文，且考、述、评结合，各得其宜。如对徐福岛之名，蓝水引何孟春语、《史记·始皇本纪》《史记·淮南列传》《汉书》《仙传拾遗》《齐乘》等多条资料，以加证明，其考证可谓翔实。另如对崂山绿石，该书"古今"部分以散文语言指出，丰山（又名风山，今作峰山）"在仰口北，系一土山，东北走入海七八里，其尽处为绿石滩，产绿石，及潮退取之作案供，佳者朗润浓翠，每天将雨，上现露珠"。"百咏"部分则以《咏绿石》诗二首再加说明，其中有曰："产自丰山东海隅，以为案供籍清娱。同俦反觉砚无色，将雨且看露有珠。"可谓旁现侧出，详略得宜。再如对崂山旧时之山村民居，先述其依地势而建之特色："处深山海崖者，筑房多随山势高低，一般无垣墙，远望之如数十层一大楼"。再述其因无处取土以烧砖瓦而建以石（富家用花岗石，贫者以乱石）、覆以海草的独有特色，并对此海草详加述及："妇孺提筐穿礁石间……拾海藻叶以备苫房用，叶长尺许，宽厚如蒲叶，柔韧耐腐，以苫房，火不能燃。"再如书中还述及迄今始享有盛誉的崂山茶，并以《太宫茶》诗相赞："入品似龙井，味淡色却青。谁为添一品，新制绪《茶经》。"①

综此可知，李偲源对该书的评价实非过誉："作者对崂山考证甚详，文笔独特，简洁流畅的笔触记述了崂山的山川风物、掌故逸闻、释道源

---

① 蓝水：《崂山古今谈》，第257、36、218、261—262、198页。

流、历代人物及艺文等,也是一本了解、研究崂山古今风貌的有价值的资料书。"[1] 而其中详加考述的山川风物、掌故逸事、释道源流、人物艺文等,也可见蓝水至深至博的爱崂咏崂之情。

---

[1] 李偲源:《历代崂山山志述评》,载青岛市崂山文化研究会编《崂山研究》(第1辑),中国海洋大学出版社2006年版,第174页。

结　语

"不朽",历来就是人类的永恒追求之一,对其具体内涵,人们的理解却各有不同。最能代表中华儿女眼中的"不朽"内涵的,当属《左传·襄公二十四年》中的这段记载:

> 二十四年春,穆叔如晋。范宣子逆之,问焉,曰:"古人有言曰:'死而不朽',何谓也?"穆叔未对。宣子曰:"昔匄之祖,自虞以上为陶唐氏,在夏为御龙氏,在商为豕韦氏,在周为唐杜氏,晋主夏盟为范氏,其是之谓乎?"穆叔曰:"以豹所闻,此之谓世禄,非不朽也。鲁有先大夫曰臧文仲,既没,其言立,其是之谓乎!豹闻之,'太上有立德,其次有立功,其次有立言',虽久不废,此之谓不朽。若夫保姓受氏,以守宗祊,世不绝祀,无国无之,禄之大者,不可谓不朽。"

这段文字中,晋国范宣子(即士匄)与来访的鲁国大夫穆叔(即叔孙豹)就什么是"死而不朽"这一问题展开讨论,二人的观点其实代表了中华儿女对此的普遍看法。穆叔所说的"太上有立德,其次有立功,其次有立言",即以"立德""立功""立言"等方式留名史册,成为万世表率,此可谓"不朽"的至高境界。范宣子主张的"保姓受氏,以守宗祊,世不绝祀",即继承和发扬先祖遗志与家业,使家族代有传人,家业世代相承,此可谓"不朽"的其次境界。

如今,在神州大地千家万户的大门上,随处可见写有"孝义传家,诗书继世""忠孝(厚)传家,诗书继世""勤俭传家,读书继世"等字样的楹联。由此可知,关于"不朽"的两种境界,广大民众最能理解和接受的,其实还是范宣子所赞成的传家、继世境界。尽管对"不朽"的内容和方式，不同时期、不同地域、不同家族各有已见，但传家和继世，始终是中华民族"不朽"文化的重要组成部分。

纵观即墨蓝氏的传承发展史，可以发现，该家族也一直在以自己的方式追求着、阐释着所谓的"不朽"。即墨蓝氏先是凭其早期家族成员的务农经商、建立军功、科举仕宦而显名壮族，继而，即墨蓝氏又凭其成员的著述艺文和孝行义举而传家和继世。

即墨蓝氏家族的长于著述，始于明中叶蓝章、蓝田父子，继之以其数十位家族成员的笔耕不辍。其中，蓝田年仅16即以文知名，始终坚持秦汉文古朴质实的风格，不肯为科举得第而俯就于八股时文，因而十赴科场而不第，直至47岁第11次参加会试时才得中进士。晚年辞官归乡后，蓝田数十年不与官场事，唯与刘澄甫、冯裕、石存礼等同志者结社诗酒相酬，或与子侄、同乡吟诗弄文等以自适，为后人留下了许多流传至今的佳话。而据清同治《即墨县志·艺文志》、即墨《蓝氏诗乘》、《青岛历代著述考》等，即墨蓝氏成员曾有著述存世者42人，编著有60余部诗文集；蓝田的《蓝侍御集》《北泉文集》、蓝润的《聿修堂集》等作，还被收入《四库全书存目丛书》中。可见，即墨蓝氏不仅以诗文著述和坚持操守、不俯就时风的为文风格等使其家族闻名山左，也为山东尤其是青岛地区文化的繁荣发展作出重要贡献。

首开即墨蓝氏行孝风气之先的，当是为官一方仍不忘孝养其父的蓝章。即墨蓝氏孝行的发扬光大者，则是以"庐墓三年"而影响一时的蓝芝、蓝思继、蓝世茂等人。其中，蓝思继的孝行不仅影响了其家族及即墨本地，对整个半岛地区儒家丧葬礼仪的传承也产生了积极效果。如《山东通志·人物》在记录了蓝思继、蓝世茂父子的"庐墓"事迹后，又载："时同郡先后庐墓者，潍县孙维中、王楫初，永昌初永爱，胶州高三重、赵任，高密战翱、綦羖、綦芷。"即墨蓝氏家族的义举，则始于自发率众抵御流寇、保护即墨一城安危的蓝福盛，继之以主动打开自家仓廪赈济饥民的蓝铜、捐建义田义冢扶助贫弱的蓝田、周人以财惠及僧道的蓝启晃、为友人挺身辨冤抚育后人的蓝再茂等人。即墨蓝氏之义，既有爱国爱家、救民于难的一面，也有扶弱济贫、行侠仗义的一面。而其族人数百年的相承相守，更是其难能可贵。

即墨蓝氏在科举仕宦、著述艺文、孝行义举等方面的世代相承，与该家族重视教育、热爱乡土的传统有着密不可分的关系。无论是初创期的蓝福盛、蓝铜,还是兴盛期的蓝章、蓝田、蓝润等,即墨蓝氏成员始终重视家族教育。他们不仅先后创建了东厓书屋、华阳书院、传桂堂等家族书院,还曾重金聘请同邑举人卢绍先、冯文炌及广东秀才闻人贤等名人达士执教于书院,奠定了家族成员重视读书治学的良好基础。同时,以蓝田、蓝溥、蓝启延、蓝水等为代表的蓝氏族人,重视对先人行迹著述、家乘族谱的整理和刊刻,倡导对家族祠堂、宗庙等的维修和重建,从根本上保障了"挈文印以传家,冀书香之有种"这一共同愿望的传承。在即墨长达700余年的居住过程中,蓝氏成员对崂山这片生养自己的热土产生了深沉的挚爱之情。这种挚爱之情,不仅体现在家族精英人物以家乡山水景观作为自己名号的传统,如蓝章的自号大劳山人;还体现在蓝氏族人对家乡山水风物的歌咏赞颂和大力宣传之中,如蓝章《重修慧炬院佛殿碑》、蓝田《崂山白云洞记》、蓝水《崂山古今谈》等文以及蓝再茂、蓝启肃、蓝中高等的歌咏崂山之作,至今仍令崂山熠熠生辉。以蓝田为代表的蓝氏族人与陈沂等游崂官吏的交游,更为崂山山水增添了许多的文化内涵和传奇色彩。

综观该家族的传承发展史,可以发现:重农兴商的治家原则,"为官一任,造福一方"的从政理念,孝义传家、诗书继世的家族传统,是该家族传承不衰的基本要素;家族精英人物如蓝章、蓝田、蓝润等的重视教育、热爱家乡,更是该家族绵延不绝、发展壮大的不可或缺因素。

参考文献

《蓝氏家乘》，即墨蓝氏家印本。

《蓝氏诗乘》，即墨蓝氏家印本。

《蓝氏族谱》，民国十九年（1930）即墨敦睦堂石印本。

许槤辑：《重订祀产条规》，河北大学藏清道光二十一年（1841）抄本。

蓝星续修：《蓝氏续修族谱》，国家图书馆藏清光绪七年（1881）汝南堂木活字本。

蓝章学、龙正参：《八阵合变图说》，国家图书馆藏明正德十一年（1516）蓝章、高朝用刻本。

杨慎、刘澄甫、蓝田：《东归倡和》，国家图书馆藏明崇祯（1628—1644）刻本。

蓝章：《蓝司寇公劳山遗稿》，《四库未收书辑刊》伍辑第18册，北京出版社1997年版。

蓝田：《蓝侍御集》，《四库全书存目丛书》集部第83册，齐鲁书社1997年版。

蓝田：《北泉草堂诗集》，《四库全书存目丛书》集部第83册，齐鲁书社1997年版。

蓝田：《北泉文集》，《四库全书存目丛书》集部第83册，齐鲁书社1997年版。

蓝润辑，蓝深编：《余泽录》，国家图书馆藏清顺治十六年（1659）即墨蓝氏刻本。

蓝润：《聿修堂集》，《四库全书存目丛书》集部第213册，齐鲁书社1997年版。

蓝水：《崂山古今谈》，崂山县志办公室1985年内部印行本。

肖冰选：《蓝田诗选》，青岛出版社1992年版。

脱脱等：《金史》，中华书局1975年版。

脱脱等：《宋史》，中华书局1977年版。

柯劭忞等：《新元史》，吉林人民出版社1954年版。

宋濂等：《元史》，中华书局1976年版。

陈高华等编：《元典章》，中华书局、天津古籍出版社2011年版。

高荣盛点校：《秘书监志》，浙江古籍出版社1992年版。

张廷玉等：《明史》，中华书局1974年版。

赵尔巽等：《清史稿》，中华书局1977年版。

法式善等：《清秘述闻》，中华书局1982年版。

《清实录》，中华书局1985年影印版。

《永乐大典》，中华书局1986年影印版。

陈高华：《元史研究论稿》，中华书局1991年版。

陈世松等：《宋元战争史》，四川省社会科学院出版社1988年版。

陈晓燕编：《襄樊之战：宋亡元兴》，浙江少年儿童出版社2001年版。

史卫民：《元代军事史》，军事科学出版社1998年版。

孙克宽：《元代汉文化之活动》，中华书局（台北）1968年版。

邱树森：《元朝简史》，福建人民出版社1999年版。

萧孟能：《蒙古汉军与汉文化研究》，文星书店1958年版。

郭培贵：《明代科举史事编年考证》，科学出版社2008年版。

赵毅、秦海滢主编：《第十二届明史国际学术研讨会论文集》，辽宁师范大学出版社2008年版。

朱光涌：《明初山东即墨地区移民研究》，孙立新等主编：《海洋历史地理论》，山东教育出版社2010年版。

张朝瑞：《皇明贡举考》，《四库全书存目丛书》史部第269册，齐鲁书社1997年版。

张研：《清代经济简史》，中州古籍出版社1998年版。

叶世昌等：《中国古近代金融史》，复旦大学出版社2001年版。

黄肇颚编：《崂山续志》，山东省地图出版社2008年版。

林溥修，周翕鐄等纂：同治《即墨县志》，成文出版社1976年版。

青岛市崂山文化研究会编：《崂山研究》（第1辑），中国海洋大学出版社2006年版。

青岛市崂山风景区管理局、青岛市崂山区文化新闻出版局编：《崂山摩崖集萃 华楼篇》，中国海洋大学出版社 2016 年版。

青岛市史志办公室编：《崂山志》，五洲传播出版社 2003 年版。

青岛市史志办公室编：《新编青岛地方志简本》，五洲传播出版社 2002 年版。

曲宝光等：《青岛崂山风景名胜资源调查评价与保护的研究》，山东省地图出版社 2001 年版。

王丕煦等纂，梁秉锟等修：民国《莱阳县志》，成文出版社 1968 年版。

熊梦祥：《析津志辑佚》，北京古籍出版社 1983 年版。

苑秀丽、刘怀荣校注：《崂山志校注》，人民出版社 2015 年版。

赵廷瑞修，马理、吕柟纂：嘉靖《陕西通志》，四库全书本。

郑永立、田青主编：《大伾山志》，中州古籍出版社 1995 年版。

周至元：《崂山名胜介绍》，山东人民出版社 1959 年版。

周至元：《崂山志》，齐鲁书社 1993 年版。

胶州政协文史资料研究委员会编：《胶州文史资料》（第十七辑），青岛市新闻出版社局准印证（2004）007 号。

永瑢等：《四库全书总目》，中华书局 1965 年版。

吴慰祖校订：《四库采进书目》，商务印书馆 1980 年版。

黄虞稷：《千顷堂书目（附索引）》，瞿凤起、潘景郑整理，上海古籍出版社 2001 年版。

中国古籍善本书目编辑委员会编：《中国古籍善本书目》，上海古籍出版社 1989 年版。

顾音海、陈宁：《古籍善本》，上海文化出版社 2008 年版。

《边贡诗文选》，许金榜、米寿顺选注，济南出版社 1994 年版。

福格：《听雨丛谈》，汪北平点校，中华书局 1984 年版。

胡炳文：《云峰胡先生文集》，《北京图书馆古籍珍本丛刊》第 93 册，北京图书馆出版社 1988 年版。

康海：《对山集》，社会科学文献出版社 2016 年版。

兰陵笑笑生：《金瓶梅词话》，陶慕宁校注，人民文学出版社 2000 年版。

李开先：《李嗣先全集》，卜健笺校，文化艺术出版社 2004 年版。

李舜臣：《愚谷集》，《景印文渊阁四库全书》第1273册，商务印书馆（台北）1986年版。

殷义祥注：《古文观止新注》，人民文学出版社2003年版。

余金：《熙朝新语》，上海书店出版社2009年版。

查慎行：《人海记》，北京古籍出版社1989年版。

张岳：《小山类稿》，林海权、徐启庭点校，福建人民出版社2000年版。

张怡：《玉光剑气集》，魏连科点校，中华书局2006年版。

窦秀艳、潘文竹、杜中新：《青岛历代著述考》，中国社会科学出版社2010年版。

韩梅：《明清山左即墨地区望族文化与诗歌研究》，博士学位论文，山东大学，2013年。

黄有泉等：《洪洞大槐树移民》，山西古籍出版社1993年版。

马瑞芳：《幻由人生：蒲松龄传》，作家出版社2014年版。

潘文竹校注：《周至元诗集校注》，人民出版社2015年版。

青岛市崂山文化研究会编：《崂山研究》（第1辑），中国海洋大学出版社2006年版。

青岛市诗词学会编：《万古崂山千首诗》，新华出版社2002年版。

山东大学古籍整理研究所编：《古籍整理研究论丛》，山东大学出版社1991年版。

王蕊主编：《齐鲁家族聚落与文化变迁》，齐鲁书社2008年版。

王慎中：《遵岩集》，世界书局1988年影印本。

王树春：《家族文化补遗：胶东文化研究》，中国社会科学出版社2007年版。

韦家骅：《杨慎评传》，南京大学出版社1998年版。

杨知勇：《家族主义与中国文化》，云南大学出版社2000年版。

张崇纲：《崂山历代名人故事》，青岛海洋大学出版社1993年版。

张华清：《明清即墨蓝氏家族文化研究》，博士学位论文，山东师范大学，2016年。

张杰：《清代科举家族》，社会科学文献出版社2003年版。

朱亚非：《明清山东仕宦家族与家族文化》，山东人民出版社2009年版。

后 记

对青岛地区文化家族的粗略了解，始于2007年。当时，虽已硕士毕业数年，我对学术研究一直深怀敬畏，从未奢望自己也能走上此路。窦师秀艳先生看在眼里，急在心上，屡屡督促，不懈指导，并力邀我参加她正主持的"青岛历代著述考"项目。在爬梳历代方志的过程中，我这个土生土长的青岛人，才开始从文献中了解蓝田、周如砥、黄宗昌、高凤翰、张谦宜、法坤宏等本土名士，了解曾经在这片土地上盛极一时的众多文化家族。但在《青岛历代著述考》（中国社会科学出版社2010年出版）一书完成后，怯于学问的我并未从此展开对青岛本土名士和文化家族的深入研究。直到2013年，在另一位一直关注我学术成长的恩师刘怀荣先生的督促下，我申报了青岛市社会科学规划一般项目"周至元诗集校注"，开始了对周至元这位青岛本土名士的深入研究。研究过程中，我再次震撼于即墨周氏、蓝氏这两大文化家族曾经的辉煌和至今的坚持，震撼于数千年来流淌于中华儿女血脉中的优秀传统文化的浩渺深邃！因此，《周至元诗集校注》（人民出版社2015年出版）完成后，我即在刘师怀荣先生的催促下，着手于即墨蓝氏家族文化的研究工作，最终完成此稿。

值此付印之际，感触良多，需要感谢者更多。首先，衷心感谢青岛大学窦秀艳、刘怀荣两位恩师，是他们的不懈督促和精心指导，带我走入青岛本土文化海洋之中，走向甘苦共存、乐在其中的治学之路。其次，衷心感谢山东大学王承略、郑杰文、杜泽逊、刘心明诸位恩师，是他们的高屋建瓴和循循善诱，激我深思，助我在学术之路上走得更稳。再次，衷心感谢青岛市社会科学规划办、青岛市崂山风景名胜区管理局和青岛崂山旅游集团有限公司，是他们提供的资金支持，使此稿得以面世。又次，衷心感谢中国社会科学出版社的宫京蕾编辑，是她的精心审阅，保证了此稿的文字质量。最后，衷心感谢青岛大学，尤其是《东方论坛》编辑部的领导和同事们。是青岛大学提供的良好环境，使我衣食无忧、安心向学；是编辑部领导和同事们的严谨治学和时时鼓励，激发了我的向学之志。

潘文竹

2019 年 6 月 6 日于山东大学知新楼